التحليل اللغوي

في

ضوء علم الدلالة

التحليــــل اللغــــوي

فى

ضـــوء علـــم الدلالـــة

دراسة في الدلالة الصوتية ، والصرفية ، والنحوية ، والمعجمية

الدكتور

محمود عكاشة

الكتـــــاب   :   التحليل اللغوي في ضوء علم الدلالة

المؤلــــــف   :   د. محمود عكاشة

رقــم الطبعــة   :   الأولى لدار النشر للجامعات

تـاريخ الإصـدار   :   1432هـ - 2011م

حقــوق الطبــع   :   محفوظة للناشر

النـــــاشر   :   دار النشر للجامعات

رقـم الإيـــداع   :   2005/1951

الترقـــيم الـدولي   :   I.S.B.N: 977-316-151-X

الكـــــــود   :   2/165

دار النشر للجامعات

ص.ب (130 محمد فريد) القاهرة 11518
ت: 26347976 – 26321753 ف:
26440094

E-mail: darannshr@link.net

بسم الـلـه الرحمن الرحيم

المقدمة

الحمد لله رب العالمين ﴿ ٱلرَّحۡمَٰنُ ۝١ عَلَّمَ ٱلۡقُرۡءَانَ ۝٢ خَلَقَ ٱلۡإِنسَٰنَ ۝٣ عَلَّمَهُ ٱلۡبَيَانَ ۝٤ ﴾ [الرحمن: 1-4]، وأصلي وأسلم على سيدنا محمد صلى الـلـه عليه وسلم خاتم الأنبياء والمرسلين وإمام أهل البيان والتبيين ، وأفصح من نطق بلسان عربي مبين ، أما بعد :

فقد اتجهت بعض الدراسات اللغوية الحديثة إلى تصنيف الدلالة إلى دلالة صوتية ، ودلالة صرفية ، ودلالة تركيبية (دلالة الجملة) ، ودلالة قاموسية (معجمية) ، وغير ذلك من التصانيف التي تقوم على بحث المعني في إطار علم الدلالة ، وقد تعددت هذه الدراسات بتعدد المناهج والاتجاهات ، وأثرت الثقافات بدورها في الباحث واللغة ، وتدخلت في اختيار منهج الدراسة ، وأصبح عامة البحث الحديث منصباً على دراسة اللغة من ناحية توظيفها في الخطاب أو التواصل اليومي ، وكل ما يتعلق بإنتاج اللغة (المرسل ، المتلقي ، قناة الاتصال ، المكان ، الزمان ...) ، فاللغة أهم وسائل الاتصال الإنساني وأكثرها تأثيراً وانتشاراً وأغناها دلالة .

ولقد أصبح بحث الدلالة هدفاً لكثير من اللغويين ومجالاً من أهم مجالات البحث اللغوي ، وقد قامت الدراسات الحديثة على مناهج البحث اللغوي الحديثة ، فكانت أكثر تنظيماً ومنهجية وموضوعية مما قدمه القدماء في مجال الدراسات اللغوية ، فقد كانت اللغة تدرس دراسة عامة دون تحديد أو تخصيص الموضوعات في بدء نشأة الدراسات اللغوية، ثم تطور البحث فيها وظهرت المدارس اللغوية ، ولم تكن النظرة الشمولية منهج كل العلماء ، وإنما كان ذلك في مرحلة مبكرة من تاريخ نشأة البحث اللغوي ، وقد ظهرت هذه المناهج العلمية حديثاً ، وحيكت على منوالها فروع العلم الحديث ، فأصبح لكل فرع نظرية يقوم عليها ويدرس في حدود مبادئها الأساسية .

ولقد اتجه بعض العلماء إلى دراسة اللغة عملياً فاهتموا بوظيفة اللغة والمقاصد التي تحققها في التواصل اليومي ، وعالجوا لغة الخطاب اليومي ، وطريقة تأليف المتكلم رسائل

لغوية يوجهها إلى المتلقي ، فيقوم الأخير بمعالجتها لغوياً لتفسيرها ، فظهرت الحاجة إلى تحليل اللغة للتعرف على دلالتها ، وقام علماء اللغة بتفكيك اللغة إلى وحدات دلالية ، واختلفوا في أصغر وحدة دلالية ، فبعضهم رأي أن الكلمة هي أصغر وحدة حاملة المعني على اعتبار أن اختلاف كلمة واحدة في التركيب يحدث تغييراً في دلالة التركيب ، ولكن بعض علماء اللغة توصل إلى وحدات أخري أصغر من الكلمة ، وهي الوحدات الصوتية والصرفية ، وإن كانت وحدات غير مستقلة ، ولكنها ليست أصغر وحدة دلالية فاختلاف الحرف (الصوت) يؤثر في دلالة الكلمة ، وبعض العناصر الصوتية التي تصاحب أداء الجملة تؤثر في دلالتها ، مثل نبر الجملة ، وتنغيمها ، وإيقاعها ودرجة الصوت .

وذهب بعض العلماء إلى أن صفات الصوت تؤثر في دلالة الكلمة أيضاً ، كما رأي علماء العربية قديماً وحديثاً أن حركات الإعراب تشارك في توضيح دلالة التركيب.

ويؤثر كذلك اختلاف المورفيم (الوحدة الصرفية) ، فصوت الياء في "مصري" يدل على النسب ، والياء وحدة صرفية ، وكذلك الميم والواو في "محمود" ، والألف في "قاتل" ، فالميم والواو يدلان على اسم المفعول ، والألف يدل على اسم الفاعل ، وهمزة الوصل والسين والتاء في "استخراج" ، للدلالة على الطلب ، وزيادة التاء والألف في " تقاتل " تدل على المشاركة في الحدث ، وقد توصل علماء العربية إلى دلالة هذه الوحدات الصغرى ، وتوصلوا إلى أن حركات الإعراب تميط اللثام عن وظيفة الكلمة في الجملة ، وتكشف عن معناها وتحدده ، وتدفع اللبس عن دلالة التركيب ، وقد سجل رواد العربية هذه الحقائق في كتبهم ، واستدلوا على صحتها بشواهد لغوية كثيرة ، تؤكد أن هذه الجوانب الدلالية أصيلة في العربية ، وتؤكد مؤلفاتهم أن لهم قدم السبق في هذا المجال ، وهذا ما حدانا إلى دراسة هذه الجوانب في تراثنا الذي عولنا عليه في دراستنا هذه .

وقد اتجهت بعض أنظار المحدثين العرب إلى دراسة جهود الغربيين في مجال اللغة ، فنسبوا إليهم الفضل في وضع أسس علم الدلالة ، وتناولوا تاريخ البحث الدلالي عندهم قديماً وحديثاً ، متجاهلين دور الثقافة الإسلامية في إثراء الدراسات اللغوية ، ويشيرون على استحياء إلى بعض جهود القدماء ، بيد أنها ليست بشيء أمام ما ذكروه عن الغربيين ، وهم

في موضوع حديثهم عن اللغة العربية يحدثونك عن اللغات الأجنبية ويتخذونها مثلاً ، ولا يتمثلون بشيء من عربيتهم كأنهم غير أحفياء بها ، وتفهم من سياق حديثهم أن العربية ليست نموذجًا صالحًا للدراسة ، ويعالجونها في ضوء اللغات الغربية ، فيقولون فيها ما لا يرضى من القول منكرًا وزورًا ، ويحسبون أن ما يجهلوه منها نقص فيها وعيب ، وهم لا يعلمون أن رجالها قد أحاطوا بما لم يحيطوا به ، وسبقوا إلى مالم ينتهوا إليه .

ويتحدثون عن أعلام اللغويين الغربيين وجهودهم ومناهجهم ومؤلفاتهم ، ولا يلتفتون إلى أعلام العربية وريادتهم في البحث اللغوي وكشوفهم والنتائج العظيمة التي توصلوا إليها وسبقهم في معرفة بعض العلوم اللغوية التي نسبت إلى الغربيين مثل: علم اللغة ، وعلم الأصوات ، وعلم التركيب Syntax أو علم النحو ، وعلم الصرف Morphology ، وعلم القاموس أو المعجم Lexicography ، وعلم الدلالة Semantics وما يدخل فيه من علم دلالة الكلمة وعلم دلالة الجملة أو العبارة ، وعلم دلالة النص Textsemantics ، وبحث علماء العربية علاقة اللغة بالرمز وعلاقتها بالعالم الخارجي ، وبحثوا علاقة الكلمة بالسياق اللغوي وأثر السياق في المعنى ، وعالجوا اللغة في ضوء نظرية الاتصال ، والتراث اللغوي العربي زخم بكثير مما يحدث به بعض المحدثين عن الغربيين ، ولكن آفة بعض المحدثين أنهم يعلمون عن الغربيين كل شيء ولا يعرفون عن تراثهم شيئًا ، ويتعصبون للغربيين ويدافعون عن أفكارهم أكثر من تعصب الغربيين لأنفسهم وأفكارهم ، وقد تاب الغرب عن بعض مذاهبه الفكرية ، ولكن الشرقيين لم يتوبوا عنها ويحرصون على المجاهرة بها !

واللغة العربية تعد أكثر اللغات بحثًا ، وإنتاجًا ، فلم تحظ لغة عالمية برعاية أبنائها مثلما حظيت به العربية منذ نزول القرآن الكريم ، وستظل منوطة بالبحث بفضل القرآن الكريم إن شاء الله .

وقد ترك علماء العربية تراثًا غنيًا في كافة فروع اللغة ، وربطوا بين هذه الفروع في دراستهم ، فعلم الأصوات يشارك علم الصرف في بنية الكلمة ، ويدخل هذان الفرعان في تركيب الجملة ، وقاموا بتحليل مفرداتها ، وبحثوا العلاقة التي تربط بين مفردات التركيب .

ولم يك اهتمام القدماء منصباً فقط على دراسة النحو كقواعد شكلية تنظم عليها الكلمات الشكلية Form Words أو توظيف الكلمات توظيفاً نحوياً مجرداً من الدلالة، بل امتد هدف النحويين إلى مجال أوسع تجاوز الشكل والوظيفة النمطية للفظ في التركيب ، فقد درس النحويون الجمل في إطار المعني ، فعالجوا دلالة الجملة في إطار مستويات التحليل اللغوي : الصوتي ، والصرفي ، والتركيبي (النحو) والدلالي ، وغير ذلك من هذه المستويات مثل الدلالة المعجمية ، والسياقية ، والمعني الحقيقي والمجازي . وقاموا بتفكيك الجمل إلى وحدات دلالية ، فبحثوا الدلالة الزمنية ، والجنس ، والعدد ، وبحثوا وظائف وحدات التركيب مثل : الفاعل والمفعول ، والمبتدأ والخبر ، كما بحثوا دلالة الكلمة المفردة من الناحية الصرفية ، وامتد هذا إلى الوحدات الصغرى ذات الدلالة ، وهي حروف المعاني التي تؤدي وظائف دلالية في التركيب ، مثل حروف المضارعة وياء النسب وحروف الزيادة وأثرها في المعنى ، والذي حدانا إلى دراسة الجانب التحليلي عند القدماء ، ما تردد كثيراً بين أوساط المثقفين من عقم الدراسات النحوية العربية ، وضعف قيمتها في ظل الدراسات الغربية التي شابت الدرس اللغوي الحديث في العالم العربي ، ومحت منه معظم آثار القدماء ، فتوهم ضعاف الرأي وأرباب الجهل أن جهود القدماء غير ذي أهمية في خطابنا اللغوي المعاصر ، فأهل العربية المعاصرون لا يوظفون معظم قواعد اللغة في خطابهم اليومي الذي أصبحت فيه العربية الفصحي لغة أجنبية يشق عليهم الحديث بها أو تعلمها ، فنفر منها الكبار قبل الصغار نفوراً عظيماً ، وتندروا بنكات في معلميها واتخذوهم سخرياً ، فتواري المتكلم بها خجلاً من سوء ما يلقاه من السفهاء .

ونحن نحرص دائماً في مؤلفاتنا على أن نكشف اللثام عن خبايا لغتنا ، وما تملكه من درر ثمينة يحسبها الجاهل عثرة في الطريق ، ولا يكتشفها إلا ذوو البصائر ممن يسبرون غور الأشياء ، ويحسنون الانتفاع بها ، ويدركون أن وراء هذا الغبار كنزًا ثمينًا فيميطون عنه الأذي ، ويضعونه في موضعه بين المعارف الإنسانية العظيمة .

وهذه طبعة جديدة منقحة لدار النشر للجامعات ، وقد قمت بتصحيح ما وقع في الطبعة السابقة ونقحت بعض موضوعاتها وزدت فيها ما وجدته يخدم موضوع الكتاب .

د. محمود أبو المعاطي أحمد عكاشة
القاهرة في 1423 هـ - 2002 م (*)

(*) انتهيت منه في 1423هـ - 2002م .

مـدخـل نظـري

علم الدلالة

علم الدلالة (Semantics): العلم الذي يتناول المعنى بالشرح والتفسير ، ويهتم بمسائل الدلالة وقضاياها ، ويدخل فيه كل رمز يؤدي معنى سواء أكان الرمز لغوياً أو غير لغوي (مثل الحركات ، والإشارات ، الهيئات ، الصور ، والألوان ، والأصوات غير اللغوية ، وغير ذلك من الرموز التي تؤدي دلالة في التواصل الاجتماعي)[(1)] .

ويعد علم الدلالة أهم فرع من فروع علم اللغة ، فاللغة موضوع علم اللغة وضعت للتعبير (أو للدلالة) عما في نفس متكلمها ، وكل الجوانب اللغوية الأخرى هدفها تبيين المعنى على نسق واضح سهل الفهم ، وجميع فروع اللغة تشارك في الدلالة ولا يمكن الفصل بينها وبين علم الدلالة ، فكل فرع منها يساهم بدوره في الدلالة في إطار مجاله .

فمجال "علم الأصوات" ، دراسة الصوت اللغوي ، والصوت جزء من بنية الكلمة ، واختلاف صوت واحد في كلمتين متشابهتين يؤثر في اختلاف المعنى ، فالكلمات اللائي يقع بينهن اختلاف في صوت واحد تختلف دلالتهن ، مثل : حارّ ، ضارّ ، سارّ . واختلاف النبر في كلمة واحدة يؤثر في معناها ، وكذلك اختلاف التنغيم . وسوف يأتي بيان هذا في موضعه إن شاء اللـه .

ويشارك كذلك "علم الصرف" في الدلالة ، فمعنى الكلمة يتأثر بصيغتها الصرفية ، مثل : قاتل ومقتول . الصيغة الأولى صيغة اسم الفاعل الذي قام به الحدث ، والصيغة الثانية اسم المفعول الذي وقع عليه الحدث ، فكل صيغة صرفية تدل على معنى خاص بها ، ويتبين هذا من صيغ الأفعال ، والمشتقات ، والمصادر .

ويشارك النحو بدور كبير في الدلالة ، فكل جملة تؤدي معنى أو دلالة تتأثر بالعلاقة التي تربط بين أجزاء تركيبها وترتيبها ، فاختلاف الكلمات واختلاف الترتيب يؤثران في

---

(1) ارجع إلى : الدكتور محمود عكاشة : الدلالة اللفظية ، مكتبة الأنجلو المصرية ط1/200م ص4، 5.

9

دلالة الجملة ، مثل : "دخل محمد المنزل" . وقولنا: "دخل محمد القبر" . وقولنا: " دخل محمد عش الزوجية" فمعنى التركيب الأول معلوم ، ومعنى الثاني : مات ، ومعنى الثالث : تزوج . واختلاف الترتيب في مثل : " قتل محمد عليًا" . وقولنا " قتل علي محمدًا" أثر في دلالة الجملتين .

ويشارك المعجم بنصيب كبير في الدلالة ، فوضع الكلمة في التركيب يتوقف على معناها المعجمي ، فنحن نختار الألفاظ التي تناسب دلالتها السياق الذي ترد فيه ، فكل كلمة تتعلق بسياقها التركيبي ، وتدل على معنى فيه يرتبط بعلاقتها مع ما جاورها ويختلف معناها في سياق آخر مخالف له ، وقد ادعي بعض اللغويين صحة بعض التركيب نحوياً ، وهي فاسدة من ناحية المعني أو ليس لها معني ، فهي صحيحة شكلاً فقط ، ولا تعبر أصواتها عن معنى، وهذا رأي غير مقبول ؛ لأن وظيفة علم النحو الكشف عن المعني وتبيينه ومعرفة مواقع الكلمات في الجمل ووظائفها في التراكيب ، والجمل التي تخلو من الدلالة غير صحيحة نحوياً ، الرأي واضح من تعريف علماء العربية علم النحو ، ورفضهم التراكيب التي تتناقض معانيها والتراكيب التي لا تعبر عن معنى ، فالتراكيب المصنوعة التي لا تحمل معني غير مقبولة ، ولا نري ما ذهب إليه بعض اللغويين إلى جواز قبول بعض الجمل التي تتفق من الناحية الشكلية مع قواعد اللغة ، ولا مضمون لها وقد ذكر الدكتور أحمد مختار عمر بعض أشكال الجمل الفاسدة فقال : ومن الممكن أن يوجد المعني المعجمي دون المعني النحوي (كما في الكلمات المفردة) وكذلك أن يوجد المعني النحوي دون المعني المعجمي (كما في الجمل التي تركب من كلمات عديمة المعني) مثل: "القرعب شرب البنغ " ، بل من الممكن ألا يوجد للجملة معني مع كون مفرداتها ذوات معان ، وذلك إذا كانت معاني الكلمات في الجملة غير مترابطة مثل : الأفكار عديمة اللون تنام غاضبة" .[1] وهذا لا يعني

---

(1) الدكتور أحمد مختار عمر : علم الدلالة ، عالم الكتب ص 10 وقد جاءت الجملة مترجمة إلى العربية في بعض الترجمات: الأحلام أو الأفكار الخضراء عديمة اللون تنام بغضب. وهي لتشو مسكى . والنص الأصلي : Colorless green ideas sleep Furiously وترجمته: إن أفكارًا خضراء لا لون لها تنام غاضبة. ولها تركيب آخر: Furiously sleep ideas green colorless وترجمتها: تنام غاضبة أفكار خضراء لا =

أنه يقبل مثل هذه الجمل التي تخرج عن نظام اللغة ، ولكن بعض اللغويين يعتدون بهذه الجمل ويقبلونها شكليًا ، وهذا الرأي وكل شبيه به متأثر بآراء الغربيين ، فبعضهم فصل الشكل عن المضمون ، ولكن علماء العربية لا يعتدون بما لا يفيد معنى وبما يناقض معناه ، فاللغة وضعت للإفادة ، ولقد تناول "ابن جني" هذه القضية في كتابه "الخصائص" ، وقضي بفساد هذه التراكيب المتناقضة أو الفاسدة أو عديمة المعني .

وأري أن التراكيب عديمة المعني ليست لغة ؛ لأن علماء العربية لم يعتدوا بالكلمات المهملة ، التي تنتج من تقليب جذر الكلمة ، فقد أهمل "الخليل بن أحمد" هذه الكلمات ولم يدخلها في معجمه " العين " ، وصنع ابن جني صنيعه ، فيما أطلق عليه الاشتقاق الأكبر، فقد أخرج الكلمات المهملة (غير المستعملة) من اللغة ، ومعاجم العربية لا تعتد بالألفاظ المهملة في الاستعمال ، وما لم يتعرفوا على معناه ظنوه مصنوعًا أو مجهولاً أو مُصَحَّفًا .

ومعني الكلمة يرتبط بالسياق الذي ترد فيه ، فمعني الكلمة يتعدد بتعدد السياق ، والكلمات التي يحصي لها المعجم أكثر من معني ، إنما هذه معانٍ سياقية ، ولهذا نجد لها سياقات لغوية مختلفة في المعجم أو شواهد مختلفة ، ولكن لكل كلمة معني واحداً في أصل الوضع عند واضعها ، ويصعب على الباحث تحديد المعني الأصلي لكل لفظ ، لكنه أحياناً يرجح أقدم معني عرف به اللفظ ويعده أصلاً له ، ثم وقع تطور دلالي في معناه في فترات تاريخية متعاقبة تولدت فيها معاني أخر للفظ في الاستخدام اليومي متأثرة بالزمن والمكان والمجتمع ، وثقافته ، ومستواه الحضاري .

وتوجد في اللغة بعض التراكيب الاصطلاحية التي تشكل وحدة دلالية خاصة داخل المجتمع الذي أنتجها ، وتعلقت بثقافته ، أو التراكيب والمفاهيم التي تتعلق بمجال علمي اصطلح عليها ، والتي عرفت بالمصطلحات العلمية ، وهذه التراكيب والمفاهيم تشكل وحدة دلالية معجمية مستقلة إلى حد ، لكننا لا نستطيع أن نزعم أن اللغة تحتوي على مفردات مستقلة استقلالاً تاماً عن مجتمعها أو الثقافة التي نشأت فيها ، فالألفاظ لها علاقة

= لون لها . Noomchomsky . syntactic structures . the Hague Nooton . Trud . Fred. Seuil 1969.p 17.

وثيقة بظروف إنتاجها ونشأتها واستخدامها ، لكنها تتفاوت في كم هذه العلاقة وكيفها ، فهناك ألفاظ وثيقة الصلة بسياقها اللغوي وسياقها الخارجي .

وهنالك ألفاظ شائعة الدلالة منتشرة أو سيارة تتمتع بقدر كبير من الاستقلال لكثرة تداولها مثل أسماء الأعلام التي لا تتطلب سياقاً لغوياً يحدد المراد منها ، وتكتفي بمعرفة طرفي الاتصال بها ، ولكننا منوطون دائماً بمعرفة ما يحيط بكل لفظ للتعرف عليه ولتحديد دلالته .

ويطلق علم الدلالة على بيان معني الكلمة ، ويطلق كذلك على دلالة الجملة أو التعبير ، وتجاوز العلماء به الجملة إلى معني النص كله شرحًا وتفسيرًا ، ويصف العلاقات المتشابهة بين التعبير والمحتوي فيما عرف بعلم الدلالة النصي أو علم دلالة النص، لقد توسع مجال اهتمام علم الدلالة ، فشمل دراسة أصغر وحدة دلالية حاملة المعني ، ودراسة دلالة الجمل ، ودلالة النصوص .

تحليل اللغة

تحتوي اللغة على جوانب شديدة التعقيد تتطلب أكثر من منهج وأكثر من وسيلة لفك شفراتها وتحليل محتوياتها ، وكشف مقاصدها ، ولا يسنى لمنهج واحد أن يصف خصائص اللغة وصفاتها أو يفسر ظواهرها تفسيراً واضحاً يصيب كبدها ، ومن ثم قسم العلماء اللغة إلى عدة مستويات تحليلية ليتمكنوا من كشف محتوياتها وإظهار أسرارها ومعرفة مضمونها . وقد سلكوا في ذلك مناهج متعددة يهدف كل منهج منها إلى وضع تفسير دقيق لظواهر اللغة، والمقصد من هذا إماطة اللثام عن أبعاد اللغة الدلالية ومقاصدها في التواصل الاجتماعي .

وقد رأي كثير من العلماء أن اللغة ظاهرة شديدة التعقيد ، ويجب أن تتعاضد الجهود والمناهج في تحليلها ، فافترضوا أنها تتجزأ إلى أجزاء أو تقسم على مستويات يتمتع كل مستوي منها بخصائص عامة يمكن عن طريقها الوقوف على أسرار مضمون هذا المستوي في الدلالة ، وهم يعلمون يقيناً أن اللغة كيان واحد لا يمكن الفصل بين محتوياته فجميع العناصر اللغوية تتفاعل معاً ، وتتآزر في تحقيق مقاصد لغوية ، ولا يمكن استبعاد جانب

دون جانب ؛ لأن اللغة بناء شديد التماسك يشد بعضه بعضاً ، وتهاوي جانب منه يقوض أركانها .

ويرجع سبب اختلاف مناهج التحليل ومستويات التحليل إلى اتجاهات العلماء ورؤيتهم التحليلية للغة ، فالباحث يختار المنهج الذي يراه ملائماً لتحقيق أهدافه من تحليل اللغة ، وتقسيم اللغة على مستويات يخضع أساساً لموقف الباحث من اللغة والمنهج الذي يصطفيه لنفسه من بين مناهج التحليل ويؤثر في ذلك أهمية مستوي من مستويات التحليل يراه الباحث يستأهل اهتمامه لما به من عناصر غنية البحث .

وقد اشتهر من بين هذه المناهج التحليلية التقسيم الذي وضعه "ماريو باي" لمستويات التحليل اللغوي ، فقد رأي أن دراسة اللغة على ما جري عليه العرف سواء كان المنهج وصفياً أو تاريخياً ، تندرج في أربعة مستويات - وإن كانت الحدود بينها غير واضحة تماماً على نحو دقيق - وهذه المستويات تشكل بناء اللغة العام ، وهي :   (1)

1- مستوي الأصوات Phonology ، ويدرس هذا المستوي أصوات اللغة من ناحية طبيعتها الصوتية مادة خامًا تدخل في تشكيل أبنية لفظية ، ويدرس وظيفة بعض الأصوات في الأبنية والتراكيب - والأخير مهم في الدلالة - ويدخل هذا تحت ما يعرف بعلم وظائف الأصوات Phonology ، وهو دراسة وظيفة الصوت اللغوي في الكلام عن طريق زيادة في الكلمة مثل العناصر الصرفية ، ومن ناحية تقسيم الكلمة إلى مقاطع صوتية ، وصفات كل مقطع أو عن طريق أدائه صوتياً ، وما ينتج عن ذلك من نبر وتنغيم ووقفات وطبقة الصوت ، وكل العناصر الصوتية التي تشارك في الدلالة وتؤثر في المتلقي .

2- مستوي الصرف Morphology وهو المستوي الذي يدرس الصيغ اللغوية ، وأثر هذه الصيغ في الدلالة ، ويدرس الأثر الذي تحدثه زيادة بعض الوحدات الصرفية في أصل بنية الكلمة مثل اللواحق التصريفية inflectional endings كعلامات الجمع ("ون " أو

---

(1) ما ريو باي : أسس علم اللغة . عالم الكتب 1419 هـ 1998م ص 43 .

"ين " للمذكر السالم ، و "ات" للمؤنث السالم) . وياء النسب (فى مصري ، سوداني) . والسوابق Prefixes كحروف المضارعة وهمزة التعدية ، وميم اسم المفعول في "محمود" والتغيرات الداخلية ، كتضعيف وسط الكلمة للتعدية (في كسّر) وزيادة الألف للدلالة على المشاركة والمقاومة (في قاتل) وللتعدية (في مثل كاثر) وللدلالة على اسم الفاعل (في صيغة فاعل ، مثل قائم) . وهذه الإضافات والتغييرات تشارك في الدلالة ، ويتأثر المعنى باختلافها ومقدار الزيادة في الكلمة .

3- مستوي النحو Syntax ، الذي يختص بتنظيم الكلمات في جمل أو مجموعات كلامية، ويبين علم النحو وظائف الكلمات في الجمل ، والأثر الدلالي لاختلاف موقع الكلمة في تركيبين ، وكذلك اختلاف الكلمة في تركيبين ، مثل : "ضرب محمد علياً" . و"ضرب علي محمداً " . ومثل : "نجح محمدٌ" . و "رسب محمدٌ " فاختلاف ترتيب الكلمة واختلاف الكلمتين أثرا في دلالة الجملة ، كما يقوم النحو بتعيين فاعل الجملة بوضع مفرداتها مرتبة إن التبس المعني في مثل : "ضرب موسى عيسى . لا توجد قرينة معنوية أو لفظية تعين الفاعل ، فاستوجب هذا وضع المفردات في ترتيبها المعهود من قواعد النحو : الفعل ثم الفاعل ثم المفعول ، لئلا يلتبس المعني .

4- مستوي المفردات Vocabulary الذي يختص بدراسة الكلمات المنفردة ، ومعرفة أصولها ، وتطورها التاريخي ، ومعناها الحاضر وكيفية استعمالها ، ويدخل تحت هذا المستوي دراسة المعني المعجمي ، أو القاموسي ، ويدخل فيه دراسة دلالة الكلمة وتاريخ نشأتها وتطورها والحقل اللغوي الذي تنتمي إليه ، ويدرس هذا المستوي أيضاً دلالة التراكيب الاصطلاحية أو القوالب اللفظية التي تؤدي دلالة خاصة (1) .

وقد رأي العلماء أنه لا توجد حدود فاصلة بين هذه المستويات ، فلا يمكن استبعاد مستوي منها، فأصوات اللغة تتأثر بالصيغ ، والصيغ هي الأخري تتأثر بالأصوات ، فالتغيرات الصرفية تقوم على عناصر صوتية ، وليست الوحدات الصرفية إلا أصواتاً ،

---

(1) ارجع إلي : الدكتور محمود عكاشة ، الدلالة اللفظية ، مكتبة الأنجلو ، 2003 م ، ص8 وما بعدها .

والصوت والصيغة كلاهما يتأثر غالباً بالمعني ، ويوجد كذلك تبادل مطرد بين الصرف والنحو ، فالزيادة في بنية الفعل تحدث أثراً نحوياً ، وتراعي أبنية مفردات الجملة في الترتيب ، والأثر الذي يترتب عليها نحوياً ، فنوع الصيغة يحدد عملها النحوي مثل إضافة الفاعل إلى مصدره ، وعمل الصفة المشبهة وغير ذلك من وجوه الإعراب التي تتأثر بنوع الصيغة ، وموقعها في التركيب .

وهذا التداخل بين هذه الفروع (الأصوات ، الصرف ، النحو) كان سبباً في اختلاف العلماء في حدود كل علم منها ، فقد صنف بعض العلماء الصرف والنحو تحت اسم واحد هو التركيب القواعدي Grammatical Structure لوجود صلة وثيقة بين هذين المستويين ، فصيغة الفعل لا تقع مفعولاً إلا مصدراً مؤولاً ، وكذلك لا يأتي الفاعل فعلاً إلا حكاية أو نقلاً إلى الاسمية مثل: "ضرب يزيدُ علياً" . فيزيد اسم محكي ، ومثلها : "توكل" و"يشكر" من الأسماء ، ولا يلحق الحرف بالفعل كما هو في خطاب العامة : بيقول ، بيشرب .

ويوجد كذلك علاقة بين النحو والدلالة ، فعلم النحو يبين دلالة المفردات في التراكيب ووظيفتها فيه ، وقد قضي كثير من العلماء بفساد التراكيب النحوية التي لا تؤدي دلالة صحيحة دلالياً .

فبحث المعني يتغلغل في كل فروع علم اللغة ، ولهذا نجد في تصانيف بعض العلماء علوم اللغة فروعًا ترتبط بعلم الدلالة مثل: "علم الصرف القاموسي" Lexical Morphology ، وهو الذي يبحث صيغ الكلمات ومعانيها ، وطرق اشتقاقها ، وتوظيفها في التراكيب ، وتبحث الدلالة فيه معاني صيغ الكلمات ووظيفة السوابق واللواحق والدواخل وأثرها في دلالة الكلمة ، ويقوم "علم الدلالة القاموسي" Lexical Semantics بالتمييز بين معني التركيب ، ومعني أجزاء هذا التركيب ، والكلمة في التركيب لها دلالة سياقية ونحوية ، ولها كذلك معني معجمي مستقل عن التركيب يرتبط بأصل المعنى الذي وضع له اللفظ ، والمعاني الأخرى المجازية التي دخلت عليه .

ولعلم النحو جانبان ، جانب صرفي وجانب دلالي ، الجانب الصرفي يبحث في صيغة

الكلمة ، والدلالي يبحث عن معنى صيغة الكلمة ، فالكلمة توظف في التركيب باعتبار صيغتها ودلالتها ويأتي ترتيبها في الجملة لمعنى خاص يراد بها في موضعها ، ويختلف باختلاف وظيفتها التركيبية ، ويدخل هذا النوع عند بعض العلماء تحت "علم دلالة الجملة" أو "علم الدلالة التركيبي" أو " علم الدلالة النحوي" ووحدته الجملة ، وتشكل فيه وحدة مستقلة ، ويهتم ببيان معنى الجملة أو العبارة .

وهذه التداخلات بين هذه الفروع في الدرس اللغوي تؤكد أن مستويات اللغة تخضع لكيان واحد لا يمكن الفصل بين محتوياته ، وأن هذه التقسيمات من صنع العلماء ، وليست من صنع اللغة التي تعد بناء واحداً متماسكاً .

ونتناول هذه المستويات مبسوطة ، ونبين أثر كل مستوي في الدلالة ، وقد اخترت أشهر مستويات التحليل وأيسرها وأكثرها نفعاً في الدرس اللغوي ، وهي الدلالة الصوتية ، والصرفية ، والنحوية ، والمعجمية ، وقد ضمنت داخل كل مستوى منها ما يتعلق به من مستويات أخرى تبناها بعض العلماء وتدور في فلك هذا المستوى الذي اخترناه .

الدلالة الصوتية

علم الأصوات : علم يدرس أصوات اللغة المنطوقة ، فهو فرع من علم اللغة ، ويتميز عن غيره من فروعها بأنه يعني بجانبها المنطوق فقط ، كما أنه يعني بأدق وأصغر الوحدات الدلالية في اللغة ، والأصوات أصل طبيعة اللغة ، والكتابة لاحقة عليها ، فهي رمز الصوت وتجسيد مادي له .

وتقسم أصوات اللغة على نوعين ، هما الصوامت والصوائت ، الصوامت : الأصوات التي تتعلق بمخرج معين يعترض الهواء الصادر من الحنجرة حين أداء الصوت المراد اختباره ، ويشكل هذا النوع معظم أصوات العربية ، ويمثله جميع أصوات العربية عدا الحركات القصيرة Short Vowels (الفتحة ، الضمة ، الكسرة) والحركات الطويلة Long Vowels (أصوات المد الساكنة : الألف والواو والياء) .

والأصوات الصائتة هي التي لا يعترضها عضو من أعضاء النطق أو لا تنطق بمخرج صوتي يثني النفس (الهواء الصادر من الحنجرة) عن امتداده ، فيكون الصوت أثناء نطقها ممتداً حراً لا يعوقه عائق حتى ينفذ ، ويمثل هذا النوع أصوات المد أو اللين أو العلة (الألف ، الواو ، والياء حال سكون الواو والياء) ، وتعد الحركات القصيرة أبعاض هذه الأصوات أو جزء منها ، لكنها لا تبلغ مقدارها من ناحية الطول ، وكم الهواء المندفع ، وهذان النوعان (الصامت والصائت) يشاركان في الدلالة أكثر من الحركات القصيرة .

والدلالة الصوتية تتحقق في نطاق تأليف مجموع أصوات الكلمة المفردة ، وتسمي بالعناصر الصوتية الرئيسية ، والتي يرمز إليها بالحروف الأبجدية : أ ، ب ، ت .....، ويشكل منها مجموع حروف الكلمة التي ترمز إلى معنى معجمي .

(1)

---

(1) الحرف Graph رمز مخطوط أو مطبوع يقوم مقام صوت أو مقطع أو معني كالحروف الأبجدية في اللغات الحديثة أو الرموز الهيروغليفية . ويدخل هذا في مادة الكتابة Graphic وهي الحروف التي تكتب بها لغة من اللغات ، وتقابلها المادة الصوتية ، ويسمي الواحد منها رمز حرفي Graphic symbol. وألفاظ اللغة تبنى من أصواتها التي يرمز إليها بحروف كتابية .

وتتحقق كذلك من مجموع تأليف كلمات الجملة وطريقة أدائها الصوتي ومظاهر هذا الأداء ، وتسمي بالعناصر الصوتية الثانوية . وتعد هذه العناصر أكثر إسهامًا في الدلالة من العناصر الصوتية التي تصاحب الكلمة المفردة .

ويطلق العلماء على الأصوات الصامتة والأصوات الصائتة الصوت المقطعي الأولي أو الصوت التركيبي Segmental Phoneme (1) . وهو أصغر وحدة صوتية .

ويضمنون هذا القسم قسماً آخر سموه بالصوت فوق التركيبي Plurisegmantac Phoneme أوSuprasegmental Phoneme وهو ما يطلق عليه الصوت الثانوي Secondary (2) وهو ملامح صوتية غير تركيبية مصاحبة تمتد عبر أطوال متنوعة في الأداء الصوتي ، وتشارك في تنوع معاني الكلام مثلما تشارك فيه الأصوات التركيبية . (3) وليست

---

(1) يشمل الصوت التركيبي ما يسمي بالسواكن والعلل ، وهي تعد جزئيات صوتية تستخدم في تركيب الحدث الكلامي . دراسة الصوت اللغوية ، الدكتور أحمد مختار عمر . عالم الكتب 1411 هـ ، 1991 م ص 219 .

(2) اختلف العلماء حول الأصوات فوق التركيبية في اللغة العربية هل هي عناصر ثانوية كما قال علماء الغرب أم هي عناصر صوتية أساسية مثلها مثل الأصوات القطعية والتي تتمثل في الصوامت consonants والصوائت vowels التي تتمثل في الحركات أو أصوات اللين في اللغة العربية (وتنقسم إلى حركات قصيرة وهي الفتحة ، الضمة ، الكسرة ، وحركات طويلة وهي ألف المد وواو المد وياء المد) ، وأري أن العناصر فوق التركيبية (النبر ، التنغيم ، المفصل ، الطول) لا تدخل في تركيب أصوات الكلمة ، لأنها ليست صوتًا رئيسًا من أصواتها .

(3) الدلالة الصوتية قد تكون ذات دلالة وظيفية مطردة ، وقد تكون دلالة صوتية غير مطردة ، فالدلالة الصوتية المطردة هي التي تعتمد على مواقع الأصوات ، وهذا باستخدام المقابلات الاستبدالية بين الألفاظ حتى يحدث تعديل أو تغيير في معاني هذه الألفاظ ، فلكل صوت مقابل استبدالي يحل محله، ويحدث تغييراً في الدلالة ، مثل : هزّ وعزّ ، ونفر و نفذ ، فتغيير الحرف أو استبداله بغيره أحدث اختلافاً في الدلالة .

والحركات كذلك ذات وظيفة استبدالية وتحدث تغييراً في الدلالة مثلها مثل الحروف ، فالحركة صوت في الكلمة وجزء لا يتجزأ منها ولهذا تعد صوتًا منها ؛ لأنها تنطق صوتيا مصاحبة نطق الصوت الأولي ولا تنفصل عنه ، وإن كتبت منفصلة عنه في الخط . فالحركة في اللغة العربية من العناصر الصوتية =

بصوت رئيس بل صوت ثانوي يصاحب الصوت الرئيس ، وتسمي العناصر الصوتية فوق التركيبية كذلك بالمصاحبات اللغوية Paralinguistic أو السمات شبه اللغوية المصاحبة للأداء الكلامي Vocal-performance ، وهي ما يعرف بين اللغويين بالسلوك اللغوي Verbal-behavior الذي يتمثل في دراسة بنية اللغة الصوتية ، وما يصاحبها من عناصر صوتية تشارك في الدلالة وتؤثر في المستمع .

وتتمثل المصاحبات اللغوية أو السمات شبه اللغوية في ثلاثة أنواع (1) :

النوع الأول : السمات التحبيرية الصوتية Prosodic Features ويعرف كذلك بالتطريز الصوتي Prosody ، وهي التي تصاحب الكلام أو الخطاب المنطوق ، وتتمثل في: النبر Stress ، والتنغيم Intention والوقفات أو السكتات الكلامية أو الفواصل Pauses ،

= الأساسية وليس من المظاهر التطريزية أو البروسودات Prosodies (المظاهر التطريزية) . ويري الدكتور مجاهد أن النبر والتنغيم يدخلان كذلك ضمن وحدات التركيب الصوتية Phonemes، وليست ظواهر تطريزية ؛ أو ثانوية . ارجع إلى الدلالة اللغوية عند العرب ص 166 ، 167 .

وعد فيرث الحركات العربية (الفتحة ، الكسرة ، الضمة) من قبيل البروسودات Prosodies أي مظاهر تطريزية ، لأنها في نظره تتصل بأكثر من وحدة صوتية ، فهي من الملامح الصوتية الثانوية ، وعد كذلك النبر والتنغيم من هذه العناصر الثانوية غير التركيبية ، لأنها لا تدخل في التركيب الصوتي . وهو ما يخالف واقع اللغة العربية ، وأري أن الحركات تعد جزءاً من بنية الكلمة ؛ لأنها تصاحب الحرف أو الصوت في الأداء ، ومن ثم فهي من قبيل العناصر الأساسية لمشاركتها في البنية الصوتية، وحركات الإعراب ، والنبر ، والتنغيم ، والوقفات ، والطول لا تدخل في تأليف البنية الصوتية للكلمة ، ولكنها تظهر في الأداء فقط وفي تركيب الجمل ، ولهذا تعد من العناصر الثانوية ، ولكن نبر الكلمة يعد جزءاً من العناصر الأساسية لمشاركته في بنيتها الصوتية ، وهذا دون نبر الجملة.

(1) اهتمت بعض الدراسات اللغوية والنفسية والاجتماعية ، والأنثربولوجية بدراسة السلوك غير اللغوي Non-Verbal behavior المصاحب للأداء الكلامي الذي يتمثل في التعبيرات الجسمية Body expressions والتي تعرف بمصطلح (Kinesics) الحركات الجسمية ، والتعبيرات الصوتية Voice expressions . والتي تعرف بمصطلح Paralinguistic المصاحبات اللغوية أو السمات شبه اللغوية المصاحبة للأداء الكلامي . دكتور كريم زكي حسام الدين : الدلالة الصوتية ، دراسة لغوية لدلالة الصوت ودوره في التواصل . مكتبة الأنجلو المصرية ط 1412/1هـ ، 1992م . ص 15، 16 .

ومعدل الأداء الكلامي Tempo ، ودرجة الصوت Pitch وصفته وقوته volume [1] .

النوع الثاني : الأصوات غير الكلامية non-speech sounds أو الفضلات الصوتية vocal segregates مثل : الضحك ، والبكاء ، والصراخ ، والتأوه ، والنحنحة ، والسعال ، والغمغمة ، وغير ذلك من الأصوات التي تصاحب الأداء الكلامي في الخطاب المنطوق وتشارك في الدلالة أو يفهم المستمع منها معنى [2] .

النوع الثالث : الأصوات غير الإنسانية non-human sounds مثل : أصوات الحيوانات ، ومظاهر الطبيعة مثل : صوت الرياح وأصوات الكهوف ، وحفيف الهواء بالأشجار وغير ذلك بالإضافة إلى الأصوات الصناعية مثل : أصوات الآلات والأجراس والأبواق التي تستخدم للدلالة على معان معينة .

وتقوم دراستنا على النوع الأول الذي يرتبط مباشرة باللغة ، وهو العناصر الصوتية التي تشارك في الدلالة .

ويعد ابن جني رائد دراسة الدلالة الصوتية قبل أن يتوسع فيها علم اللغة الحديث ، فقد اكتشف ابن جني وجود صلة بين بعض الأصوات وبين ما ترمز إليه ، وأول ما حداه بهذا الاكتشاف تسمية بعض الأشياء بأصواتها ، كالخازباز لصوته .والبط لصوته ، والواق للصُرَد لصوته ، وغاق للغراب لصوته ، ونحو : حاحيت ، وعاعيت ، وها هيت إذا قلت : حاء ، وعاء ، وهاء ، ونحو: بسملت ، وهللت ، وحولقت ، كل ذلك وأشباهه إنما يرجع في اشتقاقه إلى محاكاة الأصوات ، والأمر أوسع .

وذهب ابن جني إلى أبعد من هذا ، وهو دلالة الصوت (الفونيم) في الكلمة على المعني ، وقد رأي بعض المحدثين أن هذا الرأي تمعراً ، وبعضهم حبذا هذا الوجه ودعا إلى التوسع فيه ، ولكن ابن جني لم ير هذا الرأي مطلقاً بل خص به بعض الأصوات في بعض

---

(2) دكتور كريم زكي حسام الدين : الدلالة الصوتية ص 17 .

(3) الدلالة الصوتية ص 17 .

الأبنية ، وأنه بناه على ملاحظته الشخصية ولم ينقله عن غيره ، قال: "ومن طريف ما مر بيّ في هذه اللغة التي لا يكاد يعلم بعدها ، ولا يحاط بقاصيها ، ازدحام الدال ، والتاء ، والطاء ، والراء ، واللام ، والنون . إذا ما زجتهن الفاء على التقديم والتأخير ، فأكثر أحوالها ومجموع معانيها أنها للوهن والضعف ونحوهما" .

واحتج ابن جني لما رآه من دلالة هذه الأصوات على الوهن والضعف بكلمات وردت فيها مثل : "الدالف للشيخ الضعيف ، والشيء التالف ، والطليف ، والظليف المجان ، وليست له عصمة الثمين ، والصنف والطنف لما أشرف خارجاً عن الغباء وهو إلى الضعف ، لأنه ليست له قوة الراكب الأصل ، والنطف : العيب ، وهو إلى الضعف ، والدنف المريض .... "، ومثل : "الترفة ، والطرف ، والطرف أضعف من قلبه وأوسطه ، قال تعالى: ﴿ أَوَلَمْ يَرَوْا۟ أَنَّا نَأْتِى ٱلْأَرْضَ نَنقُصُهَا مِنْ أَطْرَافِهَا ﴾ [الرعد: 41] .ومثل الفارط أي المتقدم المنفرد . ومثل : الفتور : الضعف ، الرفت الكسر ، والرديف، لأنه ليس له تمكن الأول . وغير ذلك من الكلمات التي جاءت فيها أصوات الدال أو التاء أو الفاء أو الراء أو اللام أو النون مع صوت الفاء ، الذي جاء قسيماً لهذه الأصوات في بعض الكلمات للدلالة على الوهن والضعف ". (1)

ورأي ابن جني أن هناك أصواتاً أقوي في المعني من غيرها : " وكذلك لها دلالة تميزها عن قسيمتها في معظم الأصوات مثل : قضم وخضم ، فقضم تستخدم في اليابس ، وخضم في الرطب وذلك لقوة القاف وضعف الخاء ، فجعلوا الحرف الأقوى للفعل الأقوى والصوت الأضعف للفعل الأضعف" . (2) ومثال ذلك أيضاً : صعد ، وسعد ! صعد لصعود الأشياء المحسوسة مثل : صعد الجبل والحائط ، وسعد في الأشياء المعنوية مثل : سعيد الجد أي عالي القدر . وعلل ذلك بقوة الصاد وضعف السين ، والمحسوسات أقوي من المعنويات ، فتطلب التعبير عنها الأصوات القوية " والدلالة اللفظية أقوي من الدلالة

---

(1) الخصائص جـ 110/2 .

(2) الخصائص 65/1 طبعة الهيئة المصرية العامة للكتاب .

المعنوية "[1].

واستشهد ابن جني على قوله هذا بـ" النضح " ، و" النضخ " والنضح للماء ونحوه، والنضخ أقوي من النضح ، قال الله سبحانه وتعالى: ﴿فِيهِمَا عَيْنَانِ نَضَّاخَتَانِ ﴿٦٦﴾﴾ [الرحمن: 66] فجعلوا الحاء – لرقتها – للماء الضعيف والخاء لغلظتها – لما هو أقوي منه"[2].

ومثال ذلك : القد والقط ، القد للقطع طولاً ، والقط للقطع عرضاً ، فالطاء تفيد السرعة ومن ثم استخدمت في قطع العرض ، والدال استخدمت في قطع الطول ؛ لأنها تفيد المماطلة والطول[3].

وعرض ابن جني أمثلة كثيرة من اللغة تبين دلالة الصوت في الكلمة . وتناول ابن جني الأصوات التي تضاهي بأجراسها حروف أحداثها ، مثل : شدّ ، جرّ ، ومثل : فتح ، فرح ، خلق ، خسر .

ورأى كذلك أن الألفاظ متقاربة الأصوات توحي بدلالات ومعان متقاربة ، فالمعاني ، المتقاربة ذات ألفاظ متقاربة ، وقد عبر ابن جني عن ذلك بتصاقب الألفاظ لتصاقب المعاني . وقد قسمه إلى :

كلمات تتفق في الحروف وكلمات تتفق في بعضها وما اتفق في بعض الحروف مثل : رخو ، ورخود ، فهما متفقان فاء وعيناً ومختلفان لاماً الأول من : ر خ و ، والثاني من ر خ د . والرخو هو الضعيف ، والرخود : التثني الذي يرجع إلى معني الضعف[4].

---

(1) نفسه 1/ 161 .

(2) الخصائص 158/2 .

(3) نفسه .

(4) قامت الدراسات الغربية الحديثة ببحث دلالة الحرف أو الصوت في الكلمة ، وهي الدراسة التي سبق إليها ابن جني ، وقد اختلف علماء العربية المحدثين حول طبيعة هذا البحث ، فبعضهم يري أن ما ذهب إليه ابن جني يعد نوعاً من التكلف الذي لا يقوم على أساس واضح ، ويعد مبالغة ، ويري فريق آخر =

ومثل : أزَّ وهَزَّ قال تعالى : ﴿أَلَمْ تَرَ أَنَّآ أَرْسَلْنَا ٱلشَّيَـٰطِينَ عَلَى ٱلْكَـٰفِرِينَ تَؤُزُّهُمْ أَزًّا ﴾ [مريم: 83] أي تزعجهم وتقلقهم ، وهذه الدلالة نجدها في : تهزهم هزاً ومثل وصف صوت الفرس : صهل ، وسحل ، فالصاد أخت السين ، والهاء أخت الحاء من حيث المخرج .

ولم يقض ابن جني بحتمية هذا الرأي بل طرحه أمام العلماء ليبحثوه ، فقد أنهي أطروحته هذه بقوله : "الآن قد آنستك بمذهب القوم فيما هذه حاله ، ووقفتك على طريقه، وأبديت لك عن مكنونة ، وبقي عليك أنت التنبيه لأمثاله ، وإنعام الفحص عما هذا حاله ، فإنني إن زدت على هذا مللت وأمللت . ولو شئت لكتبت من مثله أوراقاً مئين ، فأبه له ولاطفه ، ولا تجف عليه فيعرض عنك ولا يبهأبك .(1)

وقد توسع ابن جني في هذا المبحث ، فبحث دلالة الأصوات كواحدات مستقلة ، ودرس الكلمات المتشابهة صوتياً والعلاقة الدلالية التي قد تنشأ نتيجة اشتراكها في معظم الأصوات أو تقارب الأصوات وتشابهها في الكلمتين ، ودرس كذلك العلاقة الدلالية بين الكلمات التي تشترك في الأصوات وتختلف في ترتيبها مثل : حبذ ، وجذب ، وهو ما أطلق عليه اسم الاشتقاق الأكبر الذي يقوم على تقليب الأصوات .(2) وسنبين هذه الجوانب مفصلة في موضعها من الكتاب إن شاء الـلـه.

واستفاد علماؤنا المعاصرون من كتب المتقدمين وزاد انتفاعهم بها عندما اطلعوا على مناهج الغربيين وبحوثهم التي اعتمدت على العلوم الحديثة وأدواتها .

= أن هذا البحث يعد خطوة متقدمة في مجال البحث الصوتي سبقت الدراسات الغربية الحديثة ويدعون إلى التوسع فيها وتعميقها في البحث اللغوي العربي . ونحن نميل إلى الفريق الأخير لما وجدناه من أمثلة بينة احتج بها ابن جني من القرآن الكريم واللغة ، وشواهده واضحة في ذلك والفروق الدلالية ، ولكنها لا تعم جميع اللغة ، ولم يدع ابن جني ذلك .

(1) الخصائص جـ2 / 109، 110 يقال بهأ بالشيء : أنس به .

(2) نفسه جـ2 / 88 ، 95 ، 96 .

ورائد البحث الصوتي الحديث الدكتور إبراهيم أنيس الذي وضع فيه كتاباً رائداً فريداً تناول فيه آراء القدماء ، وعرّج فيه على الدراسات الغربية كثيراً وعالج القضايا الصوتية معالجة علمية واعية لا يألوها تقصير ، فأصبح الكتاب مدداً لكل من طلب العون في مجال الأصوات .[1]   ولحق به نفر من المتخصصين أسهموا في الدراسات الصوتية إسهامات لا تجهل ، وأضافوا إلى ما سبقهم إليه سابقوهم .

وأهم ما يشغلنا في بحوث هؤلاء الجانب الدلالي في الأصوات ، وهو جانب لم ينكره القدماء أو المحدثون ، فقد أكدوا جميعاً مشاركة الأصوات في تحقيق بعض المعاني، فالأصوات مادة اللغة .

وتجيء أصوات الكلام الصامتة والصائتة في نسق متعارف عليه عند أهل اللغة ، وكل صوت منها يقابل الآخر أي له وظيفة تختلف عن غيره غير أن الملاحظ أن الكلام ليس مجرد أصوات قطعية يتبع بعضها بعضاً بل يتضمن شيئاً إضافياً هو ما يمكن تسميته بموسيقي الكلام . فهناك طبقة صوتية تنتهي بها الجملة ويعرف منها ما إذا كانت استفهامية أم تقريرية ، وهناك وقفات بين أجزاء الكلام تفيد السامع في معرفة المعنى ويدل كذلك موقع النبر من الكلمة أو الجملة على معنى .

وهذه الظواهر الصوتية التي تصحب الكلام تسمي الأصوات فوق القطعية ، وتتمثل في النبر والوقفة ، ونمط التنغيم وطبقة الصوت ، ومن هذه الملامح أيضاً علو الصوت الذي يدل غالباً على الغضب ، ومعدل السرعة في الأداء الذي يرتبط بمعاني الإلحاح ، أو الانفعال ، أو التأكيد ، أو التروي .[2]

وقام علماء اللغة بدراسة هذه العناصر في عربيتنا ، فاختلفوا في وقوعها فيها كما اختلفوا في موقف القدماء منها .

---

(1) كتاب الأصوات اللغوية ، مكتبة الأنجلو 1990م . وقد طبع عدة طبعات .

(2) دراسات الصوت اللغوي ص 220 .

وترجع أسباب الخلاف إلى أن علم اللغة الحديث نشأ في الغرب واتخذ لنفسه اصطلاحات حديثة ، قد لا توجد عند علمائنا القدماء ، واتخذ البحث الحديث لنفسه مناهج وأسساً تقوم على التخصيص والتفريع بينما درس القدماء اللغة عامة فتداخلت الموضوعات، ولم يضعوا حدوداً فاصلة بين بعض الفروع ، إلا في مرحلة تلت اكتشاف العلم .

لقد اختلف علماؤنا المحدثون حول اهتمام القدماء بقضية النبر في العربية ، وشاركهم في ذلك بعض المستشرقين مثل هنري فليش Henry Fleisch الذى رأى أن "نبر الكلمة فكرة كانت مجهولة تماماً لدي النحاة العرب بل لم نجد له اسماً في سائر مصطلحاتهم .. "[1]، لكنه يعترف بمعرفة الصرفيين به: "أما علم الصرف ، فيبدو أن فكرة النبر قد أهمته جزئياً ، وذلك في حالة واحدة فحسب ، حين تلحق بالاسم المؤنث ألف التأنيث الممدودة (المنبورة) في مقابل الألف المقصورة (غير المنبورة) ... وهذه الحالة تدع رغم ذلك دوراً ثانوياً للنبر ."[2] ، وقال الدكتور تمام حسان : " إن دراسة النبر ودراسة التنغيم في العربية تتطلب شيئاً من المجازفة ، لأنها لم تعرف ذلك في قديمها . ولم يسجل لنا القدماء شيئاً من هاتين الناحيتين "[3] .

وقد وجد هذا الرأي له صدي عند بعض العلماء[4] ونقول إنه من الصعب التعرف على المصطلحات الحديثة مثل النبر والتنغيم في تراثنا ، لكننا لا ننكر وجود مفاهيم هذه

---

(1) هنري فليش : العربية الفصحي : تعريب وتحقيق الدكتور عبد الصبور شاهين ط1 ، المطبعة الكاثوليكية . بيروت 1966م ص 49 و 182 . وارجع إلى عبد الكريم مجاهد . الدلالة اللغوية ص173 .

(2) العربية الفصحي ص 182 .

(3) الدكتور تمام حسان : مناهج البحث في اللغة ص 163 ، 164 .

(4) يقول الدكتور أنيس فريحة : "إن قضية النبر لم يعرها العرب أقل انتباه .. ولم يعطها لغويو العرب حقها من العناية ، حتى إنهم لم يضعوا لها لفظاً خاصاً ، ونعني قضية النبر وأثرها في الحركة من حيث الطول والقصر . اللـهجات وأسلوب دراستها : محاضرات في معهد الدراسات العربية . جامعة الدول العربية القاهرة 1374هـ ، 1955م ص 70 ، 52 . وذهب فليش إلى ما هو أبعد من ذلك حيث قال : " العربية لا تتصف بشيء من النبر الديناميكي أو الموسيقي " . العربية الفصحي ص 182.

25

المصطلحات في مسميات أخري في كتب القراءات وكتب النحو والصرف والمعاجم ، والبلاغة ، وشروح الشعر . والكتب التي تناولت الخطابة وتناولت الموضوعات التي ترتبط بعملية الأداء .[1] ونري أن هذا الرأي فيه تجني على عربيتنا وجهود علمائنا في هذا المجال ، فقد توصل علماؤنا منذ وقت مبكر إلى أهمية العناصر الصوتية في الدلالة ، وعلى رأس هؤلاء علماء القراءات الذين وضعوا قواعد دقيقة لقراءة النص القرآني حفاظاً على معانيه ودلالته ، وفصلوا وجوه القراءات ودلالتها ، وتبعهم علماء اللغة فدرسوا الأصوات ، وقدموا بحوثاً غير مسبوقة في التراث العالمي ، وأصبح للأصوات علم خاص في العربية ، ولم تعرف مثل هذه الدراسات إلا في العصر الحديث.

إننا لا ننكر أن المصطلحات الحديثة مثل : الفونيم (الصوت) ، المقطع ، النبر (Stress) ، التنغيم ، درجة الصوت ، لم يستخدمها قدماؤنا على هذا النحو الحديث ، لكننا نجدهم يدركون دلالة هذه العناصر في التأثير في المتلقي ، وعالجوا أثر الصوت في الدلالة ويفهم ذلك من قول ابن جني[2] : " ... وقد حذفت الصفة ودلت عليها الحال ، وذلك فيما حكاه صاحب الكتاب (سيبويه) من قولهم : "سِير عليه ليل . وهم يريدون ليل طويل . وكأن هذا إنما حذفت فيه الصفة لما دل من الحال على موضعها . وذلك إنك تحس في كلام القائل لذلك من التطويح والتطريح والتفخيم والتعظيم ما يقوم مقام قوله : طويل أو نحو ذلك . وأنت تحس هذا من نفسك إذا تأملته . وذلك أن تكون في مدح إنسان والثناء عليه . فتقول : كان - والـلـه - رجلاً! فتزيد في قوه اللفظ بـ "الـلـه" هذه الكلمة . وتتمكن في تمطيط اللام وإطالة الصوت بها وعليها أي : رجلاً فاضلاً أو كريماً أو نحو ذلك . وكذلك تقول : سألناه فوجدناه إنساناً! وتمكن الصوت بإنسان وتفخمه ، فتستغني بذلك عن وصفه بقولك : إنساناً سمحاً . أو جواداً أو نحو ذلك . وكذلك إن ذممته ووصفته بالضيق قلت :

---

(1) لقد عالج أبو علي القالى هذه الموضوعات في كتابة الحجة الذي تناول فيه القراءات القرآنية السبعة المشهورة ، ثم أكمل تلميذه ابن جني هذا الموضوع بدراسة القراءات الشاذة . كما تناول الجاحظ هذه الموضوعات في البيان والتبين .

(2) ابن جني : الخصائص 370/2 ، 371 .

سألناه وكان إنساناً أو تزوي وتقطبه . فيغني عن قولك : إنساناً لئيماً أو لحزاً أو مبجلاً أو نحو ذلك" . (1) لقد قرأ ابن جني قراءة تمثيلية تعبر عن المعنى المراد فأظهر العناصر الصوتية التي شاركت في المعنى ، فنلاحظ عدة كلمات نالت عناية ابن جني في الأداء ووصف طريقة أدائها فجملة "سِير عليه ليل " دل تنغيمها في الأداء على أن المراد ليل طويل ، ووصف ابن جني تنغيم الجملة بقوله : " إنك تحس في كلام القائل لذلك من التطويح والتطريح والتفخيم والتعظيم ما يقوم مقام قوله : طويل أو نحو ذلك" . والتطريح : رفع الصوت وعلوه أو طوله وارتفاعه، والتطويح : يعني به تذبذب الصوت علواً وانخفاضاً واعتدالاً . ويعني به مستوي قوة الصوت ، ومستويات الصوت جميعها من طوح به ذهب هنا وهناك . والتفخيم منح الصوت قيمة صوتية أكثر مما هو عليه أو تغليظ الصوت في موضعه ، وهو ضد الإمالة .

ويتخذ ابن جني مثالاً آخر يفهم منه أثر النبر في الدلالة : " كان – والـلـه – رجلاً !" يصف أداء لفظ الجلالة "الـلـه" "ورجلاً" في النطق فيقول : "فتزيد في قوة اللفظ بـ"الـلـه " هذه الكلمة ، وتتمكن من تمطيط اللام وإطالة الصوت بها وعليها ؛ لتعطي دلالة رجلاً فاضلاً أو شجاعاً أو كريماً أو نحو ذلك" . فالنبر زيادة في قوة الصوت لكلمة من كلمات الجملة ليميزها عن غيرها لتحقيق دلالة ما ، وهي المدح في المثال . ومثل ذلك كلمة إنسان في : "سألناه فوجدناه إنساناً " وتمكن الصوت بإنسان وتفخمه ، فتستغني بذلك عن وصفه بقولك بـ "إنساناً سمحاً أو جواداً أو نحو ذلك" .

ويشير ابن جني كذلك إلي مشاركة الحركات الجسمية في الدلالة إلى جوار النبر والتنغيم : " وكذلك إذا ذممته ووصفته بالضيق قلت : سألناه ، وكان إنساناً ! وتزوي وجهلك وتقطبه . فيغني ذلك عن قولك : إنساناً لئيماً أو لحزاً أو مبجلاً أو نحو ذلك " . (2)

---

(1) ارجع إلى الخصائص جـ370/2 ،371 ، يقول الدكتور عبد الكريم مجاهد عن دور ابن جني في دراسة العناصر الصوتية المشاركة في الدلاله ، " ... بذلك يظهر بجلاء ووضوح ، ويثبت أنه قد طرق باب هذه الموضوعات التي تعتبر من منجزات علم اللغة الحديث ، وبذلك تحفظ له أصالته ومساهمته . الدلالة اللغوية ص 182 .

(2) الخصائص ، جـ 371/2 .

إننا نلاحظ أن ما قاله ابن جني في القرن الرابع الهجري لا يختلف عما توصل إليه علم اللغة الحديث في هذا المجال إلا في بعض المصطلحات التي وضعت لهذه المسميات القديمة التي افتقدت إلى التحديد والتخصيص ، والاصطلاح عليها يعد من ثمار الدراسات الحديثة [1] .

إننا نجد علماء من أهل عربيتنا ينكرون جهود علماء العربية في دراسة النبر والتنغيم متفقين في ذلك مع فليش الذي رأي أن العربية لا تتصف بشيء من النبر الديناميكي أو الموسيقي" [2] .

ولكننا نجد من المستشرقين من يدافع عن العربية وخصائصها ، ويرد كلام هؤلاء من أبناء العربية ومن غير أبنائها الذين أنكروا وجود السمات شبه اللغوية التي تتمثل في الأصوات التي تصاحب الأداء . ومن هؤلاء الذين وضعوا العربية في مكانها اللائق بين لغات العالم بركلمان يقول : " في اللغة العربية القديمة يدخل نوع من النبر تغلب عليه الموسيقية ، ويتوقف على كمية المقطع ، فإنه يسير من مؤخرة الكلمة نحو مقدمتها حتى يقابل مقطعاً طويلاً فيقف عنده ، فإذا لم يكن في الكلمة مقطع طويل ، فإن النبر يقع على المقطع الأول منها" [3] .

وتقوم دراستنا على النوع الأول (السمات شبه اللغوية) ودورها في التواصل في الخطاب

---

[1] ارجع إلى : الدكتور تمام حسان : مناهج البحث في اللغة ص 90 ، والدلالة اللغوية ص 175 . والخصائص جـ 371/2 . لقد تناول الدكتور محمد العبد في كتابه المفارقة القرآنية أثر القراءة في الدلالة وبين آراء القدماء فيها من الناحية الصوتية والمفارقات الدلالية التي تختلف باختلاف القراءة أو الأداء الصوتي ، كما تناول وصف القدماء طريقة الأداء . وارجع إلى الأصوات اللغوية للدكتور إبراهيم أنيس ص 82 . مكتبة نهضة مصر .

[2] ومن أصحاب هذا الرأي الدكتور أنيس فريحة . ارجع إلى العربية الفصحى ص182 . وقد قال بعض المستشرقين مثل قوله

[3] الدكتور رمضان عبد التواب : لحن العامة والتطور اللغوي ط1967/1م . دار المعارف ص 54 . نقلاً عن كتاب بركلمان "اللغات السامية" .

المنطوق من خلال دلالتها التي ترتبط بالقرائن المقالية والحالية .

ونعرض فيما يأتي أهم العناصر الصوتية المشاركة في الدلالة.⁽¹⁾ وتنقسم إلى نوعين ، نوع يرتبط

بدلالة الكلمة ، ونوع يرتبط بدلالة الجملة :

أولاً : النوع الأول :

- الصوت أو الفونيم	Phoneme
- الحركات أو علامات الشكل (الضبط) .	Vowel Points
- المقطع	Sylloble
- النبر	Stress

وهذه العناصر تقع في نطاق الكلمة ، وترتبط بها عدا النبر فإنه يقع في الكلمة ، ويقع في الجملة

أيضاً .

ثانياً : النوع الثاني :

- التنغيم أو نمط التنغيم	Intonation Contour
- الوقفة أو الفاصل	Juncture ⁽²⁾
- طبقة الصوت	Pitch
- نوع الصوت	Quality
- شدة الصوت	Intensity

---

(1) هذه الظواهر الصوتية التي تصحب الكلام تسمي الفونيمات فوق القطعية Supra-segmental phonemes ، وتسمي الأصوات الصامتة والصائتة الفونيمات القطعية Phonemes segmental .

(2) الفاصل أو الوقفة تكون في الكلمة ولكنها في الجملة أظهر ولها أثر في دلالتها ، ولهذا وضعناها بين العناصر الصوتية التي تقع في الجملة ، ولكن النبر في الكلمة أظهر من وقوعه في الجملة ، ولهذا وضعناه بين العناصر الصوتية التي تتعلق بالكلمة .

- حركات الإعراب Parsing

وهذه العناصر ترتبط بالجملة وأدائها الصوتي ، وترتبط بالسياق المقالي والحالي .

الصوت (الفونيم):

الصوت الهجائي ، أو الهجاوي (معرّبه : فونيم):

وحدة صوتية صغري يمكن تجزىء سلسلة التعبير إليها مثل الضاد ، والراء ، والباء في ضرب، والتي تمثل الأصوات الرئيسية (1) ، والأصوات لبن الكلمات ، وهي: أسرة من الأصوات في لغة معينة متشابهة الخصائص ، ومستعملة بطريقة لا تسمح لأحد أعضائها أن يقع في كلمة في السياق الصوتي نفسه الذي يقع فيه الآخر . (2) ويرمز إلي كل صوت منها بحرف من حروف الهجاء في الخط أو الكتابة .

والصوت يؤثر في دلالة الكلمة ، ومثال ذلك الأصوات الأوائل في : ناب ، تاب ، عاب ، غاب ، شاب. إن اختلاف الصوت الأول في هذه الكلمات المتشابهة في بناء المقاطع أدي إلى اختلاف الدلالة، وهذه الأصوات على الترتيب : ن ، ت ، ع ، غ ، ش . فاختلافها ميز بين الكلمات ، وهذا لا يعني ارتباط ترتيب الأصوات في الكلمة بالمعني فترتيبها ليس قائمًا على معنى في النفس ، ولكن اختلافها فرّق بين أصوات الكلمات المصطلح على دلالتها .

ولقد توصل علماء العربية إلي أثر الحرف (الصوت) في دلالة الكلمة لما يؤدية من فروق في الدلالة بين الكلمات ، " وقد يفرقون بين المعنيين المتقاربين بتغيير حروف الكلمة حتى يكون تقارب ما بين اللفظين كتقارب ما بين المعنيين ، كقولهم للماء الملح الذي لا يشرب إلا عند الضرورة : شروب ، ولما كان دونه مما يتجوز به : " شريب ". (3)

---

(1) الصوت (الفونيم) يتمثل في الأصوات الرئيسية مثل : الهمزة ، ألف ، باء ، تاء ... والألفون Allophone هو صفة نطق الصوت والكلمة في الجملة ويتمثل في التنغيم ، الجهر ، الهمس ، الترقيق .

(2) أحمد مختار عمر : دراسة الصوت اللغوي ، عالم الكتب ص 136 وأرى أن نسمي الفونيم "الصوت الهجائي" لئلا يلتبس مصطلح الصوت بغيره . وهو نسبة إلى حروف الهجاء (الأصوات مقطعة) .

(1) اتفاق المباني وافتراق المعاني ص 98 .

ومثال : نضح ، ونضخ : الأول رش الماء على البول الخفيف على الثوب ، فإن زاد قيل له : نضخ الماء على الثوب لكثرته.

ومثال :القبص ، والقبض . الأول يكون بأطراف الأصابع ، والثاني لأخذ الكف كلها [(1)] فالقبض جمع الكف على الشيء ومن ذلك قوله تعالى: ﴿ فَقَبَضْتُ قَبْضَةً مِّنْ أَثَرِ ٱلرَّسُولِ ﴾ [طه: 96].

ومثال : يقال للأكل بأطراف الأسنان قضم ، وبالفم خَضْم . قال أبو زر الغُفارى: "تخضمون ونقضم والموعد الـلـه ، وقال عبد الـلـه بن الزبير: يكفينا من خضمكم القضم" [(2)].

ويقال لما ارتفع من الأرض حزن ، فإن زاد قليلاً قيل حزم . ويقال للنار إذا طفيت هامدة، فإذا سكن الـلـهب وبقي من جمرها شيء قيل خامدة ، ويقال للخطأ من غير تعمد غلط ، فإذا كان في الحساب قيل غلت [(3)].

وقد يستخدم اللفظ في سياق ولا يستخدم في آخر للدلالة عليه ، مثل : فاظت نفسه ، وفاض الماء ، فالأول يعني خروج الروح والثاني يعني الزيادة ، وقد أدى اختلاف الصوت في كليهما إلى هذا الاستخدام الذي يناسب سياقه .

ويؤدي اختلاف موقع الصوت في الكلمة إلى اختلاف دلالتها ، ومثال ذلك ما أجراه ابن جني من تقليبات صوتية لجذر واحد أو لمجموعة أصوات واحدة ، فاستخرج منها مجموعة كلمات ذوات معان ، واستبعد المهمل ، ومن هذه الأمثلة "ملك" يمكن أن يبني من تقليب أصواتها : ملك ، كمل ، كلم [(4)] . ولا شك أن لكل منها دلالة خاصة رغم اتفاقها في الأصوات ، ولكن اختلفت دلالتها نتيجة ترتيب هذه الأصوات في الكلمات الثلاث ؛

---

(1) اتفاق المباني وافتراق المعاني ص 98 .

(2) ابن أبي حديد : نهج البلاغة 3 / 297 .

(3) اتفاق المباني وافتراق المعاني ص 99 .

(4) الخصائص 146/2 وابن جني يري وجود علاقة دلالية بين هذه الكلمات ، ولكننا نري أن هذا لا يتسق دائماً مع كل المفردات التي تتكون من تقليب جذر واحد ، وقد حاول ابن جني إيجاد علاقة بينها جميعاً .

فوظيفة الصوت الهجائي في الدلالة دفع التباس الرمز بغيره أو التمييز بين الألفاظ .

وقد ذهب ابن فارس إلى أن الأصوات أو الحروف تدل على المعاني أيضاً فقال : أجمع أهل اللغة – إلا من شذ عنهم – أن للغة العرب قياساً ، وأن العرب تشتق بعض الكلام من بعض . وأن اسم الجن مشتق من الاجتنان ، وأن الجيم والنون تدلان أبداً على الستر . تقول العرب للدرع ، جنة . وأجنه الليلُ . وهذا جنين ، أي هو في بطن أمّه أو مقبور "[1] ، وقد تحققت هذه الدلالة من وضع الأصوات نفسها في ترتيب واحد متسق دون تقليبها ، والمعنى لم يتحقق من الصوت بل من تأليف أصوات الكلمة وعلاقتها بالجذر الذي اشتقت منه ، فالكلمات التي تشتق من جذر واحد بينها صلة معنوية ترتبط بأصل المعنى الذي وضعت له .

وأري أن المعاني لا تكون من الأصوات وحدها ، بل من وضعها في ترتيب معين ، فالمعني من الصيغة التي تبني منها الكلمة ، فاختلاف ترتيب أصوات الكلمة يعقبه اختلاف في معناها ، وكذلك اختلاف الصيغة الصرفية ، وهنالك جوانب أخري تؤثر في اختلاف المعني نحو موضعها في التركيب ، والسياق الذي تأتي فيه ، وعلاقتها بما جاورها من لفظ ، ولكن النون وحدها ليس لها معني في كلمة جنة ، وكذلك الجيم ، ونظم أصوات الكلمة لا يقوم على معني ، فمجيء النون بعد الجيم أو ترتيبها كذلك ليس عن معني ؛ لأن الاصطلاح على هذا الترتيب هو الذي يؤكد هذا المعني لهذا اللفظ ، ويوضح هذا قول عبد القاهر الجرجاني : " ... وذلك أن نظم الحروف هو تواليها في النطق ، وليس نظمها بمقتضي عن معني ، ولا الناظم لها بمقتف في ذلك رسماً من العقل اقتضي أن يتحرى في نظمه لها ما تحراه . فلو أن واضع اللغة كان قد قال " ربض " مكان "ضرب" لما كان في ذلك ما يؤدي إلى فساد[2] .

ويمكن توجيه ما ذهب إليه "القالي" ، و"ابن جني" ، و"ابن فارس" إلى أن هذه المعاني

---

(1) الصاحبي ص 58 .

(2) دلائل الإعجاز ص 49 .

التي تتحقق من هذه الأبنية جاءت بعد الاصطلاح على أن هذا الترتيب الصوتي في اللفظ قد أدي هذا المعني ، فكل زيادة في هذا اللفظ تؤدي إلى زيادة في المعني ، فقد اصطلح أهل اللغة على معني هدم وكسر ، فلما أرادوا الزيادة في المعني ضعفوا عين الفعلين : هدّم ، كسّر ، فأعقب الزيادة في المبني زيادة في أصل المعني ، والـلـه أعلم .

وتوجد في اللغة أصوات قوية في السمع وأصوات ضعيفة ، فالأصوات القوية هي التي يقع خلال نطقها انفجار هوائي مثل : الدال ، والطاء ، والضاد ، والباء .

ومجيء مثل هذه الأصوات في كلمة يوقع دوياً صوتياً عالياً يعزز من دلالتها ، ولا شك أن ارتفاع الصوت يزيد اللفظ دلالة وتأكيداً ، ومثال هذا : قطّع ، وشدّد في حالة تضعيف العين يشتد الصوت ويحبس الهواء ، ثم يحدث دوياً انفجارياً ، وهذا يتضح جيداً في المقاطع الطويلة التي يمتد فيها الصوت في مثل : عاد ، عيد ، معود .

وكذلك في المقاطع المتنوعة الطويلة والقصيرة في مثل : نارّ ، حارّ ، شدّ ، حدّ ، مدّ.

والتكرر للمبالغة وقوة المعني في مثل : عصبصب وغشمشم ، واخلولق ، واعشوشب .[1] هذا في الفونيمات أوالوحدات الصوتية الرئيسية ، ولكن صفة نطق الصوت التي تصاحبه بتأليفه مع ما يجاوره من أصوات الكلمة أو صوت من كلمة مجاورة لا يشكل أثراً في الدلالة مثل الإظهار والإخفاء في : إن شاء ، إن يقم ، والإضغام في "لنسفعمبناصية" فأحكام نطق النون مثلاً لا تشكل دلالة في الكلمة ، وإن خضعت لتأثير ما جاورها من أصوات في الأداء الصوتي . والاختلاف بين ألوفون [صويت] وألوفون آخر لا يؤدي إلى تغيير في المعني ، فهو في الواقع تغيير صوتي ولكنه يشارك في الإيقاع الصوتي بما يؤديه من غنة أنفية فيحسن بها الأداء[2] .

---

(1) ارجع إلى الخصائص جـ103/2 المكتبة التوفيقية .

(2) الألفون The Allophone ليس فونيماً بل جزءًا منه والألفون هو صفة نطق الصوت التي تصاحبه في الأداء ، والذي يختلف باختلاف ما جاور الصوت من أصوات ، والصوت له نطق واحد بينما نطق =

وهذا الأثر الصوتي يسهل على المتكلم عملية النطق ، ويزيد صوته حسناً في السمع .

دلالة الحركة

الحركة سواء أكانت مصاحبة لأصوات الكلمة ، أو تقع على أواخر الكلم تعد جزءاً من الوحدات الصوتية التي تشارك في الدلالة ، والحركة التي تصاحب أصوات الكلمة تسمي حركة البناء أو الشكل ويصبح الكلام بها مشكولاً، والحركة التي تقع في آخر الكلمة تسمي حركة الإعراب (1) ، وهي الحركة التي تبين وظيفة الكلمة في التركيب وموقعها فيه .

والحركات وحدات صوتية Phonological units لها وظيفة معينة في التركيب الصوتي ، وتعد جزءاً منه ، وتعد أصواتًا أساسية أو أولية Primary Phonemes في الكلمة المركبة وليس في الصوت الهجائي .

أولاً - حركة البناء أو الشكل Diacritic vowel

وهي علامة تستعمل أعلي الحرف أو أسفله في الكتابة لتبين صفة النطق في الأداء ، والحركة تؤدي دوراً مميزاً في دلالة الكلمة ، فهي التي تميز بين الفعل والاسم في مثل : "ضرب" ، فهي بالفتح فعل وبسكون الراء اسم أو مصدر وتحدد زمن الفعل في مثل : ضَربَ ، يضربُ ، سيضربُ ، كما أنها تكشف عن الفاعل الحقيقي ونائبه في مثل : ضَرَبَ ، وضُرِبَ . كما أن الحركة تميز بين دلالة المشتقات ، ومثال ذلك : مترجِم ، ومترجَم . فالكسرة في الكلمة الأولي تعطي معني الفاعلية ، وفي الثانية تعطي معني المفعولية ، ونحو : مَفْعل و مِفْعَل ، فمفْعَل يأتي للمصادر مثل : ذهَبَ مَذْهباً ودخل مَدْخلا وخرج مخرجاً ، ومِفْعَل يأتي للآلات والمستعملات مثل : مِطْرَق ، ومِرْوَح (2) ، ومِخْصَف ومِئْزَر ومِثْقَب ، مِئْبَر .

= الألفون يتعدد بتأثير ما جاور الصوت من أصوات . فهو جزء من أجزاء الصوت . ويتمثل الألفون في : الجهر والهمس أو الاحتكاك أو الانفجار ، والإخفاء والإظهار والإدغام .

(1) قال ابن بنينَ : "وقد يفرقون بين الكلامين المتكافئين والمعنيين المختلفين بالإعراب وبحركة البناء وبتغير حرف الكلمة " . اتفاق المعاني واختلاف المباني ص 97 .

(2) المِرْوحة بكسر الميم التي يتروح بها ، والمَرْوحة بالفتح الأرض الكثيرة الريح . والمُغتَسَل : الموضع ، والمُغْتَسِل : الرجل . اتفاق المباني واختلاف المعاني ص 98 .

وتحاكي الحركات الحدث المعبر عنه مثل : وزن "فَعَلان" الذي يأتي للاضطراب والحركة ، وشاهد ذلك الغليان ، الغثيان ، الدوران .

قال الثعالبي : " ما كان على فَعَلان دل على الحركة والاضطراب كالنزوان والغليان والضربان . وما كان على "فَعْلان" دلّ على صفات نقع من أحوال كالعطشان والغرثان والشبعان والريان والغضبان " .(1)

وتشارك الحركة في تنوع الصفات مثل : "رجل لُعْنَة" ، إذا كان يلعنه الناسُ ، فإن كان يلعنُ الناسَ قيل : رجل لُعَنَة ، بتحريك العين بالفتح ، ورجل سُبّه إذا سبه الناس ، فإذا كان هو الذي يسبب الناس قيل : رجل سُبَبَة بتحريك الباء بالفتح . وكذلك هُزْءة وهُزَأة وسُخْرَة وُسخرة ، وضُحْكة، ضَحَكَة ، وخُدْعة وخُدَعَة(2) .والهُوْن : العذاب ، ﴿ ٱلْيَوْمَ تُجْزَوْنَ عَذَابَ ٱلْهُونِ ﴾ [الأنعام: 6] والهَوْن : الرفق ﴿ يَمْشُونَ عَلَى ٱلْأَرْضِ هَوْنًا ﴾ [الفرقان: 63].

فاختلاف الحركة دل على المعني وضده . كما يعبر طول الحركة وقصرها عن المعني، ويشارك في الدلالة مثل : "أنتَ" بالفتح القصير و"أنتي" (أنتِ) بالكسر الطويل ، الأولي تعني التذكير والثانية تعني التأنيث .

وشاهد ذلك أيضاً مد الفم للدلالة على واو الجماعة في "يقولوا" وقصرها للدلالة على الإفراد في "يقولُ" ، وكذلك قصر الضمة وطولها في "قال" و "قالا" للدلالة على الإفراد والتثنية (3) .وقد توسع ابن جني في ذلك وكشف عن دواعيه ، ودلالاته .

ثانياً - علامات الإعراب

وهي العلامات التي تقع على أواخر الكلم بما يقتضيه موقعها من المعني والتركيب

(1) أبو منصور الثعالبي : فقه اللغة ، دار ابن خلدون ص 255 .

(2) ارجع إلى : تأويل مشكل القرآن ص 13 ، وما بعدها واتفاق المباني والمعاني ص 98 ، وفقه اللغة للثعالبى ص 267 .

(3) الخصائص حـ3 / 128 – 130 .

وتظهر في صور أصوات تصاحب الحرف الأخير من الكلمة المعربة في الجملة:[(1)]

وحركة الإعراب تختلف عن حركة البناء ، فالأولي لا تقع إلا في التركيب لارتباطها بوظيفة الكلمات التي يتكون منها ، والثانية تقع في أحرف الكلمة أو أصواتها.

والإعراب يكشف عن المعاني ، ويحدد موقع الكلمات في التركيب ، قال ابن يعيش : "الإعراب الإبانة عن المعاني باختلاف أواخر الكلام لتعاقب العوامل في أولها "[(2)] . كما أنه " هو الفارق بين المعاني المتكافئة في اللفظ ، وبه يعرف الخبر الذي هو أصل الكلام........ " .

ويري الزجاجي (ت 339) أن الأسماء لما كانت تعتورها المعاني ، فتكون فاعلة ومفعولة ، ومضافة ، ومضافاً إليها ، ولم تكن في صورها وأبنيتها أدلة على هذه المعاني ، بل كانت مشتركة ، جُعلت حركات الإعراب فيها تنبئ عن هذه المعاني ، فقالوا : ضرب زيد عمراً ، فدلوا برفع زيد على أن الفعل له ، وبنصب عمر على أن الفعل وقع به ، ... وكذلك سائر المعاني جعلوا الحركات دلائل عليها ، ليتسعوا في كلامهم ... وتكون الحركات دالة على المعاني "[(3)] .

وليست العلامة الإعرابية إلا رمزاً لوظيفة اللفظ في التركيب ، وعلاقته بما جاوره من ألفاظ لتحقيق معني معين ينشده صاحب التركيب وليست هذه الرموز الإعرابية جزءاً من المعني ، ولكنها توضح وظيفة اللفظ في التركيب ، فالحركة تدل على الفاعل والمفعول في مثل : ﴿ إِنَّمَا يَخْشَى ٱللَّهَ مِنْ عِبَادِهِ ٱلْعُلَمَٰٓؤُاْ ﴾ [فاطر: 28]، فالمعني العلماء يخشون اللـه ، ولو غابت الحركة لتوهم السامع أو القارئ أن " اللـه " تعالى هو الفاعل ، لأنه المقدم ، فيفسد المعني .

---

(1) موقع الكلمة من التركيب أو ترتيبها فيه لا يكفي لتحديد وظيفتها فيها ، فقد يقع تقديم وتأخير ، والمعني هو الفيصل في تحديد وظيفة الكلمة .

(2) ابن يعيش ، موفق الدين بن يعيش بن على : شرح المفصل ، القاهرة د.ت جـ 72/1 .

(3) الزجاجي ، أبو القاسم عبد الرحمن بن إسحق : الإيضاح في علل النحو ، تحقيق مازن المبارك ، القاهرة 1378 ، 1959م ص 69 .

ويقوم الإعراب بوظيفة دلالية ، فهو الذي يبين وظائف الكلمات في التركيب ، فالإعراب هو الإبانة عن المعاني بالألفاظ ، يقول ابن جني: " ألا ترى أن موضوع الإعراب على مخالفة بعضه بعضاً من حيث كان إنما جيء به دالاً على اختلاف المعاني " (1) . فاختلاف المعاني يظهر أثره في اللفظ الذي يتمثل في حركات الإعراب التي تلحق أواخر الكلم ، فحركات الإعراب دليل على المعني الذي يريده المتكلم " ولما كانت معاني المسّمين مختلفة ، كان الإعراب الدال عليها مختلفاً ، وكأنه من قولهم : عربت معدته إذا فسدت كأنما استحالت من حال إلى حال ، كاستحالة الإعراب من صورة إلى صورة " (2) ، ودليل الإعراب على المعني يعكس الدلالة المعنوية " ألا ترى أن استمرار رفع الفاعل ونصب المفعول ، إنما هو للفرق بين الفاعل والمفعول . وهذا الفرق أمر معنوي ، أصلح اللفظ به ، وقيد مقادة الأوفق من أجله ، فقد علم بهذا أن زينة الألفاظ وحليتها لم يقصد بها إلا تحصين المعاني وحياطتها " (3) .

وقد وجدت فكرة دلالة حركات الإعراب المعنوية صدي لها عند ابن فارس حيث رأي أن دلالة حركات الإعراب معنوية ، فالإعراب " الذي هو الفارق بين المعاني المتكافئة في اللفظ ، وبه يعرف الخبر الذي هو أصل الكلام ، ولولاه ما مُيّز فاعل من مفعول ، ولا مضاف من منعوت ، ولا تعجب من استفهام" (4) .

ويؤكد ابن مضاء القرطبي هذا الرأي ، فيقول " إن حركات الإعراب لم توجد لتدل على عوامل معينة ، وإنما جاءت لتدل على معانٍ في نفس المتكلم " (5) ، فحركات الإعراب وظيفتها الدلالية تتمثل في المعني ، فالحركات تؤدي دورًا كبيرًا في المعني لا تقل قيمته عن

---

(1) الخصائص 175/1 . طـ الهيئة المصرية .

(2) الخصائص 1/ 37 .

(3) الخصائص 1/ 150 .

(4) ابن فارس : الصاحبي في فقه اللغة وسنن العرب في كلامها " تحقيق السيد أحمد صقر ، طـ عيسي الحلبي وشركاه ص 76 .

(5) ابـن مضاء القـرطبي : الرد على النحاة ، تحقيق شوقي ضيف ، دار المعارف طـ 2/ 1982 ص 78 .

قيمة أصوات الكلمة أو حروفها في تحقيق معني الجملة الدلالي ، وقد قيل الإعراب فرع من المعني .

وقال ابن فارس في الحاجة إلى علم العربية (النحو) : " ... فإن الإعراب هو الفارق بين المعاني ألا تري أن القائل إذا قال : " ما أحسن زيد " لم يفرق بين التعجب والاستفهام والذم إلا بالإعراب . وكذلك إذا قال : "ضرب أخوك أخانا " و " وجهك وجهُ حرٍ "، و " وجهك وجهُ حرُ " وما أشبه ذلك من الكلام المشتبه (1) .

قال سليمان بن بنين : " وقد يفرقون بين الكلامين المتكافئين ، والمعنيين المختلفين بالإعراب ، وبحركة البناء ، وبتغير حرف الكلمة " (2) .

ونقل عن ابن قتيبة: " وللعرب الإعراب الذي جعله الله وشياً لكلامها ، وحلية لنظامها ، وفارقاً في بعض الأحوال بين الكلامين المتكافئين والمعنيين المختلفين ، كالفاعل والمفعول به ، ولا يفرق بينهما إذا تساوت حالتهما في إمكان الفعل أن يكون لكل واحد منهما إلا بالإعراب . ولو أن قائلاً قال : هذا قاتلٌ أخي . بالتنوين ، دل على أنه لم يقتله ، ودل حذف التنوين على أنه قتله "، "هذا قاتلُ أخي".

ولو أن قارئاً قرأ : ﴿ فَلَا يَحْزُنكَ قَوْلُهُمْ إِنَّا نَعْلَمُ مَا يُسِرُّونَ وَمَا يُعْلِنُونَ ﴿٧٦﴾ ﴾ [يس: 76] . ونزل طريق الابتداء بإنا ، وأعمل القول فيها بالنصب على مذهب من ينصب إنّ بالقول كما ينصبها بالظن ، لقلب المعني على جهته وأزاله عن طريقه ، وجعل النبي صلي الله عليه وسلم محزوناً لقولهم " إن الله يعلم ما يسرون وما يعلنون" ، وهذا كفر ممن تعمده وضرب من اللحن لا تجوز الصلاة به ، ولا يجوز للمأمومين أن يتجوزوا فيه " (3) .

---

(1) الصاحبى ص 55 .

(2) سليمان بن بنين الدقيقى النحوي (ت 614 هـ) : اتفاق المباني وافتراق المعاني ، تحقيق الدكتور: يحيي عبد الرؤوف جبر ، دار عمار . عمان ط 1/ 1405 هـ ، 1985 م ص 97 وارجع إلى تأويل مشكل القرآن لابن قتيبة ط البابي الحلبي 1954م ص 11 وما بعدها .

(3) تأويل مشكل القرآن ص 11 ، 12 .

ومثال ذلك أيضاً حديث " لا يقتلُ قرشي صبراً بعد اليوم ، ولا يقتصُّ منه " فمن رواه مجزوماً على جهة النهي ، أوجب ظاهر الكلام للقرشي ألا يقتل ، وإن ارتدّ ، ولا يقتصّ منه إن قَتَل. ومن رواه رفعاً انصرف التأويل إلى الخبر عن قريش أنه لا يرتد منها أحد عن الإسلام فيستحق القتل (1) .

قال ابن جني في باب القول على الإعراب: " هو الإبانة عن المعاني بالألفاظ ألا تري أنك إذا سمعت : "أكرم" سعيد أباه ، وشكر سعيداً أبوه ، علمت برفع أحدهما ، ونصب الآخر الفاعل من المفعول ، ولو كان الكلام شرحاً واحداً لاستبهم أحدهما من صاحبه" (2) .

ولهذا وجب تقديم الفاعل على المفعول في الجمل التي تقدر فيها حركات الإعراب أولا تظهر فيها مثل : "ضرب موسى عيسى" . وضعت هذه الجملة في ترتيبها المألوف (فعل ، فاعل ، مفعول) ، فالترتيب في مثل هذه الجمل يقوم مقام الإعراب أي يحدد وظيفة كل لفظ في التركيب .

وقد تقوم القرينة المعنوية بتحديد أركان الجملة في بعض الجمل ، وذلك من خلال دلالة أخري من قبل المعني ، فلا يلزم الترتيب مثل : "أكل يحيي كمثري" ، "ووقرت الصغرى الكبرى" ، لك أن تقدم وأن تؤخر كيف شئت ، لأن فعل الأكل لا يأتي إلا من "يحيى" الفاعل ، والتوقير من الصغير للكبير .

وكذلك إن وضح الغرض بالتثنية أو الجمع جاز لك التصرف ، نحو قولك : "أكرم اليحييان البشريين" ، و"ضرب البشريين اليحيون" .

وقد تدل على المراد قرينة غير لغوية خارجية كالإشارة إلى الفاعل والمفعول باليد ، مثل: كلم هذا هذا . وتعين الفعل بالإشارة أو الإيماءة أو أن تمسك بالفاعل أو بالمفعول ، فتقول : "ضرب هذا هذا" . فينظر المتلقي فيبصر حال الضارب ، فيعرفه وكذلك يري هيئة المضروب .

---

(1) نفسه .

(2) الخصائص جـ46/1 .

وكذلك لو أو مأت إلى رجل وفرس ، فقلت : "كلم هذا هذا فلم يجبه" ، لجعلت الفاعل والمفعول أيهما شئت ؛ لأن في الحال بياناً لما تعني . ففعل الكلام يتحقق من الرجل لا من الفرس .

وكذلك قولك : "ولدت هذه هذه" من حيث كانت حال الأم من البنت معروفة ، غير منكورة .

وكذلك إن ألحقت الكلام ضرباً من الاتباع جاز لك التصرف لما تعقب من البيان نحو : "ضرب يحيى نفسه بشري" ، أو "كلم بشري العاقل معلّي" ، أو "كلم هذا وزيداً يحيى" (1) .

والجمل التي تخلو من علامات الإعراب يصعب تحديد أركانها قال ابن الأثير : "اعلم أن من أقسام الفاعل والمفعول ما لا يفهم إلا بعلامة كتقديم المفعول على الفاعل ، فإنه إذا لم يكن ثم علامة تبين أحدهما من الآخر ، وإلا أشكل الأمر كقولك "ضَرَبَ زيد عمرو" ، ويكون زيد هو المضروب ، فإنك إذا لم تنصب زيداً ، وترفع عمراً ، وإلا لا يفهم ما أردت ، وعلى هذا ورد قوله تعالى: ﴿ إِنَّمَا يَخْشَى ٱللَّهَ مِنْ عِبَادِهِ ٱلْعُلَمَـٰٓؤُاْ ﴾ [فاطر: 28].

وكذلك لو قال قائل : ما أحْسَنَ زيد ، ولم يبين الإعراب في ذلك ، لما علمنا غرضه منه ، إذا يحتمل أن يريد به التعجب من حسنه ، أو يريد به الاستفهام عن أي شيء منه أحسن ، ويحتمل أن يريد به الإخبار بنفي الإحسان عنه ، ولو تبين الإعراب في ذلك فقال : ما أحسنَ زيدًا ، وما أحسنُ زيدٍ ، وما أحسنَ زيدُ " علمنا غرضه ، وفهمنا مغزى كلامه ، لانفراد كل قسم من هذه الأقسام الثلاثة بما يصرف به من الإعراب ، فوجب حينئذ بذلك معرفة النحو إذا كان ضابطاً لمعني الكلام ، حافظاً لها من الاختلاف (2) .

---

(1) ارجع إلى الخصائص جـ 46/1 .

(2) ابن الأثير : المثل السائر في أدب الكاتب ، تحقيق محمد محيي الدين عبد الحميد ، المكتبة العصرية لبنان ، ط1416هـ - 1995 م جـ1 / 30 .

يتبين من هذا أن الإعراب سمة من سمات العربية تعرف به ، ويعد جزءاً من بنيتها الصوتية ، ويشارك في معانيها مثلما تشارك الأصوات والكلمات والتراكيب .

المقطع : Syllable

وحدة صوتية مركبة من بداية لها قوة إسماع ونهاية تفصله عما بعده ، ويتكون من صوت صامت متحرك ، وصائت مفتوح أو مغلق ، وطويل أو قصير ، وللمقطع تعريفات أخرى متعددة منها أنه : تتابع من الأصوات الكلامية ، له حد أعلي أو قمة إسماع طبيعية ، أو هو قطاع من تيار الكلام يحوي صوتاً مقطعياً ذا حجم أعظم ، أو أنه أصغر وحدة في تركيب الكلمة .(1)

ويتمثل المقطع في أبسط صورة في نطق الصوت بمصاحبة حركته مثل : قالَ ، تنقسم إلى مقطعين الأول قا : الصوت ق + حركته (حركة المد الطويل) ، والمقطع " ل" : الصوت "ل" + حركة الفتح القصير . وإن سكنت اللام في " قالْ") فهي مقطع واحد فقط ،(2)

---

(1) أحمد مختار عمر : دراسة الصوت اللغوي ، عالم الكتب 1411 هـ - 1991م ص 282 .

(2) يختلف المقطع عن الصوت الهجائي فالمقطع صوت مركب يحتوي على الصوت وصفة نطقه التي تتمثل في الحركة، و الصوت الهجائي يتمثل في الصوت نفسه فقط ، وتقسم المقاطع على النحو الآتي :

1- المقطع القصير المفتوح = ص ح مثل : واو العطف ، وفاء العطف .

2- المقطع القصير المغلق = ص ح ص مثل : لمْ ، هلْ .

3- المقطع الطويل المفتوح = ص ح ح مثل : ما . لا .

4- المقطع الطويل المغلق = ص ح ح ص مثل مالْ ، نيلْ (بسكون الآخر) .

5- المقطع العنقودي القصير = ص ح ص ص مثل : كلْبْ ، سلْبْ (بسكون الآخر) .

6- المقطع العنقودي الطويل = ص ح ح ص ص مثل نارّ ، ضارّ ، حارّ ، والرموز ص = صوت صامت /ص ص = صامتان / ح = حركة قصيرة / ح ح = حركة طويلة ، مثل ألف المد ، ياء مد ، واو المد . والصوت الصامت يقبل الحركة ، والصائت الأصوات التي لا تقبل الحركة فهي ساكنة مثل ألف المد وياء المد وواو المد ، فإن تحركت الواو والياء فهما صامتتان . والألف صائتة أبدًا؛ لأنها لا تقبل الحركات مطلقًا ، ومادون هذه الصوائت الثلاثة صوامت : ء ، ب ، ت ، ث ... ل ، م ، ن ، هـ ، و(المتحركة ، ى (المتحركة) .

لأن اللام الساكنة صارت قفلاً يغلق المقطع ونهاية له ، والكلمة كلها مقطع طويل مغلق ، وتمثل القاف فيها قمة الإسماع ، وهي حرف صامت ، ثم حركة المد الطويل الألف ، وهي صوت صائت ، ثم سكون يقع على صوت صامت يمثل نهاية المقطع .

وترجع أهمية المقطع إلى أنه الحقل الذي يظهر فيه النبر سواء أكان نبر كلمة أو نبر جملة ، ويشارك في الدلالة إلى جانب معرفة طبقة الصوت التي ترتبط بالمقطع من ناحية الصعود والهبوط .

ويؤدي اختلاف المقطع وتنوعه إلى دلالات متعددة مثل :

1- تحديد القيمة الدلالية للمقطع الواحد ، مثل تحديد دلالة التاء في : تكلمْتُ ، تكلمْتَ ، تكلمْتِ ، فالتاء في الفعل الأول تاء الفاعل المتكلم ، والثاني للمخاطب المذكر ، والثالث للدلالة على المخاطبة المؤنثة .

2- يؤثر طول المقطع ، وقصره في معاني الكلمات ، مثل :

ضارِبٌ : ص ح ح + ص ح ص

ضَرَبَ : ص ح + ص ح + ص ح

دل طول المقطع الأول في "ضاربٌ" على اسم الفاعل ، فميز بين دلالة الاسم ودلالة الفعل الذي جاء فيه المقطع الأول قصيراً مفتوحاً .

3- قد يؤدي طول المقطع إلى المبالغة في المعني مثل : "هذا الرجل طويل" . بإشباع مد الياء أكثر من المألوف للدلالة على الطول غير المألوف .

4- يؤدي طول المقطع إلى التأثير في المتلقي ، ويتحقق هذا في أصوات اللين (الألف، والواو ، والياء) ؛ لأنها أوضح في السمع وأكثر أثراً في النفس من الأصوات الساكنة مثل : البلاد ، العماد ، الأوتاد ، سميع ، عليم ، عظيم ، المؤمنون ، القاسطون ، الساجدون .

5- ويشارك المقطع في الدلالة الصرفية أو دلالة المشتق مثل : المقطع الطويل في "قاتل" ، "عامل" للدلالة على اسم الفاعل ، و"مقتول" ، "مخمور" ، للدلالة على اسم

المفعول ، و"سميع" ، "عليم" ، "بصير" للدلالة على الصفة ، ويدل التسكين والتحريك على نوع المشتق مثل : ضَرَبَ ، وضرْب ، ويدل تشديد المقطع (تضعيفه) أو تخفيفه أو فكه على اختلاف الدلالة مثل : "عبَّر" ، و"عَبَر" ، الأول يعني الحديث عن الذات ، والثاني يعني الاجتياز والمرور .

6- تؤدي زيادة عدد المقاطع إلى زيادة في المعني ، مثل :تخريب ، تعمير (1) .

النبر Stress

يقصد بالنبر القوة أو الجهد النسبي الممنوح لنطق مقطع معين ، ليسمع أوضح من باقي المقاطع (2) ، أو هو وضوح نسبي للصوت أو المقطع إذا قورن بغيره من الأصوات المجاورة (3) ، فالنبر عبارة عن ارتفاع ملحوظ في درجة الصوت (4) في نطق مقطع من مقاطع الكلمة ، فيميزه عن غيره من مقاطعها ، فالنبر يتحقق من خلال المقاطع ، ويظهر من خلال الأداء الصوتي للكلمات في الخطاب المقروء أو المنطوق ، ولهذا يرتبط بالدلالة السياقية (5) .

---

(1) ارجع إلى : الدكتور إبراهيم أنيس: الأصوات اللغوية مكتبة الأنجلو ، ط 1979/5م ص 160 .

(2) الدكتور أحمد مختار عمر : دراسة الصوت اللغوي ص 220 .

(3) الدكتور إبراهيم أنيس : الأصوات اللغوية ، مكتبة الأنجلو ، ط 1979/5م ص 160 فالنبر ازدياد وضوح جزء من أجزاء الكلمة عن بقية ما حوله من أجزائها ، ويقع هذا في نطاق المقطع .

(4) يقسم النبر من حيث درجته في الصوت إلى ثلاثة أقسام :

1- النبر الأولي ، أو النبر القوي	Primary stress ، ويرمز له بالرمز	(—)
2- النبر الثانوي	Secondary stress ، ويرمز له بالرمز	(_)
3- النبر المتوسط	Medium stress ، ويرمز له بالرمز	(8)
4- النبر الضعيف	Weak stress ، ويرمز له بالرمز	(7)

ارجع إلى : الدكتور تمام حسان اللغة العربية معناها ومبناها ص 170 . وهذه الرموز من اختيار المؤلف د. عكاشة ، وهنالك رموز أخرى في كتب العلماء .

(5) الدكتور محمود عكاشة : لغة الخطاب السياسي ، دراسة لغوية تطبيقية في ضوء نظرية الاتصال . دار النشر للجامعات ، الفصل الثالث .

والنبر يرتبط بمقاطع الكلمة سواء كانت مستقلة أو في تركيب ، ويتفرع إلى نوعين الأول : نبر الكلمة ، والثاني : نبر الجملة .

أولاً - نبر الكلمة

وهو النبر الذي يقع على مقطع من مقاطعها ، وتتفاوت درجته حسب صفة النطق (1) وتجاور المقاطع ، ودلالتها على المعني .

وقد رأي بعض علماء العربية أن فيها نبراً صرفياً يتعلق بالكلمة ونبراً سياقياً يتعلق بتركيب الجملة . (2)

---

(1) ويمثل ذلك الجملة الآتية : كيف حالك ؟ تحتوي هذه الجملة على أربعة مقاطع تحمل أربع درجات من مستويات النبر ، فكلمة "كيف" تتكون من مقطعين : كيـ ، ف = ص ح ح ، ص ح ، ونلاحظ أن المقطع الأول منها يتحمل نبراً أقوي من الواقع على المقطع الثاني ، بل يمثل أعلي مستويات النبر في الجملة ، وهو النبر الأولي ، والمقطع الثاني يحمل النبر المتوسط ، وتتكون كلمة حالك من : حَـا + لَك = ص ح ح + ص ح ص ص ، الأول وهو المقطع الثالث في الجملة من النوع الطويل المفتوح ، ويلي في الأداء درجة أقل من المقطع الأول . ويمثل أعلي درجة من بعده من باقي المقاطع ، ويسمي بالنبر الثانوي ، والنبر الواقع على المقطع الأخير " لك " = ص ح ص . أقل درجات النبر قوة في الجملة ، ولهذا يطلق عليه النبر الضعيف . ويرمز إلى هذه المستويات الأربعة بالرموز الآتية على الترتيب : القوي ( ) والثانوي ( ) والمتوسط (8) والضعيف (7) ويتمثل ذلك في الجملة على النحو الآتي:

كيـ + ف (8) + حـا + لك (7)

4 3 2 1

(2) قسم الدكتور تمام حسان النبر في العربية إلى نوعين ، نبر صرفي ، وهو الذي يختص ببنية الكلمة ، ونبر سياقي ، وهو الذي يقع على الجمل ، وليس على الكلمة (المفردة) ، وقد أطلق الدكتور السعران على الأخير ارتكاز الجملة Sentence stress ، ويوضح الدكتور حسان النوع الأخير فيقول : إما أن يكون تأكيدياً أي رفعة الهواء أقوي وأعلي من التقريري وإما أن يكون تقريرياً ، (وهذان وصفان لا يمكن أن نصف بهما نبر الصيغة) . وأي مقطع في المجموعة الكلامية سواء كان في وسطها أو في آخرها صالح ؛ لأنه يقع عليه مثل هذا النبر . والمسافة بين كل نبر في الكلام المتصل متساوية ، وهذا ما يسمي بالإيقاع . ارجع إلى : الدكتور تمام حسان : مناهج البحث في اللغة مكتبة الأنجلو ، 1955م =

النبر الصرفـي

ويعرف بنبر الصيغة لتعلق النبر بها ، فالنبر من اختصاص الميزان الصرفي أو البناء ولا يختص بالمثال . ومثال ذلك بناء فاعل ينبر المقطع الأول منه وهو "فا" ص ح ح ؛ لإظهار بناء الصيغة ، وينبر كل مثال جاء على هذا الوزن مثل : قاتل ، سارق ، نائم . يقع النبر على ما يقابل المقطع الأول في بناء " فاعل " و"مفعول" يقع النبر على العين في مثل : مقتول ، مضروب ، لإظهار صيغة المفعول .

ويقع النبر على التاء في بناء " مستفعل " في مثل : مستدرك ، مستخرج (1) .

ويعد النبر فونيماً في الكلمة ؛ لأنه يؤدي وظيفة في دلالتها ، فهو يفرق بين نطق ونطق، وقد يبرز وظيفة عنصر من عناصرها في النطق ، فاللغة العربية تلجأ إلى نبر "ألف الاثنين" في مثل: كتباَ - استطاعَا ، لإظهار وظيفة ألف الاثنين في الجملة وحتى لا يلتبس ذلك بصيغة الماضي استطاع (بالفتح القصير) ، وقد دل نبر المقطع الأخير من الكلمتين على أن الفاعل ألف الاثنين .

ومثال ذلك في الأسماء مسلمو أوربا ، " كتابا محمد" ونلاحظ أن النبر وقع على الواو وألف الاثنين ، ولكنه لم يقع على المقطع الأخير في مثل : كتبوا ؛ لأن واو الجماعة أو الضم الطويل ، لا يلتبس بحركة الماضي (الفتح) في كتب ، ولكن واو الجماعة تنبر في الأسماء في مثل: مسلمو أوربا ، ومعلمو الجامعة ؛ لأن الواو تلتبس بحركة الضم في " معَلمُ الجامعة " . ومثل: مسلمي أوربا ، ومعلمي الجامعة ، وهذا يختلف عن النبر الواقع في كلمة : ملتقى ، الذي يقع على التاء .

ويفرق النبر بين دلالة الكلمات ، مثل : "أسدّ ، وأسدْ ، كلمة "أسدُّ" (من السداد) ،

= ص 160-162 . والدكتور محمود السعران : علم اللغة مقدمة للقارئ العربي . دار المعارف 1962م ص 208 ، 209 والدكتور عبد الكريم مجاهد الدلالة اللغوية ، دار الضياء . ص 172 .

(1) ارجع إلى : مناهج البحث في اللغة ص 160 - 162 ، وعلم اللغة ص 208 ، 209 . والدلالة اللغوية . ص 172 .

وكلمة "أسد" (اسم الحيوان) تتشابهان - عند الوقوف عليهما بالسكون ، ولا يكادان يتميزان عن بعضهما بعضاً إلا بموضع النبر ، فالنبر في الأولي وفي كل كلمة تنتهي بمقطع عنقودي يقع على المقطع الأخير، ويقع في الكلمة الثانية (علم الأسد) على المقطع الأول .

ثانياً ـ نبر الجملة

يعرف نبر الجملة عند بعض العلماء بالنبر السياقي أو ارتكاز الجملة (1) Sentence stress ، وهو النبر الذي يقع في الجمل وليس على الكلمات .

وهو النبر الذي يشارك في دلالة الجملة عن طريق سياق الأداء ، وهو أيضاً يقع في نطاق مقاطع الكلمة ، لكن دلالة التركيب تؤثر في موقعه من كلمات الجملة .

ويتمثل نبر الجملة في عنايتنا بنطق لفظ فيها أو حرف وإبراز دوره في الجملة بإعطائه مزيداً من قوة الصوت في الأداء ؛ ليؤدي دوراً وظيفياً في التركيب يؤثر في دلالته ، ويساهم في دلالة التركيب على النحو الآتي :

---

(1) ارجع إلى الدكتور تمام حسان : مناهج البحث في اللغة ص 163 . والدكتور السعران ص 209. والدكتور حسان اختار نبر السياق ، ووضع الدكتور السعران مصطلح ارتكاز الجملة ، وأري أن ما وصفه الدكتور تمام من دلالة التأكيد ، والتقرير ، يرتبط بالإيقاع وليس بالنبر ، وهو ما سوف نتناوله بالتفصيل ، والدكتور مجاهد تابع الدكتور تمام في ذلك ، واتخذ له أمثلة من الخطاب المنطوق مثل : "هل نجح أخوك في الامتحان ؟" تنبر كلمة " نجح " تدل على الشك من المتكلم في وقوع النجاح أي أن الشك واقع على النجاح . وأما نبر كلمة " أخوك " ، فتدل على الشك في إحرازه من قبل أخي المخاطب ، فهو غير متوقع منه . وكذلك قولنا : " أأنت قلت ذلك ؟" فنبر "أنت" تدل على الشك في القائل . ونبر "قلت" يدل على الشك في القول . والأمر لا يختلف في التقرير أو التأكيد ، فقد تريد أن تؤكد أنه القائل أو تقرر أن القول قد حصل أو العكس . حسب نبر الكلمات في الجملة . الدلالة اللغوية ص 173 .

أ- التفريق بين معني ونقيضه ، مثل :[1]

- هذا ما قلته . (الجملة منفية)

- هذا ما قلته . (الجملة مثبتة)

وقع النبر على " ما " في الجملة الأولي ، فأبرز دلالتها في التركيب ، فأعطت معني النفي ووقع نبر الجملة في الجملة الثانية على "قلته" ، فدل على أن ما اسم موصول بمعني الذي ، فأصبح معني التركيب (هذا الذي قلته) ، وقد شارك السياق الأدائي في تحقيق الدلالتين .

ب- إظهار بعض الكلمات والأدوات في الجمل مثل : مثل أدوات الاستفهام والنداء وأدوات النفي والنهي ، فالنبر يقع عليها لإظهار وظيفتها في التركيب ، مثل :

"لا تخرج من هنا" ، "لم يذاكر على دروسه" ، "ما ذاكر على دروسه" ، هل ذاكر على دروسه ؟ . وقع النبر في هذه التراكيب على : لا ، لم ، ما ، هل ، ويقع النبر في الجملة الشرطية على الأداة ، مثل : ﴿ **أَيْنَمَا تَكُونُواْ يُدْرِككُّمُ ٱلْمَوْتُ** ﴾ [النساء: 78] .

ويقع النبر في الجمل الإنشائية على الكلمات الطلبية أفعالاً وأسماء ، أفعال :

"توكل على الـلـه" ، "حذار من السرعة" . ويقع النبر على أداة النداء لإظهار وظيفتها الدلالية مثل : " يا محمد " . وهذالايس مطرداً في جميع الجمل ، فقد تنبر كلمة فيها ابتغاء

دلالة منها مثل : "نجح محمد ؟ " بنبر نجح للاستفهام ، وقد ينبر محمد للدلالة على الاستنكار أو السخرية ، ويشارك في ذلك التنغيم والسياق الخارجي .

جـ - تحديد المعني المراد ، والإخبار عنه ، مثل : "محمد في الدار" . جواب لسؤال : "أين محمد "؟. وقع النبر على الخبر ؛ لأنه هو المستفهم عنه والمراد الإخبار عنه . ويمكن الاستغناء عن المعني المعروف من كلام سابق ، دون المعني المستفهم عنه والذي وقع عليه

---

(1) نبر الجملة يقع على الكلمة من خلال وضوحها الصوتي في الأداء . بينما نبر الكلمة من خلال وضوح أحد مقاطعها في الأداء . والنبر الواقع في الجملة يعد نسبياً ؛ لأنه تقييم لأحد كلماتها ، أما نبر الكلمة ؛ فيرتبط بقواعد المقاطع في الأداء ودلالتها ، وهو نبر ثابت خلاف نبر الجملة الذي يعتمد على المراد من دلالتها .

النبر أو المعني المستفاد من الإخبار مثل : "من السارق" ؟ الجواب : "عزيز" . وأصل الكلام : "السارق عزيز" . ويحدد نبر الجملة الظرف اللغوي الذي قيلت فيه والأدوات المستخدمة ، وصيغ الطلب .

ويقع النبر في الجمل الإخبارية حسبما تقتضي الدلالة أو المعني المراد ، مثل : "نحن أبناء العروبة" . المراد الافتخار بالذات ، فوقع النبر على المتبدأ " نحن " ، ويقع النبر على الخبر للدلالة على تأكيد الانتماء القومي . وليس النبر وقفاً على المبتدأ في جميع التراكيب . ويقع النبر في التركيب الفعلي الإخباري على الجزء المراد به المعني ، مثل : "أكل محمد التفاح" . وقع النبر على المفعول به ، لأنه المراد في الإخبار تنبيه المتلقي . ومثل: "قتل اليهود المصلين" . المراد إثارة المشاعر و التنبيه إلى شناعة الفعل ، فوقع النبر على المفعول (المصلين) .(1)

ويقع النبر في : "فتح عمرو بن العاص مصر" . على الفاعل ، لأنه المخصص بالإخبار . وعندما يريد المتكلم ، تأكيد المعني باستخدام الأداة يقع النبر على الأداة ، مثل : "ليبق كل في مكانه" . "إن العلم نور" .(2) ويساهم نبر الجملة مع التنغيم في نقل دلالة الجملة الإخبارية التي تخلو من أداة الاستفهام إلى معني الاستفهام في الأداء مثل جملة "نجح محمد ؟ " التي تعني الاستخبار بـ " هل " . ويشارك السياق المقالي والحالي النبر في تحقيق الدلالة المقصودة .

---

(1) ارجع إلى : الدكتور محمود عكاشة : لغة الخطاب السياسي . دراسة لغوية تطبيقية في ضوء نظرية الاتصال ، الفصل الثالث .

(2) يطلق اسم "النبر القوي" emphatic stress على النبر الذي يشارك في الدلالة على التأكيد والدلالة على الانفعال emotional stress

التنغيم :[1] Intonation

التنغيمات أو التنوعات التنغيمية intonation tones مستوى الصوت في الأداء ، ارتفاعًا وانخفاضًا واعتدالاً للدلالة على أمر نسبي ، يتطلبه المعنى المراد من السياق اللغوي ، أو توزيعات مستويات الصوت في الكلام المنطوق المتتابع ، أو تتابعات مطردة من مختلف أنواع الدرجات الصوتية على جملة كاملة أو أجزاء متتابعة منها ، وهو وصف للجمل وأجزاء الجمل ، وليس للكلمات المختلفة المنعزلة .

ويظهر التنغيم من خلال التنوعات الموسيقية في الكلام بطريقة تمييزية تفرق بين المعاني، ويستطيع المتكلم التعبير عن مشاعره وأفكاره من خلال التنغيم دون تغيير شكل التراكيب والكلمات ؛ لأن التنغيم يرتبط بالأداء الصوتي ، ولهذه عرفه الدكتور محمود السعران بأنه :

" المصطلح الصوتي الدال على الارتفاع (الصعود) والانخفاض (الهبوط) في درجة Pitch الجهر voice في الكلام "[2] .

(فالتنغيم في اللغة المنطوقة تغيرات موسيقية تتناوب الصوت من صعود إلى هبوط أو

---

(1) دراسة الصوت اللغوي ص 229 .

قسم الدكتور تمام حسان التنغيم إلى نوعين ، وهما : النغمة الهابطة Falling tone ، وهي النغمة التي تتجه من أعلي إلى أسفل على آخر مقطع وقع عليه النبر ، والنغمة الصاعدة Rising tone ، وهي التي تتجه من أسفل إلى أعلي على آخر مقطع وقع عليه النبر " . اللغة العربية مبناها ومعناها . ص 226 .

والنغمة الهابطة تستعمل في التقرير لتفيد أن الجملة قد انتهت وأن المعني قد تم . والنغمة الصاعدة تدل على أن الكلام بحاجة إلى إجابة ، وغالباً يكون استفهاماً . والنغمة المسطحة وهي التي تحدث قبل تمام المعني والتي تشير إلى استمرار الكلام ؛ لأنها لا تحتمل هبوطاً ينتهي بها الكلام أو صعوداً يحتمل الإنشاء أو الطلب.

ومثال ذلك قوله تعالى : ﴿ فَإِذَا بَرِقَ ٱلْبَصَرُ ۝٧ وَخَسَفَ ٱلْقَمَرُ ۝٨ وَجُمِعَ ٱلشَّمْسُ وَٱلْقَمَرُ ۝٩ يَقُولُ ٱلْإِنسَٰنُ يَوْمَئِذٍ أَيْنَ ٱلْمَفَرُّ ۝١٠ ﴾ [القيامة: 7-10] . ارجع إلى تمام حسان : اللغة العربية مبناها ومعناها ص 226 .

(2) علم اللغة ص 210 .

انخفاض إلى ارتفاع تحصل في كلامنا وأحاديثنا لغاية وهدف ، وذلك حسب المشاعر والأحاسيس التي تنتابنا من رضا أو غضب ، ويأس ، أو أمل ، وتأثر ولا مبالاة ، وإعجاب أو استفهام ، وشك أو يقين ، ونفي أو إثبات ، فنستعين بهذا التغيير النغمي الذي يقوم بدور كبير في التفريق بين الجمل ، فنغمة الاستفهام تختلف عن نغمة الإخبار ، ونغمة النفي تختلف عن نغمة الإثبات ، وهكذا [(1)] .

وهذا الدلالات تتحقق من مشاركة النبر التنغيم في الإيقاع في عملية الأداء الصوتي .

والدكتور تمام حسان يبين تلك الدلالات فيقول: " إما أن يكون تأكيدياً أي رفعة الهواء أقوي وأعلي من التقريري ، وإما أن يكون تقريرياً " [(2)] .

ويشير ابن جني إلى دور التنغيم في قلب دلالة التركيب التي قد تفهم من دلالته المباشرة إلى دلالة أبعد ، وأقوي في التأثير ، ومثال ذلك : " لفظ الاستفهام إذا ضامه معني التعجب استحال خبراً ، وذلك قولك : مررت برجل أى رجل ! فأنت الآن مخبر بتناهي الرجل في الفضل ، ولست مستفهماً وكذلك: مررت برجل أيما رجل ؛ لأن ما زائدة ... وكقول الـلـه سبحانه: ﴿ ءَأَنتَ قُلْتَ لِلنَّاسِ ﴾ [المائدة: 116] إذا لحقته همزة التقرير عاد نفياً أي ما قلت لهم " [(3)] .

وهذه الجمل تعتمد على السياق الحالي ؛ لأن سياق المقال يعطيها دلالة غير تلك المستفادة من التنغيم وسياق الموقف ، ومثال ذلك قولك لمن جاء متأخراً معاتباً إياه : "أأنت جئت ؟" فردهِ سيكون اعتذاراً عن التأخير ، وليس بالجواب : نعم أنا جئت . لأن هذا لا يحتمل سؤالاً ؛ لأن حضوره يغني عن طرح هذا السؤال ، وإن أجاب ، فليس المراد من جوابه الإخبار بالمجيء ، بل المراد به التقرير أو السخرية أو الاستهجان .

---

(1) الدلالة اللغوية ص 178 دراسة الصوت اللغوي ص 230 .

(2) مناهج البحث في اللغة ص 163 .

(3) ابن جني : الخصائص 269/3 . ويفسر ذلك ابن جني فيقول : أصل الاستفهام الخبر ، والتعجب ضرب من الخبر ، فكان التعجب لما طرأ على الاستفهام ، إنما أعاده إلى أصله من الخبرية " .

ومثال ذلك أيضاً قول الحق تبارك وتعالى معاتباً عباده حكاية عن يوم القيامة: ﴿ أَلَمْ أَعْهَدْ إِلَيْكُمْ يَٰبَنِيٓ ءَادَمَ أَن لَّا تَعْبُدُواْ ٱلشَّيْطَٰنَ ۖ إِنَّهُۥ لَكُمْ عَدُوٌّ مُّبِينٌ ﴿٦٠﴾ ﴾ [يس: 60] فهذا لوم وتوبيخ وإن أقروا بقولهم نعم وهو المستفاد من الأداء وسياق الحال .

وتتبين دلالة التركيب عن طريق أداء التركيب صوتياً ، وتتابع النغمات الموسيقية والإيقاعات في حدث كلامي معين ، وهو الإطار الصوتي الذي تؤدي به الجملة في السياق أو الأداء الموسيقي للكلام ومستواه من ناحية الاعتدال والارتفاع والانخفاض أو التنوع .

ويحقق التنغيم دلالة سياقية تعتمد على العالم الخارجي ، مثل كلمة " نعم " ، فدلالتها تتحقق في الخطاب المنطوق من خلال الأداء : فهي تعطي دلالة الموافقة في المستوي العادي للأداء ، في مثل : "أأنت مسلم ؟" – " نعم " . كما أنها تعطي دلالة التهكم والسخرية أو الاستنكار في مثل : أريد حافظة نقودك ! نعم !

والتنغيم يحدد المراد من دلالة الجملة أيضًا ، ويشارك في ذلك السياق الخارجي أو سياق الموقف ، مثل قول عبد الناصر في خطاب المنشية للجمهور منفعلاً : "فليقف كل منكم في مكانه !" فالأمر قد يعطي دلالة التهديد مثلما يقول ضابط للص : قف مكانك ! . كما أن الجملة قد تعني القيام من جلوس ، ولكن سياق الموقف أفاد أن المراد لزوم السكينة أو الهدوء ، بعدما ساد الاضطراب عقب إطلاق النار عليه .

ويؤدي التنغيم وظيفة تحديد دلالة بعض الجمل النحوية مثل : توجيه الإعراب ، ومثال ذلك "كم" التي تستخدم في الإخبار أو الاستفهام ، وهذا يتوقف على طريقة الأداء ، وعلى هذا يوجه إعراب كلمة "عمة" في قول الفرذدق :

كم عمَّةٍ لك يا جرير وخالة فدعاء قد حلبت عليَّ عشارى

فقد رويت "عمة" بالرفع والنصب والجر ، فالرفع على أن المراد من كم عدد المرات : كم مرة عمة لك يا جرير ... والنصب على معني الاستفهام ، والجر على معني الخبر[1] .

---

(1) الزجاجي ، أبو القاسم عبد الرحمن بن إسحاق الزجاجي : الجمل في النحو ، تحقيق دكتور على توفيق الحمد ، مؤسسة الرسالة ، ط1 ، 1402هـ ، 1984م ص 137 . والإيضاح للقزويني . مؤسسة المختار ص 133. وديوان الفرذدق جـ361/1 ، والمقتضب جـ58/3 .

ويقوم التنغيم بتحديد المراد من أساليب الإنشاء كالأمر في مثل : قف مكانك! ، والاستفهام في مثل : ماذا تريد ؟ والتعجب في مثل : ما أجمل سيارتك ! والنداء في مثل : لا يا أخي !. ويشارك في تحديد دلالة تلك الأساليب سياق الموقف .

والتنغيم مثل النبر يقع في الخطاب المنطوق ، ويقابله في الخطاب المكتوب علامات الترقيم مثل الفواصل (الوقفات) التي وضعها العلماء بين الكلمات لمعرفة دلالات الجمل " غير أن التنغيم أوضح من الترقيم في الدلالة على المعني الوظيفي للجملة " (1) .

والتنغيم يرتبط في الأداء بالحركات الجسمية ارتباطاً أكيداً لما لها من مشاركة فعالة في معاونة التنغيم في تحقيق الدلالة المقصودة ، فالحركات الجسمية تشارك في النبر على نحو ضيق ، ولكن يتسع ذلك في التنغيم ، وقد أشار إلى تلك المشاركة ابن جني بقوله "... وكذلك إذا ذممته ووصفته بالضيق قلت : سألناه وكان إنساناً ! وتزوّي وجهك وتقطبه ، فيغني ذلك عن قولك : إنساناً لئيماً أو لحزاً أو مبجلاً أو نحو ذلك " (2) ، وغير ذلك من الحركات الجسمية التي تصاحب الحديث .

المفصل Juncture

المفصل (أو الوقفة) : ويسمي كذلك الانتقال transition عبارة عن سكتة خفيفة بين كلمات أو مقاطع في حدث كلامي بقصد الدلالة على مكان انتهاء لفظ ما أو مقطع ما ، وبداية آخر (3) . أو الفواصل التي تفرق بين حدود أصوات اللغة وكلماتها ويدخلها فيها

---

(1) تمام حسان : اللغة العربية مبناها ومعناها . الهيئة المصرية العامة للكتاب 1973م . ص 236 .

(2) الخصائص 371/2 . وقد وجد العلماء صعوبة في وضع ضوابط للتنغيم ؛ لأنه يعتمد على القرائن الخارجية المصاحبة لعملية الأداء ، والتي تتطلب ملاحظة دقيقة ، كالعلامات التي تظهر على الوجه ، وحركة الأيدي ، ومراعاة السلوك عامة ، وهذه الأحوال تختلف باختلاف الطبائع والثقافات ، إلى جانب ارتباط ذلك بالموقف الحالي . ارجع إلى كتابنا الدلالة اللفظية ، مكتبة الأنجلو ط1 / 1422 هـ .ص 9 ،10.

(3) ماريو باي : أسس علم اللغة ترجمة الدكتور أحمد مختار عمر ، عالم الكتب ص 95 .ويعد الوقف صوتاً فوق قطعي ، وهذا الصوت يوضح الحدود الإعرابية بين الكلمات في التركيب أو الجملة . والمفصل غير الفاصلة ، فالأول بين الأصوات وليس له رمز ، والثاني بين الكلمات المكتوبة وله رمز (،) .

كذلك وقفات المعاني أو الوقفة التي تؤدي معنى كالتأكيد ، والإعراض والغضب ، والموافقة .

ويتبين المفصل في الخط في الفراغ بين الكلمات أو المسافات التي تترك بين الكلمات ليعرف أين تنتهي الكلمة ، ويتبين ذلك في الأداء الصوتي في الوقفات أو السكتات بين الكلمات التي تبين علامات الإعراب .

وتنقسم الوقفات على ثلاثة أنواع :

1- الوقفة الضيقة الداخلية أو الوقفة المغلقة : close juncture

وهي عبارة عن الانتقال الهين أو غير المقصود بين الفونيمات القطعية أو الانتقال من صوت إلى صوت في الكلمة ، والوقفة تفصل بين أصوات الكلمة وتحددها . وليس لها رمز في الخط .

2- الوقفة المفتوحة الداخلية Open internal Juncture:

وهي الوقفة التي تفصل بين الكلمات ، وتظهر عليها علامات الإعراب في التركيب ، ويرمز لها بالعلامة (+) التي توضع بين كلمات الجملة في الخط لتفصل بينها. وهي من اصطلاحات علماء الأصوات، ولا تستخدم في عموم الكلام والكتابة .

3- الوقفة المفتوحة الخارجية Open external Juncture:

وهي التي تحدد نهاية النطق ، أو هي الوقفات التي تتحقق بتمام المعني والوقوف عليه ، ويرتبط هذا النوع بنهاية الجمل ، ويرمز لها بثلاث علامات تشير إلى مستويات الصوت أو طبقة الصوت Pitch :

الأولى : " ↑ " تشير إلى ارتفاع طبقة الصوت في الجمل الإنشائية .

الثانية : " ↓ " تشير إلى انخفاض طبقة الصوت ونهاية الكلام والسكوت عليه ، وتأتي غالباً في الجمل التقريرية التي ينتهي بها الإخبار .

الثالثة :"←" "تشير إلى مستوي طبقة الصوت المتوسط واستمرار الكلام واتصاله ،

وتأتي بين الجمل المتصلة بسياق واحد .

ويتبين أثر الوقفات الداخلية في الدلالة من خلال قول الشاعر :[1]

إذا ملـــك لم يكـــن ذا هبـــة فدعـــه فدولتـــه ذاهبـــة

فذوهبة بمعنى صاحب هبة ، والثانية من الفعل ذهب ، فوقع بينهما جناس لتشابه الأصوات ، ولكن الفصل بين " ذى" و " هبة" فرق بين الأولى والثانية ، ومثله من الشعر الحديث :[2]

ضربـــت البـــاب حتـــى كـــلّ متنـــي ولمـــا كـــلّ + متنـــي كلّمتنـــي

فقالـــت لي : يـــا إســـماعيل صـــبرى فقلـــت لهـــا أيـــا أســـما + عيـــلَ صـــبري

نلاحظ أنه لا فرق من الناحية الأدائية بين كلمتي : كلَّ + متني ، و " كلمتني" من حيث السماع، ولكن العلامة (+) هي التي بينت الفارق في الخط أنهما يختلفان من حيث الدلالة ، فالأولي بمعني ضعفت قوتي ، والثانية بمعني حدثتني ، ونجد تشابهاً صوتياً بين : إسماعيل و أسما + عيل .

ولكن يوجد اختلاف في الدلالة ، فالأولي علم على شخص ، والثانية كلمتان : "أسماء" التي يخاطبها الشاعر ، و"عيل" بمعني تعب وكلَّ . والوقفة الداخلية المفتوحة أو الواسعة (+) ظاهرة صوتية .

وتشارك العناصر الصوتية الأخري الوقفات في تحديد الدلالة ، فالوقفات وحدها قد لا تكفي لإظهار المعني ، ومثال ذلك :

- أماتَ : كلمة واحدة ، فعل ماض .

---

(1) البيت لأبي الفتح البستي ، أوردهما محمد بن علي الجرجاني في الإشارات ص290 ، وذكره القزويني في الإيضاح ص324.

(2) ارجع إلى : دراسة الصوت اللغوي ص 231 وأسس علم اللغة ص 95 وعلم اللغة المبرمج ص 161 ، 162 . والبيتان للشاعر إسماعيل صبري .

- أماتَ ؟ : همزة الاستفهام + مات ، كلمتان .

وهما يتشابهان في الكتابة ، وينطقان دون وقفة بين الهمزة ومات . ولكن التنغيم في الأداء الصوتي هو الذي أعطي الثانية معني الاستفهام .

وترجع أهمية الوقفة في اللغة العربية إلى أن السامع قد لا يفهم المراد من الكلام إذا لم يراع المتكلم الوقوف على نهاية الكلمات ؛ لبيان المراد مثلما يقف المتكلم عنه رؤوس المعاني لتأكيدها وإظهارها للسامع ؛ ومثال ذلك قول الشاعر :

عضنا الدهر بنابه ليت ما حل بنابه

إن دلالة هذه البيت لا تتضح للسامع إن لم يفصل المتكلم بين "بنا " و"به" في الشطر الثاني ، فيقول : بنا + به . وإلا التبس الأخير بنابه في الشطر الأول . ومثال ذلك أيضاً قول الشاعر:

من علم الخود ضرباً بالنوى + قيسى

لو لم تحدث وقفة بين (النوى) و (قيسي) تشابهت مع (النواقيس) في السمع ، فالوقوف على الكلمات تامة المعني يدفع الخلط الذي قد يقع من الوقفات غير الصحيحة ، فقد يؤدي الخلط في أماكن المفصل إلى تغيرات تاريخية مثل الفعل "جاب" في العامية ، والذي يعني "أتي بـ" في مثل : "جاب الأكل" . والأصل الصحيح : جاء بالأكل . والتي مرت أولاً باختفاء الهمزة من النطق ثم : جا بالأكل . ثم الوقف على الباء وقفاً داخلياً مفتوحاً فالتصقت بجا ، فصارت جاب + الأكل .(1)

وهذا نوع من الفصل الخاطئ أو الوقف الخاطئ ، ومثال ذلك في العامية أيضاً: عقبال + عندكم . فالأصل الصحيح : عقبى لكم .

ومثال ذلك أيضاً : مالي ، مالك ، مالهم . يعتقد المتكلم أن "مال" كلمة واحدة .

---

(1) دراسة الصوت اللغوي ص 232 ، والتطور اللغوي للدكتور رمضان عبد التواب ص 145 ، وقد أطلق الدكتور رمضان على ذلك اسم "الفصل الخاطئ" .

والصحيح أن "ما" اسم موصول بمعني الذي ، واللام حرف مضاف والياء في "لي" مضاف إليه وكذلك الكاف ، وهم .(1) ومن الوقف الخاطئ من قرأ: سل سبيلا في قوله تعالى : ﴿ عَيْنًا فِيهَا تُسَمَّىٰ سَلْسَبِيلًا ۝١٨ ﴾ [الإنسان: 18] .

والوقفة المفتوحة الخارجية هي التي تقع في نهاية النطق ، وهي التي تظهر قبل السكتة وتحدد نهاية النطق . والأصوات القطعية (الصوامت ، والصوائت) تظهر طويلة في النطق قبل الوقفة .

وهذه الوقفة النهائية Terminal juncture تحدث تغييراً في طبقة الصوت Pitch مثل: هل أنت ذاهب ؟(↑) يرتفع الصوت في نطق آخر كلمة ؛ ليعطي علامة مميزة للاستفهام ، ولهذا يوضع الرمز (↑) للإشارة إلى طبقة الصوت العالية ، والعلامة (↓) يرمز بها للوقفة النهائية التي تنتهي بها جملة التقرير Statement، ومثال ذلك : "أنا ذاهب إلى المسجد (↓) ".

وتصحب هذه العلامة غالباً الجمل الإخبارية التي أتت جواباً لجمل إنشائية ؛ لأن بها تمام المعني .

وأما النوع الثالث من الوقفة النهائية لا يتضمن ارتفاعاً ولا انخفاضاً في طبقة الصوت بل يتضمن طبقة مستمرة Sustained التي ترمز إلى استمرار الكلام أو تطلب بقية له ، ومثال ذلك قوله تعالى : ﴿ فَلَآ أُقْسِمُ بِرَبِّ ٱلْمَشَٰرِقِ وَٱلْمَغَٰرِبِ إِنَّا لَقَٰدِرُونَ ۝٤٠ عَلَىٰٓ أَن نُّبَدِّلَ خَيْرًا مِّنْهُمْ وَمَا نَحْنُ بِمَسْبُوقِينَ ۝٤١ فَذَرْهُمْ يَخُوضُوا۟ وَيَلْعَبُوا۟ حَتَّىٰ يُلَٰقُوا۟ يَوْمَهُمُ ٱلَّذِى يُوعَدُونَ ۝٤٢ ﴾ [المعارج: 40-41] .

نلاحظ أن المعاني متصلة في الجملة حتى النهاية ، ومثال ذلك : ﴿ فَلْيَنظُرِ ٱلْإِنسَٰنُ مِمَّ خُلِقَ (↑) ۝٥ خُلِقَ مِن مَّآءٍ دَافِقٍ (→) ۝٦ يَخْرُجُ مِنۢ بَيْنِ ٱلصُّلْبِ وَٱلتَّرَآئِبِ ۝٧ ﴾ [الطارق] (↓)

نلاحظ أن الآية الأولي إنشائية ، فانتهت طبقة الصوت فيها مرتفعة (↑) ، والآية

(1) ارجع إلى التطور اللغوي ص 145 ، 146 ، 147 .

الثانية جواب الأولي ، وقد انتهت بمستوي يدل على استمرار طبقة الصوت (←) ، لأن الآية التي تلتها (الجملة الوصفية) ارتبطت بها في المعني ومتممة لها ، ولهذا جاءت الوقفة النهائية هابطة لتمام المعني في الثالثة (↓) . وهذا يبدوا واضحاً من أداء القراء هذه الآيات الكريمات، والله أعلم .

وقد يؤدي اختلاف الوقف بين الجمل إلى اختلاف الدلالة واختلاف في الإعراب أيضاً مثل قوله تعالى:

﴿ الٓمٓ ۝١ ذَٰلِكَ ٱلْكِتَٰبُ ← لَا رَيْبَ ۛ فِيهِ ۛ ← هُدًى لِّلْمُتَّقِينَ ↓ ﴾

[البقرة]

وقد تقرأ :﴿ الٓمٓ ۝١ ذَٰلِكَ ٱلْكِتَٰبُ لَا رَيْبَ ↓ ۛ فِيهِ ۛ هُدًى لِّلْمُتَّقِينَ ↓ ۝٢ ﴾

لاشك أن اختلاف القرائتين يعقبه اختلاف في الإعراب والدلالة وكذلك قوله تعالى: ﴿ ..بِإِذْنِ رَبِّهِم مِّن كُلِّ أَمْرٍ ۝٤ ← سَلَٰمٌ هِىَ حَتَّىٰ مَطْلَعِ ٱلْفَجْرِ ↓ ۝٥ ﴾ [القدر].

تقرأ أيضاً ﴿ ...بِإِذْنِ رَبِّهِم مِّن كُلِّ أَمْرٍ ۝٤ سَلَٰمٌ ← هِىَ حَتَّىٰ مَطْلَعِ ٱلْفَجْرِ ↓ ۝٥ ﴾ (1) .

وتشارك الوقفات النغمات في الدلاله على الاستفهام في الجمل التي لا توجد بها أداة الاستفهام ، والتي تعطي من ناحية الشكل معني (الإخبار) ، ولكن الأداء الصوتي يعطيها دلالة الاستفهام مثل قول عمر بن أبي ربيعة :

ثم قالوا تحبها ↑ قلت بهراً عدد النجم والحصى والتراب ↓

إن لم يقرأ القارئ جملة :" قالوا تحبها" بنغمة صاعدة ووقف عليها فلن تعطي هذا المعني الاستفهامي .

طبقة الصوت Pitch

هي مستوي الصوت في الأداء من حيث الحدة والغلظة ، للدلالة على أمر نسبي يتطلبه المعني المراد من السياق اللغوي .

---

(1) ارجع إلى : الزمخشري : الكشاف، مكتبة مصر، جـ34/1، 35 .

وتشارك طبقة الصوت في الدلالة من خلال ارتباطها بمشاعر المتكلم وقصده من الخطاب وسياق الحال (1) وترتبط ارتباطاً وثيقاً بالنبر والتنغيم ، فأعلي مستوي من مستويات طبقة الصوت يقع فيه النبر ، ويقع فيه أعلى مستوى تنغيمي .

وهناك أربعة مستويات لطبقة الصوت يمكن ملاحظتها في الأداء الصوتي :

1- المستوي المنخفض ورمزه (1) ويستخدم هذا المستوي في الخطاب على مسافة قريبة جداً ، مثل الحديث بين اثنين متجاورين ، لا يسمعهما ثالث.

2- المستوي المتوسط ورمزه (2) ، ويستخدم هذا المستوي في الخطاب داخل مكان ضيق كحجرة ، وهو المستوي الذي يستخدمه الأصدقاء ، وأفراد الأسرة في الأماكن المغلقة كالبيت حيث لا يتطلب التواصل رفع الصوت، ويعد هذا المستوي هو الأكثر استخداماً ؛ لاستخدامه في الحديث اليومي في الظروف الطبيعية .

3- المستوي العالي ورمزه (3) ، ويسمي أيضاً المرتفع ، وهو المستوي الذي يستخدم في القاعات الواسعة ، والأندية ، وهذا المستوي يستخدمه خطباء المحافل والمساجد والمحاضرون في قاعات واسعة ، ويستخدم في الخطاب الموجه إلى جمهور كثير العدد بهدف التأثير والإبلاغ .

4- المستوي الأعلى ورمزه (4) ويستخدم في حالات الانفعال الشديد أو في خطاب جمهور على مسافة بعيدة جداً،فيرفع المتكلم صوته كي يبلغ متلقيه .

والمتكلم قد لا يتبع مستوي واحداً في الخطاب بل قد يجمع بين بعضها ، فيحدث نوعًا من التذبذب في مستوي الصوت أو تلوينًا صوتيًا يؤثر في المتلقي ويثيره ، فالتنوع الصوتي يحرك المشاعر كما أنه يجذب المتلقي إلى المتكلم ، ويحافظ على عملية التواصل واستمرارها لفترات طويلة ، كما أن تنوع الصوت يشير إلى تنوع المعني واختلافه ، فاستمرار طبقة

(1) ارجع إلى : الدكتور محمود عكاشة : لغة الخطاب السياسي ، دراسة لغوية في ضوء نظرية الاتصال ص 160 .

الصوت على درجة واحدة تسأمه النفس وتمل النمط المألوف .

وقد تدل طبقة الصوت على الحالة النفسية للمتكلم وتكشف عن مقاصده ، ولا شك أن الحركات البدنية والعوامل الصوتية الأخرى تشارك جميعها طبقة الصوت في توضيح مقاصد المتكلم.

ويمكن توضيح مستوي طبقة الصوت في الخطاب كالآتي :

- الجمل الإخبارية تتجه فيها طبقة الصوت من أعلي إلى مستوي الهبوط مثل :

أكل + على + التفاح ↓

3 2 2

نلاحظ أن نبر الجملة يقع على " أكل " ، وقد بلغ مستوي طبقة الصوت عند هذا الفعل المستوي العالي ، لنعلم من ذلك أنه المراد بالإخبار في السياق ، ونلاحظ أنه لو وقع نبر الجملة على " التفاح " واتجه السهم إلى أعلي لعلم أن المراد التعجب أو الاستفهام، مثل :

أكل + على + التفاح ؟ ! ↑

2 2 3

لقد ارتفعت طبقة الصوت إلى المستوي العالي في أداء " التفاح " صوتياً ، فتحول المعني من الإخبار إلى الاستفهام ، وهذه الدلالة يشترك فيها النبر والتنغيم إلى جانب السياق الحالي .(1)

وتؤدي طبقة الصوت دوراً مساعداً في الجمل الإنشائية ، فالمستوي الأعلى يقع على أدوات الاستفهام وأفعال الطلب .

---

(1) ارجع إلى : الدكتور محمود عكاشة : لغة الخطاب السياسي في مصر ص 155 .

مثل : هَل + نجح + على   ؟ ↑   ومثل : اقَبض + عليه ↑

3   2   2   3   2

لقد وقع النبر على " هل " و" قبض " كما بلغ المستوي العالي في الصوت . والوقفة النهائية   تمثل ارتفاعاً في طبقة الصوت .

* * *

الدلالة الصرفية

علم الصرف morphology : العلم الذي تعرف به الأبنية المختلفة للكلام ، وما يشتق منه كأبواب الفعل ، وتصريفه ، وتصريف الاسم ، وأصل البناء (الفعل أو المصدر) ، والمصادر بأنواعها ، والمشتقات (اسم الفاعل ، اسم المفعول ، الصفة المشبهة ، أفعل التفضيل ، اسم الزمان ، اسم المكان ، اسم الآلة) ، والتصغير ، والنسب.

ولكل بناء من تلك الأبنية دلالة في المعني إلى جانب وظيفته التركيبية ، وتحديد شكل البنية يقوم على المعني المراد، فالمتكلم يتحكم في تصريف الكلمة الأصلية بزيادة أو نقصان أو نقل من زمان إلى زمان ، فكلمة مثل " الضرب " تتصرف إلى وجوه مختلفة ، فيبني "للماضي منه ضَرَبَ ، وللحاضر " يَضْرِبُ " ، وللمستقبل " سَيَضْرِبُ" وللأمر " اِضْرِبْ " ، وللنهي " لا تَضْرِبْ" وللفاعل "ضَارِبَ " ، وللمفعول " مَضْرُوب " ، وللموضع "المَضْرب" ، وللوقت " المَضْرَب" ، وللآلة "المِضْرَب " "والمِضْرَاب" ، ولتهيؤ الفعل من ذات نفسه " اضطرب" وللتكثير منه " ضَرَّب " وللتكلف " تَضَّرب " ، وللمقابلة بين اثنين يفعل كل واحد منهما بصاحبه مثل ما يفعل به الآخر " تضاربا ، والتضارب" وللطلب " استضرب " إلى غير ذلك من الأمثلة المختلفة لاختلاف المعاني " (1) .

وتقسم الوحدات الصرفية ذات الدلالة على نوعين :

النوع الأول : الأوزان الصرفية مثل : أوزان الأفعال ، والمصادر ، والمشتقات (اسم الفاعل ، واسم المفعول ، والصفة المشبهة ، واسما الزمان والمكان ، واسم الآلة) وأوزان جمع التكسير والتصغير .

النوع الثاني : اللواصق ، وهي السوابق Prefixes واللواحق Suffixes والدواخل infixes ، وهي التي تدخل في صلب أو أحشاء بنية الكلمة لتحقيق معاني أو تشارك في

---

(1) أبو عبد الله محمد بن أبي الوفاء الموصلي ، المعروف بابن القبيصي : التتمة في التصريف ، مطبوعات نادي مكة الثقافي الأدبي ط 1414هـ ،3 199م ص 28 .

الدلالة.[1]

قال ابن جنى في باب في "الرد من ادعي على العرب عنايتها بالألفاظ وإغفالها المعاني" : " ويدلك على تمكن المعني في أنفسهم وتقدمه للفظ عندهم تقديمهم لحرف المعني في أول الكلمة ، وذلك لقوة العناية به ، فقدموا دليله ليكون ذلك أمارة لتمكنه عندهم ، ,على ذلك تقدمت حروف المضارعة في أول الفعل ، إذ كن دلائل على الفاعلين : من هم ، وما هم ، وكم عدتهم ، نحو أفعل ، ونفعل ، وتفعل ،ويفعل ... "[2].

وهي الأصوات التي جاءت لوظيفة في المعني أو التي تدل على معني في اللفظ ، وهي السوابق ، والدواخل ، واللواحق التي تزاد في اللفظ ، وقد أطلق عليها ابن جني مصطلح حروف المعاني ، ويمثلها في أول الكلمة حروف المضارعة وهمزة التعدية ، وفي وسطها ألف التكسير وياء التصغير وألف فاعل مثل : دراهم ، قماطر ، ودريهم ، قميطر . وقاتل ، سائل .

وفي آخر الكلمة مثل ياء النسب ، وياء الإضافة ، " فقد نجد حرف المعني آخراً ، كما نجده أولاً ووسطاً ، وذلك : تاء التأنيث ، وألف التثنية ، وواو الجمع على حدّه ، والألف

---

(1) السوابق مثل : حروف المضارعة (أ ، ن ، ى ، ت) في : أكتب ، نكتب ، تكتب، دلت الهمزة على أن الفاعل " أنا " ضمير المتكلم المفردة والنون تدل على الفاعل " نحن ضمير الجمع المتكلم، الياء تدل على الفاعل الغائب " هو " المفرد ، (وتدل على الجمع الغائب في " يكتبوا ") ، والتاء تدل على الفاعل المؤنث المفرد " هي " ، وقد أغنت هذه السوابق عن ذكر الفاعل لفظاً ؛ لأنها دلت عليه . كما تدل هذه السوابق من ناحية أخري على زمن الحدث في الفعل وهو المضارع . وتدل السوابق على معاني في الأسماء ومثال ذلك دلالة الميم في مفعل ، فالميم بالفتح في " مَذْهب" تدل على المصدر الميمي ، والميم بالكسر تدل على اسم الآلة في مثل : مئزر : الخصائص 224/1 . واللواحق : وهي التي تلحق بآخر البناء مثل : ياء النسب في : عربي ، مصري ، ومثل علامات التثنية والجمع . والدواخل ، وهي التي تدخل بين الأصوات التي تؤلف بنية الكلمة ، مثل : الألف في اسم الفاعل ، والواو في اسم المفعول . والياء في الصفة المشبه التي تأتي على وزن "فعيل" ، مثل : حكيم ، عليم ، سميع .

(2) الخصائص جـ1 / 198 .

والتاء في المؤنث ، وألفا التأنيث في حمراء وبابها ، وسَكْرَى وبابها ، وياء الإضافة ، كهنيّ..." [1] .

واللغة تتكون من الأسماء والأفعال والحروف ، فالأسماء هي التي تدل على الذوات ، أو هي أعلام الأشياء التي تعرف بها أو ما يعرف به الشيء ، ويستدل به عليه ، وهو عند النحاه : ما دل على معني في نفسه غير مقترن بزمن نحو رجل ، وفرس .

والفعل : كلمة تدل على حدث وزمن ، وتعد دلالته على الزمن أهم ما يميزه عن الاسم والحرف ، فقد عرفه الكسائي بأنه " ما دل على زمان " . وقيل إن الفعل أمثلة أخذت من لفظ أحداث الأسماء ، وبنيت لما مضي ، وما يكون ولم يقع ، وما هو كائن لم ينقطع . [2]

والحرف ما دل على معني في غيره ولا يدل على معني في نفسه ، وتسمي حروف المعاني ، مثل حروف المضارعة والعطف والجر .

والحرف لا يدل على معني مستقل كالاسم ، ولكنه يدخل في دلالة غيره ، كحرف الباء مستقلاً يعد صوتاً فقط ، وإن دخل في بنية كلمة فهو عبارة عن صوت ، ولكنه إن جاء لاصقاً تصبح له دلالة مثل دلالة الاسم والفعل ، مثل باء القسم في "بالـلـه" وللإلصاق في " مررت بمحمد " ، وباء السبب في قوله تعالى : ﴿ وَٱلَّذِينَ هُم بِهِۦ مُشْرِكُونَ ﴾ [النحل: 100] أي من أجله . وسنتناول فيما يأتي دلالة كل نوع منهم .

دلالة الاسم

الاسم ما دل على ذات أو مسمي وليس الزمن جزءاً منه ، ويفيد الثبوت لا التجدد والحدوث . مثل : حافظ ويحفظ وثابت ويثبت ، وقائم ويقوم . فالأول يفيد الثبوت والثاني يفيد التجدد والحدوث .

قال عبد القاهر الجرجاني : " إن موضوع الاسم على أن يثبت به المعني للشيء من غير

---

(1) نفسه جـ 199/1 .

(2) ارجع إلى كتاب سيبويه جـ2/1 ، وشرح المفصل لابن يعيش جـ2/7 .

أن يقتضي تجدده شيئاً بعد شيء ، وأما الفعل فموضوعه على أنه يقتضي تجدد المعنى المثبت به شيئاً بعد شيء . فإذا قلت : زيد منطلق . فقد أثبت الانطلاق فعلاً له من غير أن تجعله يتجدد ويحدث منه شيئاً فشيئاً بل يكون المعنى فيه كالمعنى في قولك : زيد طويل وعمرو قصير . فكما لا يقصد ههنا إلى أن تجعل الطول أو القصر يتجدد ، ويحدث بل توجبهما وتثبتهما فقط ، وتقضي بوجودهما على الإطلاق كذلك لا تتعرض في قولك : زيد منطلق ، لأكثر من إثباته لزيد .(1)

وقد فطن عبد القاهر الجرجاني إلى أن الفعل بلغ درجة الاسم في الوصف لثبوت معنى الأخير وعدم تقييده بزمن أو تجدده ، قال : " وأما الفعل ، فإنه يقصد فيه إلى ذلك . فإذا قلت : (زيد هو ذا ينطلق) فقد زعمت أن الانطلاق يقع منه جزءاً فجزءاً وجعلته يزاوله ويزجيه ... وإذا أردت أن تعتبره بحيث لا يخفي أن أحدهما لا يصلح في موضع صاحبه ، فانظر إلى قوله تعالى : ﴿ وَكَلْبُهُم بَـٰسِطٌ ذِرَاعَيْهِ بِٱلْوَصِيدِ ﴾ [الكهف: 18] فإن أحداً لا يشك في امتناع الفعل ههنا ، وإن قولنا : كلبهم يبسط ذراعيه لا يؤدي الغرض . وليس ذلك إلا ؛ لأن الفعل يقتضي مزاولة وتجدد الصفة في الوقت ، ويقتضي الاسم ثبوت الصفة وحصولها من غير أن يكون هناك مزاولة وتزجية فعل ، ومعنى يحدث شيئاً فشيئاً" .(2)

ورأي الفخر الرازي " أن اسم الفاعل يدل في كثير من المواضع على ثبوت المصدر في الفاعل ورسوخه فيه والفعل الماضي لا يدل عليه كما يقال : "فلان شرب الخمر" و"فلان شارب الخمر" ، و"فلان نفذ أمره" ، و"فلان نافذ الأمر" ، فإنه لا يفهم من صيغ الفعل التكرار والرسوخ ومن اسم الفاعل يفهم ذلك " .(3)

والاسم أقوى في الدلالة من الفعل ، فالاسم يفيد ثبوت الصفة في صاحبها ، وأن صاحبها متصف بها على سبيل الدوام (في حالة وجود الوصف فيه) مثل : قصير ، وطويل ،

---

(1) دلائل الإعجاز ص 133 ، 134 .

(2) دلائل الإعجاز ص 133 ، 134 .

(3) التفسير الكبير ، فخر الدين الرازي ، المطبعة البهية . مصر 25 / 29 .

وغفور ، وحليم ، ومثل قائم وجالس ، فالقائم يظل موصوفاً بذلك ما دام منتصباً ، فإن جلس لازمه وصف جالس حتى يتخذ لنفسه وضعاً آخر أو هيئة أخري يوصف بها وتلازمه ، بينما الفعل يدل على التجدد والحدوث ، ومقيد بالزمن ، فالفعل الماضي مقيد بالزمن الماضي ، والمضارع مقيد بزمن الحال أو الاستقبال في الغالب ، فالوصف بالفعل غير ثابت ؛ لأن الوصف به يزول باختلاف الزمن ، فالفعل "قام" يدل على حدوث القيام في الماضي وزواله في المضارع . وكذلك "يقوم" يدل على حدوث القيام في الحال (الآن) وفي الاستقبال ، ويرتبط الحدث بالحال والاستقبال دون الماضي .

فالاسم أعم وأشمل وأثبت في الدلالة من الفعل ؛ لأن الأخير مقيد بأحد الأزمنة الثلاثة مع إفادة التجدد ، ولكن الإفادة بالاسم لا تقتضي التقييد بالزمن والتجدد . (1)

قال الرازي : الاسم له دلالة على الحقيقة دون زمانها ، فإذا قلت : (زيد منطلق) لم يفد إلا إسناد الانطلاق إلي زيد . وأما الفعل فله دلالة على الحقيقة وزمانها ، فإذا قلت : "انطلق زيد " أفاد ثبوت الانطلاق في زمن معين لزيد . وكل ما كان زمانياً فهو متغير والتغير مشعر بالتجدد ، فإذن الإخبار بالفعل يفيد وراء أصل الثبوت كون الثابت في التحدد والاسم لا يقتضي ذلك . ويشبه أن يكون الاسم في صحة الإخبار به أعم ، وإن كان الفعل فيه أكمل وأتم ؛ لأن الإخبار بالفعل مقتصر على الزمانيات أو ما يقدر فيه ذلك ، والإخبار بالاسم لا يقتضي ذلك " . (2)

ومن الشواهد التي تؤكد قوة دلالة الاسم وثبوتها قوله تعالى : ﴿ رَبَّنَآ إِنَّكَ جَامِعُ ٱلنَّاسِ لِيَوْمٍ لَّا رَيْبَ فِيهِ ﴾ [آل عمران: 9] . والأصل تجمع الناس ، لأنه في الاستقبال ، ولكن الأمر متحقق ثابت أخبر عنه باسم الفاعل الدال على الثبوت ، ومن ذلك قوله تعالى : ﴿ وَإِنَّ ٱلدِّينَ لَوَٰقِعٌ ۝٦ ﴾ [الذاريات: 5] أي الحساب ، ولم يقل (يقع) ومنه قوله تعالى :

---

(1) ارجع إلى معاني الأبنية في العربية ص 9 وما بعدها .

(2) نهاية الإيجاز في دراية الإعجاز، فخر الدين الرازي . دار صادر، بيروت ط2004/1، 1424/هـ ص79.

﴿ إِنَّ فِي ذَٰلِكَ لَآيَةً لِّمَنْ خَافَ عَذَابَ الْآخِرَةِ ۚ ذَٰلِكَ يَوْمٌ مَّجْمُوعٌ لَّهُ النَّاسُ وَذَٰلِكَ يَوْمٌ مَّشْهُودٌ ﴿١٠٣﴾ ﴾ [هود: 103] .

" فإنه إنما آثر اسم المفعول الذي هو (مجموع) على الفعل المستقبل الذي هو يجمع لما فيه من الدلالة على ثبات معني الجمع لليوم ، وأنه الموصوف بهذه الصفة ، وإن شئت فوازن بينه وبين قوله تعالى : ﴿ يَوْمَ يَجْمَعُكُمْ لِيَوْمِ الْجَمْعِ ﴾ [التغابن: 9] فإنك تعثر على صحة ما قلت" .(1)

والاسم أقوي في الوصف من الفعل بدليل قوله تعالى: ﴿ وَلَا تَجْعَلْ يَدَكَ مَغْلُولَةً إِلَىٰ عُنُقِكَ ﴾ [الإسراء: 29] ولم يقل: لا تغل يدك ، وذلك أن النعت ألزم ، ولذلك قال تعالى : ﴿ وَعَصَىٰ آدَمُ رَبَّهُ فَغَوَىٰ ﴿١٢١﴾ ﴾ [طه: 121] ولا نقول : آدم عاصٍ غاوٍ ؛ لأن النعوت لازمة ، وآدم وإن كان عصي في شيء ، فإنه لم يكن شأنه العصيان ، فيسمي به ، وقد وقع في الغواية عن غير عمد ، فقوله جل ثناؤه : ﴿ وَلَا تَجْعَلْ يَدَكَ مَغْلُولَةً ﴾: أي لا تكونن عادتك المنع فتكون يدك مغلولة .

ومنه قوله جل ثناؤه ﴿ وَقَالَ الرَّسُولُ يَا رَبِّ إِنَّ قَوْمِي اتَّخَذُوا هَٰذَا الْقُرْآنَ مَهْجُورًا ﴿٣٠﴾ ﴾ [الفرقان: 30] ولم يقل : هجروا ؛ لأن شأن القوم كان هجران القرآن ، وشأن القرآن عندهم أن يهجر أبداً ، فلذلك قال – والله أعلم: ﴿ اتَّخَذُوا هَٰذَا الْقُرْآنَ مَهْجُورًا ﴾ (2) .

والاسم ينقسم إلى اسم مجرد غير مشتق يدل على الذات دون الحدوث مثل : رجل، فرس ، حمار ، ذئب ، فهذا النوع يدل على ذوات أو مسميات وليس فيه دلالة الحدث ، واسم يدل على ذوات وأحداث مثل : أبنية المصادر ، والمشتقات (اسم الفاعل ، اسم المفعول ، اسم الزمان ، اسم المكان ، اسم التفضيل ، الصفة المشبهة ، اسم المرة ، اسم

---

(1) المثل السائر جـ 16/2 .

(2) الصاحبي ص 464 .

الهيئة)[1] .

ونحن منوطون بدراسة دلالات المصادر والمشتقات لما توحي به من دلالات متنوعة غزيرة المعني .

دلالة أبنية المصادر

المصدر : اسم يقع على الأحداث كـ " الضرب ، القتل ، القيام ، القعود ، وهو أصل الأفعال (عند كثير من النحويين ومنهم البصريون ، وأميل إلى هذا الرأي ، لأن الاسم على الراجح- هو أصل اللغة ومنه ولد الفعل ، والمصدر من جملة الأسماء) ، ولهذا ، سُمي مصدراً ، لصدور الأفعال عنه ، فضربَ ، ويضرب ، وأضربُ ، مشتق من الضرب[2] .

وقد أكد علماء العربية أن الأسماء هي أصل الأفعال ، وهذا يفسر علة اختصاص ذكر الأسماء من دون الأفعال في أول ما علمه الله تعالى آدم في قوله تعالى: ﴿ وَعَلَّمَ ءَادَمَ ٱلْأَسْمَآءَ كُلَّهَا ﴾ [البقرة: 31] وأجمع العلماء على أن المراد بالأسماء الأسماء حقيقة أي أسماء الأشياء ، ولكنهم اختلفوا في أعيان المسميات أو المراد بالأسماء ، فقيل : أسماء الأشياء ، وهو الأرجح أي أسماء كل شيء ، وقيل أسماء ذريته ، وقيل غير ذلك ، وهذا يؤكد قول البصريين أن

---

(1) أسماء الأعيان اللازمة مثل : إنسان ، سماء ، أرض ، لا تنتقل من مسمياتها أو تفارقها . وبعض هذه الأسماء له جذر يشتق منه وبعضها لا يشتق منه مثل : إنسان قيل من مادة أنس ، وسماء من سمو ، والذي لا يشتق منه مثل ثعلب ، ضب ، أرض ، جبل . وقسم ابن فارس أجناس الأسماء على خمسة أنواع : اسم فارق مثل : رجل وفرس ، فرقنا بالاسمين بين شخصين . والاسم المفارق مثل : طفل ، يفارق صاحبه إذا كبر . والمشتق نحو : كاتب ، مشتق من الكتابة ، واسم مضاف أو تلزمه الإضافة نحو: كل ، بعض . واسم مقتض مثل : "أخ" يقتضي وجود شقيق ، و"شريك " يقتضي وجود مشارك ، و"ابن" يقتضي وجود أب ، و"خصم"يقتضي وجود آخر ، ابن فارس الصاحبى ص96 .

(2) الحريري : شرح ملحة الإعراب ، المكتبة العصرية ص 166 وينصب "المصدر" بفعله المشتق منه، ويجيء لأحد ثلاثة أشياء ، إما للتأكيد ، كقوله تعالى: ﴿ يَصُدُّونَ عَنكَ صُدُودًا ﴾ [النساء: 6] . وإما لبيان النوع ، كقوله تعالى : ﴿ فَقُولَا لَهُۥ قَوْلًا لَّيِّنًا لَّعَلَّهُۥ يَتَذَكَّرُ ﴾ [طه: 44] ، وإما لتبيين العدد ، كقوله تعالى : ﴿ فَٱجْلِدُوهُمْ ثَمَٰنِينَ جَلْدَةً ﴾ [النور: 4] فانتصاب ثمانين على المصدر ، و"جلدة" على التمييز .

المصدر هو الأصل ، وليس الفعل في بحثهم جذور الكلمات ؛ لأن المصدر يستوفي أصوات الكلمة أو حروفها .

وقد أكد غير واحد من العلماء أن المصادر هي أصل أبنية اللغة ، وليس الفعل ، وإمامهم في هذا سيبويه الذي رأى أن الأفعال مشتقة من الأسماء ، وأما الفعل فأمثلة أخذت من لفظ أحداث الأسماء ، وبنيت لما مضي ، وما يكون ، ولم يقع ، وما هو كائن لم ينقطع ، فأما بناء ما مضي ، فذهب ، وسمع ، ومكث ، وحمد ، وأما بناء ما لم يقع ، فإنه قولك آمراً : اذهبْ واقتلْ واضربْ ، ومخبراً : يقتلُ ، ويذهبُ ، ويضربُ ، وكذلك بناء ما لم ينقطع وهو كائن إذا أخبرت . فهذه الأمثلة التي أخذت من لفظ أحداث الأسماء ، ولها أبنية كثيرة .... والأحداث نحو الضرب والقتل والحمد وللمصادر دلالات متعددة المعنى ، فمصادر الثلاثي غير قياسية وهي كثيرة ولها معان كثيرة ، وبعضها يدل على معنى عام مشترك ، ولكن الأبنية الزائدة أكثر دلالة ومبالغة ، وتوجد أبنية منها مشهورة مثل :

ووزن "فِعَالة" : يأتي لدلالات متعددة منها : ما دل على حرفة أو صناعة مثل : الحِيَاكة ، الخِيَاطة ، التجارة ، والعرافة ، والكتابة ، والصياغة ، والصباغة . ومنها ما دل على الولاية مثل : الخلافة ، والسعاية ، الوكالة ، الوصاية ، والإمارة ، والسياسة ، والعباسية ، والحجابة (السدانة) . ومنها ما دل على الاشتمال مثل : العصابة ، والعمامة، والقلادة .

ووزن "فُعَال" : يأتي لدلالات متعددة منها : ما يدل على داء مثل : الزُّكام ، السُعَال ، الُدوار ، والصُّداع ، والقُياء ، والعُطَاس.

ومنها ما دل على صوت مثل : الصراخ ، الرُّغَاء (صوت البعير) ، الثُّغَاء (صوت الشاة) . ومنها ما دل على ما تحطم أو أجزاء الشيء في الأعيان مثل : الجُذَاذ ، والحُطَام ، والفُتَات ، والدُقَاق ، والرفات ، والغناء ، وما لحقته الهاء كالبُرادة والسُحَالة ، والقُلاَمة ، والقراضة ، والنفاية .(1)

ووزن "فِعَال" : يأتي لدلالات منها : ما يدل على إباء أو امتناع مثل : إِبَاء (من أبي)،

---

(1) ارجع إلى معاني الأبنية ص 36 ، 37 .

وشِرَاد (من شرد) وفِرَار (من فرّ) ، ونِفَار (من نفر) ، وخِلاَء (من خلأت الدابة أي حرنت) .ومنها ما دل على قرب شيء من شيء ، مثل : النكاح ، والضراب (في التزاوج) والصراف (في الحيوانات . طلب التزاوج) .ومنها ما دل على الحينونة أو الميقات الذي يتم فيه الشيء مثل : الحِصاد ، والقِطاع ، والجزاز . ومنها ما دل على علامة أو صفة في الشيء مثل : الجِناب (في الجنب) ، والكِشاح (في الكشح) .

ووزن "فَعِيل" : يأتي لدلالات متعددة منها : ما يدل على صوت مثل : صَهِيل ، هَدِير، نهيق (الحمار) ، ونبيح (الكلب) ، وضغيب (الأرنب) ، والأنين، ومنها ما يدل على سير أو حركة مثل : الرحيل . ومنها ما يدل على وصف مثل : طويل ، بعيد ، كريم .

ووزن "فَعَلان": يأتي لدلالات منها : التقلب والاضطراب والحركة مثل : الجولان ، والغليان ، والقفزان ، فيضان .ومنها ما دل على علة مثل : الوهجان ، والغثيان ، واللـهبان ، وهي حالات اضطراب تصيب الإنسان . ونلاحظ أن هذا الوزن يحاكي الحدث ويعبر عنه تعبيراً دقيقاً ، فهو يحمل في مضمومة دلالة الحركة الشديدة .

ووزن "تِفْعَال" : ويأتي للتكثير والمبالغة مثل : التِّجوال ، والتِّهدار ، والتِّقتال ، والتِّبيان ، والتعِّداد ، والتِّذكار ، والتِّكرار .

ووزن "فُعْلَة" : لدلالة على الألوان مثل : الحُمْرة ، الصُفْرة ، السُمرة .

وزن "فِعَل" : للدلالة على المساحة مثل : كِبَر ، صغر ، غلظ (في الجسم) ، قِصَر ، عِظَم .

وزن "فِعِّيلي" (وهو قليل الاستعمال في اللغة المعاصرة) : وهو للدلالة على الكثرة، مثل : الدلِّيلي (لمن كثرة علمة بالدلالة ورسوخه فيها) والخِلِّيفي (لمن كثر تشاغله بالخلافة وتعلقه بها .

وقد تحاكي الصيغة الصرفية الحدث الذي تعبر عنه ، فالحركات في "فَعلاَن" ثلاث حركات قصيرة ورابعة طويلة ، تحاكي حركات الحدث الذي تدل عليه الصيغة ، فالمصادر التي جاءت على الفعلان تأتي للاضطراب والحركة في أبنية كثيرة ، نحو: القفزان ، والغليان،

والغثيان ، وقال ابن جني معقباً على حديث سيبويه عن دلالة هذه الأوزان : "ووجدت أيضاً (الفَعَلي) في المصادر والصفات إنما تأتي للسرعة ، نحو : البَشَكَى ، والجَمَزَي ، والوَلَقَي ... فجعلوا المثال الذي توالت حركاته للأفعال التي توالت الحركات فيها " .(1)

والمصادر الرباعية تعد أكثر الصيغ تعبيراً عن الحدث ، فالتكرير في الصيغة يدل على تكرير الحدث الذي ترمز إليه " وذلك أنك تجد المصادر الرباعية المضعفة تأتي للتكرير ، نحو : الزعزعة ، والقلقلة ، والصلصة .. " (2) . كما يدل تقطيع الفعل الرباعي في نحو : صَرْصَر ، وحقحق على تقطيع الحدث ، فهذا من مساوقة الصيغة للمعاني .

" وحكايات الأصوات على فعللة كالصرصرة والقرقرة والغرغرة والقعقعة والخشخشة " . (3) و لمصادر الثلاثي أبنية عديدة تدل على المعنى بدلالة أصل لفظها على معناها ، وليس لوزن الثلاثي وزن قياسي ، بل له أوزان كثيرة ولهذا فهو غير قياسي ، ويصعب حصر معناه ، وقد حاول بعض العلماء وضع نسق عام له في الدلالة ، ولكنه نسبي غير مطرد مثل : فَعَل ، وفعول ، وفَعْل ، وفِعل ، وفعيل ، وفُعال ، وفعَلان ، وفَعَالة ، وفِعال ، وفِعْل ، وفُعْل ، وفَعَلة ، والزائد منها أكثر دلالة من المجرد ، وقد تناولنا المشهور من المصادر .

والوصف بالمصدر أقوي من الوصف بالصفة ، فالوصف بالمصدر يشعرك أن الموصوف صار في الحقيقة مخلوقاً من ذلك الفعل ، وذلك لكثرة تعاطيه له واعتياده إياه، ويدل على أن هذا المعني له .

والوصف بالمصدر يعني الإبقاء على الإفراد والتذكير ؛ لأن ذلك من علامات المصدر ، مثل : "رجل عدل ، وامرأة عدل إنما هو إرادة المصدر والجنس ، جُعل الإفراد

---

(1) الخصائص 153/1 الولقي: سريعة ، أو عدو سريع .

(2) الخصائص 152/1 .

(3) فقة اللغة ص 255 .

والتذكير أمارة للمصدر المذكره .[1] فعدل صفة مذكرة وقد وصف بها المذكر والمؤنث معًا.

ويعلل ابن جني سبب التذكير والإفراد للمصدر ، فيقول : " إنما كان التذكير والإفراد للمصدر أقوي من قبل أنك لما وصفت بالمصدر أراد المبالغة بذلك ، فكان من تمام المعني وكماله أن تؤكد ذلك بترك التأنيث والجمع كما يجب للمصدر في أول، أحواله ألا تري أنك إذا أنثت وجمعت سلكت به مذهب الصفة الحقيقية التي لا معني للمبالغة فيها . نحو :قائمة ومنطلقة وضاربات ومكرمات ؛ فكان ذلك يكون منقصاً للغرض ، أو كالنقص له " .[2] فالمصدر في حالتي التذكير والإفراد أقوي في الدلالة ، وقد أتى التذكير الصفة من قبل المصدرية ، فإذا قيل : رجل عدل فكأنه وصف بجميع الجنس مبالغة ، فوصف الجنس أجمع تمكينًا لهذا الموضوع وتوكيدًا .

و " تقول العرب : رجل عدل أي عادل ، ورضي أي مرضي وبنو فلان لنا سِلْم أي مسالمون ، وحرب أي محاربون " . نلاحظ أن الاسم والمصدر قام مقام الفاعل والمفعول .[3] وهذا يؤكد عموم الدلالة بالاسم وقوته في المعني وأنه أصل الفعل .

دلالة أبنية المشتقات

دلالة اسم الفاعل :

يدل اسم الفاعل على الحدث والحدوث وفاعله ، فاسم الفاعل يدل على الحدث الذي يتحقق من معني المصدر ، ويدل على الحدوث ، ولا يدل على الثبوت بدرجة ثبوت الصفة المشبهة ولا يدل على الحدوث أو التجدد بدرجة الفعل ، ولكنه أدوم وأثبت في المعنى من الفعل ، ودون قوة ثبات الصفة المشبهة في صاحبها ، فالصفات مثل : طويل ، ذميم ، قصير تلازم من وصف بها ولا تفارقه ، ولكن اسم الفاعل مثل : قادم ، قائم ، صائم يزول عن

---

(1) الخصائص 204/2 .

(2) الخصائص 207/2 .

(3) ارجع إلى : فقه اللغة ص 228 .

صاحبه بزوال ما وصف به من القدوم والقيام ، والصيام . وهذه القضية موضع بحث بين العلماء بيد أنهم اتفقوا على قوة الوصف بالصفة ودلالتها على الثبوت في صاحبها بدرجة أقوي من اسم الفاعل ، ويميز اسم الفاعل عن غيره من المشتقات دلالته على من قام به الفعل على وجه الحدوث والتجدد ، فالوصف قائم يدل على حدوثه في الحال واستمراره باستمرار هيئة الموصوف إلى أن يتحول إلى وصف آخر ، وقد تشاركه بعض الصفات مثل : عطشان ، وجوعان ، وحيران ، ولكن الوصف بها أقوي من قولنا : عاطش ، وجائع ، وحائر . قال تعالى في شأن الحالة التي عليها موسى عندما وجد قومه يعبدون العجل : ﴿ وَلَمَّا رَجَعَ مُوسَىٰٓ إِلَىٰ قَوْمِهِۦ غَضْبَٰنَ أَسِفًا قَالَ بِئْسَمَا خَلَفْتُمُونِى مِنۢ بَعْدِىٓ ﴾ [الأعراف: 150] . وصف بالصفة للدلالة على شدة تغيظه عليهم ، وكراهيته لسوء صنعهم ، وهو أبلغ من غاضب وآسف ، فالأخير يدل على حالة من الغضب دون المستوي الأول الذي وصف به موسى عليه السلام في النص القرآني .

فالوصف بالصفة المشبهة للدلالة على الثبوت مثل الحذر ، والوصف باسم الفاعل يدل على التجدد مثل : الحاذر ، فنظير هذا قولك هذا سيد قومه لمن يسودهم ، وتقول لمن يتوقع منه هذا : هذا سائد قومه ، ومثل هذا رئيس ، وهذا رائس ، فرئيس لمن له الرئاسة و رائس لمن سيكون خلفاً له ، ويوصف باسم الفاعل من كان فيه الوصف متقلباً غير دائم ، ولكن لا يوصف بالصفة المشبهة إلا من ثبت فيه الوصف ، وكذلك يوصف باسم الفاعل ما يستقبل من الأمر مثل : ﴿ وَلَا تَقُولَنَّ لِشَاْىْءٍ إِنِّى فَاعِلٌ ذَٰلِكَ غَدًا ﴿٢٣﴾ ﴾ [الكهف: 23] .

ونري أن اسم الفاعل قد يدل على الثبوت في مواطن وعلى الحدوث في مواطن أخري مثله في ذلك مثل الصفة المشبهة في بعض المواطن ، فاسم الفاعل يدل على الثبوت في الصفات التي تلازم الموصوف مثل : واسع الفم ، بارز الجبين ، جاحظ العينين ، ضامر البطن ، فاسم الفاعل في هذه المواطن يجري مجري الصفة المشبهة في الدلالة على الثبوت ، ونظيره اسم المفعول في : مقطوع (لمن قطع في حد) ، ومجدوع (لمن جدع أنفه) ، ومبتور (لمن لا عقب له بنين) . وموتور (لمن فقد عزيزاً) .

ويدل اسم الفاعل على الاستمرار والدوام أيضاً ، قال تعالى : ﴿ إِنَّ ٱللَّهَ فَالِقُ ٱلْحَبِّ

﴿ وَٱلنَّوَىٰ .. فَالِقُ ٱلْإِصْبَاحِ ﴾ [الأنعام: 95 ، 96] ففلق الحب والنوي مستمر ، وكذلك يفلق اللـه الإصباح في كل يوم .

ويدل على النسب إلى الشيء كقولهم لذي الدرع دارع ، ولذي النبل نابل ، ولذي الترس تارس ، وعلى من حمل السلاح سالح ، ويقال لمن عنده تمر تامر ، ومن لديه لبن لابن ، ونظيرها خابز ، وسامن ، وزابد لصاحب الخبز والسمن والزبد .

وتدل صيغة اسم الفاعل على الأزمنه الثلاثة في المواضع الآتية :

أولاً – الماضي : في مثل﴿ فَاطِرِ ٱلسَّمَٰوَٰتِ وَٱلْأَرْضِ ﴾ [إبراهيم: 10] ، [فاطر: 1] ومثل قولك في حالة الإضافة : هذا قاتلُ زيدٍ. أي الذي قتله وفي حالة تنوين "قاتلٌ" ونصب "زيد" : "هذا قاتلٌ زيداً" ، أي سيقتله اليوم أو غداً ، فلم يقع القتل بعد على زيد .

ثانياً – الحال : في مثل قوله تعالى : ﴿ فَمَا لَهُمْ عَنِ ٱلتَّذْكِرَةِ مُعْرِضِينَ ﴿٤٩﴾ ﴾ [المدثر: 49] . فمعرض تدل على الحال ، ونظيرها : مالك واقفاً ؟ أي الآن .

ثالثاً – الاستقبال : نحو قوله تعالى: ﴿ إِذْ قَالَ رَبُّكَ لِلْمَلَٰٓئِكَةِ إِنِّى خَٰلِقٌۢ بَشَرًا مِّن طِينٍ ﴿٧١﴾ فَإِذَا سَوَّيْتُهُۥ وَنَفَخْتُ فِيهِ مِن رُّوحِى فَقَعُوا۟ لَهُۥ سَٰجِدِينَ ﴿٧٢﴾ ﴾ [ص: 71 ، 72] أي سأخلق بشراً دل عليه ما بعده في جملة الشرط . ونظيرها : ﴿ إِنِّى جَاعِلٌ فِى ٱلْأَرْضِ خَلِيفَةً ﴾ [البقرة: 30] ، أي :سأجعل في الأرض خليفة بدليل قول الملائكة: ﴿ قَالُوٓا۟ أَتَجْعَلُ فِيهَا مَن يُفْسِدُ فِيهَا.. ﴾ [البقرة: 30] ، ونظيرها : ﴿ رَبَّنَآ إِنَّكَ جَامِعُ ٱلنَّاسِ لِيَوْمٍ لَّا رَيْبَ فِيهِ ﴾ [آل عمران: 9] أي ستجمع الناس ليوم القيامة .

وتوجد في اللغة مشتقات تدل على معني اسم الفاعل مثل : "فعيل" بمعني "مُفعل " : قال تعالى : ﴿ بَدِيعُ ٱلسَّمَٰوَٰتِ وَٱلْأَرْضِ ﴾ [البقرة: 117] . أي مبدعها ، وكذلك: ﴿ وَلَهُمْ عَذَابٌ أَلِيمٌ ﴾ [البقرة: 10] . أي مؤلم ، وهو الموجع ، وقال تعالى : (سميع بصير) أي مبصر ، والعرب تضع " فعيل" في موضع " مُفْعِل" .(1)

---

(1) تأويل مشكل القرآن ص 297 ومجاز القرآن جـ1/ص282 .

قال عمرو بن معد يكرب :[1]

أمِن ريحانة الداعي السميع   يؤرقني وأصحابي هُجُوعُ

يريد : الداعي المُسْمِع .

وقال ابن قتيبة : " وفعيل يراد به "فاعل" نحو : حفيظ ، وقدير ، وسميع ، وبصير ، وعليم ، ومجيد ، وبدىء الخلق : أي بادئه .

و"بصير" في هذا المعني من "بَصُرَ" ، وإن لم يستعمل منه فاعل إلا في موضع واحد ، وهو قولهم : "أريته لمحاً باصراً" . أي: نظراً شديداً باستقصاء وتحديق ، والوصف بها أبلغ من الوصف باسم الفاعل .

وقد يأتي الفاعل على لفظ المفعول به ، وهو قليل ، ومثال ذلك في قوله تعالى : ﴿ إِنَّهُۥ كَانَ وَعْدُهُۥ مَأْتِيًّا ﴿٦١﴾ ﴾ [مريم: 6] أي: آتياً[2] ، وقوله تعالى: ﴿ حِجَابًا مَّسْتُورًا ﴿٤٥﴾ ﴾ [الإسراء: 45] أي: ساتراً[3] .

دلالة اسم المفعول

اسم المفعول ما دل على الحدث والحدوث وذات المفعول ، أو هو ما وقع عليه الفعل . ويدل اسم المفعول على أزمنة الفعل :

أولاً – الماضي : مثل ﴿ كُلٌّ يَجْرِى لِأَجَلٍ مُّسَمًّى ﴾ [الرعد: 2] . أي سُمِّى ، ونحو : "أدركناه وهو مقتول" . أي قُتِل .

ثانياً – الحال : مثل : "أقبل مسروراً" ، و"أنت مغلوب على أمرك" .

ثالثاً – الاستقبال : نحو قوله تعالى : ﴿ ذَٰلِكَ يَوْمٌ مَّجْمُوعٌ لَّهُ ٱلنَّاسُ وَذَٰلِكَ يَوْمٌ مَّشْهُودٌ ﴿١٠٣﴾ ﴾ [هود: 103] أي: سيجمع له الناس ، وسيشهد . ومثل : "إنك مقتول إن ذهبت وحدك إليه" . أي: ستقتل . ومثال هذا قول عبد الـلـه بن الزبير لأمه أسماء -رضي الـلـه عنهم-

---

(1) تأويل مشكل القرآن ص 297 ، والأغاني طبعة بولاق 33/14 ، ومجاز القرآن 1/ص 282 .

(2) تأويل مشكل القرآن ص 298 .

(3) الثعالبي : فقة اللغة ص 277 .

وهو محاصر في الحرم : " اعلمي يا أماه أني مقتول من يومي هذا" أي سأقتل .

ويدل اسم المفعول على الاستمرار والدوام في مثل: ﴿ عَطَآءً غَيْرَ مَجْذُوذٍ ﴿١٠٨﴾ ﴾ [هود: 108] أي دائم. وقوله تعالى:﴿ وَأَصْحَٰبُ ٱلْيَمِينِ مَآ أَصْحَٰبُ ٱلْيَمِينِ ﴿٢٧﴾ فِى سِدْرٍ مَّخْضُودٍ ﴿٢٨﴾ وَطَلْحٍ مَّنضُودٍ ﴿٢٩﴾ وَظِلٍّ مَّمْدُودٍ ﴿٣٠﴾ وَمَآءٍ مَّسْكُوبٍ ﴿٣١﴾ ﴾[الواقعة: 27-31] .

ويدل اسم المفعول على الثبوت في الصفات التي تلازم أصحابها مثل : مدور الوجه ، مقرون الحاجبين ، ويدخل هذا الوصف في عداد الصفات المشبهات .

وقد يوضع المصدر موضع اسم المفعول مثل : قراءة الحسن وأبي الحويرث الحنفي قوله تعالى: ﴿ مَا هَٰذَا بِشَرًا ﴾ [يوسف: 31] بكسر الباء والشين ، والشري يقصر ويمد أراد : ما هذا بمشري من قوله تعالى: ﴿ وَشَرَوْهُ بِثَمَنٍۭ بَخْسٍ ﴾ [يوسف: 20] أي باعوه ، أي ما ينبغي لهذا أن يباع ، فوضع المصدر موضع اسم المفعول ، كقوله الله سبحانه: ﴿ أُحِلَّ لَكُمْ صَيْدُ ٱلْبَحْرِ ﴾ [المائدة: 96] أي : مصيده ، وكقوله تعالى : ﴿ وَهُوَ ٱلَّذِى يَبْدَؤُا۟ ٱلْخَلْقَ ثُمَّ يُعِيدُهُۥ ﴾ [الروم: 27] أي المخلوق ، وكقول النبي صلى الله عليه وسلم : "الراجع في هبته" ، أي: موهوبة ، و"هذا البيت نسيج اليمن " أي: منسوجه ، وذلك أن الأفعال لا يمكننا إعادتها . ومنه قولهم : "غفر الله لك علمه فيك" ، أي : معلومه . ومنه قولهم : "هذا الدرهم ضَرْب الأمير: ، أي : مضروبه .(1)

وقال أبو عبيدة : "ومن مجازه " ما يحوّل الفاعل إلي المفعول أو إلي غير المفعول قال: ﴿ إِنَّ مَفَاتِحَهُۥ لَتَنُوٓأُ بِٱلْعُصْبَةِ ﴾ [القصص: 76] والعصبة هي التي تنوء بالمفتاح.

ومن المجاز ما وقع المعني علي المفعول وحُوّل إلي فاعل قال : ﴿ كَمَثَلِ ٱلَّذِى يَنْعِقُ بِمَا لَا يَسْمَعُ ﴾ [البقرة: 171] والمعني علي الشاء المنعوق به وحُوّل علي الراعي الذي ينعق بالشاء" .(2)

---

(1) المحتسب ، لابن جني ، المجلس الأعلى للشئون الإسلامية جـ343/1 . وذلك في سياق تناوله لقراءة قوله تعالى : (وقالن حاشا لله ما هذا بشراً إن هذا إلا ملك كريم .) .

(2) أبو عبيدة معمر بن المثني (ت 210 هـ) ، مجاز القرآن، تحقيق فؤاد شركين ، مكتبة الخانجي جـ 12/1.

ومن مجاز المصدر الذي في موضع الاسم أو الصفة قال : ﴿ وَلَـٰكِنَّ ٱلْبِرَّ مَنْ ءَامَنَ بِٱللَّهِ ﴾ [البقرة: 177] أراد بالبر البار .

وقال : ﴿ أَنَّ ٱلسَّمَـٰوَٰتِ وَٱلْأَرْضَ كَانَتَا رَتْقًا ﴾ [الأنبياء: 30] والرتق مصدر ، وهو موضع مرتوقتين ، وقال: ﴿ أَنَا۠ رَسُولُ رَبِّكِ ﴾ [مريم: 19] أي رسالة .

ويجيء المفعول به علي لفظ الفاعل ، ومثال ذلك قوله سبحانه: ﴿ لَا عَاصِمَ ٱلْيَوْمَ مِنْ أَمْرِ ٱللَّهِ إِلَّا مَن رَّحِمَ ﴾ [هود: 43] أي لا معصوم من أمره وقوله: ﴿ مِن مَّآءٍ دَافِقٍ ﴾ [الطارق: 6] . أي مدفوق . ﴿ فِى عِيشَةٍ رَّاضِيَةٍ ﴾ [الحاقة: 21] أي مرضي بها (1) .

قال أبو عبيدة : "مجاز مرضية فخرج مخرج لفظ صفتها ، والعرب تفعل ذلك إذا كان من السبب في شيء يقال : نام ليلُة ، وإنما ينام هو فيه . (2) وقوله : ﴿ أَوَلَمْ يَرَوْا۟ أَنَّا جَعَلْنَا حَرَمًا ءَامِنًا ﴾ [العنكبوت: 67] . أي مأموناً فيه ، وقوله: ﴿ وَجَعَلْنَا ٱلَّيْلَ وَٱلنَّهَارَ ءَايَتَيْنِ ۖ فَمَحَوْنَآ ءَايَةَ ٱلَّيْلِ وَجَعَلْنَآ ءَايَةَ ٱلنَّهَارِ مُبْصِرَةً ﴾ [الإسراء: 12] أي: مُبْصراً بها . والعرب تقول : الليل نائم ، وسر كاتم ، قال وعَلة الجرمي (3) :

ولما رأيت الخيل تتري أثايجا　　　علمت بأن اليوم أحمس فاجر

أي لما رأي كثرة الخيل علم أن اليوم صعب مفجور فيه ، والشاهد : اليوم أحمس فاجر : أي اليوم صعب مفجور فيه .

دلالة الصفة المشبهة

الصفة المشبهة : وصف دل علي معني وذات ، وهذا يشمل اسم الفاعل ، واسم المفعول ، وأفعل التفضيل ، والصفة المشبهة ، فالمشتقات تقع وصفًا ، ولكن الصة المشبهة تخالف المشتقات في البناء والمعنى ، فهي أقوى في الوصف ، وتصاغ من فعل لازم وتكون للحال .

---

(1) ابن قتيبة : تأويل مشكل القرآن . دار التراث ص 268 ، وفقه اللغة ص 277

(2)أبو عبيدة : مجاز القرآن ، جـ 2 / 268

(3) الأغاني . بولاق 1285 هـ . وتأويل مشكلة القرآن ص 296

وقد ذهب النحاة إلي أن الصفة المشبهة تدل علي الثبوت ، أي الاستمرار واللزوم ، فالوصف بها يلازم صاحبها علي وجه الدوام والاستمرار ، وهذا أمر ليس مطرداً في الوصف بها أو بغيرها من المشتقات ، فهنالك بعض الصفات تلازم من وصف بها مثل : أبكم ، أصم ، أسود ، أبيض ، أعور ، دميم ، عقيم ، وهناك صفات ليست دائمة أو مطردة في الاستمرار مثل : غضبان ، جوعان ، ريّان ، وهنالك صفات تتغير بتغير الوصف مثل : حسن ، كريم ، سعيد ، حزين . فالحسن قد يذهب ، والكرم قد يزول عن صاحبه ، والسعيد قد يصبح حزيناً والعكس ، وهنالك صفات ترتبط بالهيئة ، فتزول بزوالها نحو : نحيف ، سمين ، فالاستمرار أو الثبوت لا يلزم كل الصفات ، ولكن الوصف بالصفة المشبهة لا شك أبلغ وأقوي من الوصف بغيرها من المشتقات.

ولكنها تختص دون غيرها في بعض معانيها بالدلالة علي معني الثبوت أوالاستمرار في صفات اللـه تعالى معرفة ، ونكرة في نحو : العزيز ، الحكيم ، الغفور ، الشكور .

والصفة المشبهة لا تكون إلا للحال ، فلا تقول : زيد حسن الوجه غداً أو أمس للدلالة علي ملازمة الوصف لصاحبها في الحال ، وإذا وصف بها موصوف في الماضي فهو علي سبيل الوصف في الحال ، ولا يلزمه في الاستقبال ، ويستثني في ذلك صفات اللـه تعالى ، لأنها ثابتة دائمة .

ومن أمثلة ذلك قوله تعالى : ﴿ إِنَّ ٱللَّهَ كَانَ عَزِيزًا حَكِيمًا ۝ ﴾ [النساء: 56] الزمن في الماضي للتحقيق ، والوصف يفيد الاستمرار والثبوت ، أي كان عزيزاً حكيماً وما زال ، وسيزال . وتأتي الصفة المشبهة على أبنية : فَعِل ، وأفْعَل ، وفعيل ، وفُعُل ، وفِعْل ، وفاعل ، فَعَل ، واختلف العلماء في فعلان ، فقيل هي صفة وقيل مبالغة .

ولأبنية الصفة المشبهة دلالات متعددة: تأتي " فَعِل " للدلالة علي الأدواء أو العلل نحو : وَجِع ، سَلِسل ، أَلِم ، تَعِب أو للدلالة علي السجايا مثل : وَقِح ، شَكِس ، نَكِد ، أَشِر بَطِر، فَرِح ، قَلِق ، وهذه الصفات أعراض لا تلزم الموصوف دائماً أو لا تستمر فيه . وهذه الصيغة تشارك صيغة فعلان في وصف الأعراض نحو قوله تعالى: ﴿ فَرَجَعَ مُوسَىٰٓ إِلَىٰ

﴿ قَوْمِهِۦ غَضْبَٰنَ أَسِفًا ﴾ [طه: 86] فصفة " أسف " ليست سجية في موسي علي الدوام ، وإنما عرض لما أثاره صنع قومه .

ويأتي بناء " أَفْعَل " للدلالة علي الألوان مثل : أَحْمَر ، أَسْود ، أزرق ، وللدلالة علي العيوب نحو : أعمي ، أجهر ، أعور ، أحول ، أجدع . أو للدلالة علي الحسن الظاهر ، نحو : أهيف ، أكحل ، أغيد ، أصبح ، أملح ، وهذا الوزن يدل علي الثبوت والاستمرار .

ويأتي بناء " فَعْلان " للدلالة علي الامتلاء ، والخلو نحو ريان ، وعطشان . ويأتي للمبالغة في الوصف نحو : الرحمن ، فهي أبلغ من الرحيم ، فالأولي تخص اللـه وحده والثانية يوصف بها اللـه تعالى ، ويوصف بها من عباده من كان رحيماً ، والأولي - الرحمن - تزيد في مبناها عن الرحيم ، والزيادة في البناء لزيادة المعني . (1) وغضبان أبلغ من غضب ، لأن الأولي تعني الممتلئ غضباً مثل ﴿ فَرَجَعَ مُوسَىٰٓ إِلَىٰ قَوْمِهِۦ غَضْبَٰنَ أَسِفًا ﴾ [طه: 86] ، فقد اشتد غضبه علي قومه عندما اتخذوا العجل إلهاً في غيابه عنهم ، فغضبان توحي بشدة الهيجان والثورة ، وكل من كان من الأوصاف أبعد من بنيه الفعل فهو أبلغ ؛ لأن (الرحمن) أبلغ من الرحيم ؛ لأنا نقول : رحم فهو راحم ورحيم ، ونقول : قدر فهو قادر وقدير . (2) فالوصف بالرحمن مبالغة في كثرة الرحمة .

وهذا البناء لا يلزمه الثبوت والاستمرار ، ويستدل علي هذا بوصف عطشان ، جوعان ، ريان ، فهذه أعراض لا تستقر أو أمور تحصل وتزول ، فالرحمن أبلغ من رحيم ، ولكن الرحيم تفيد الثبوت ، فجمع اللـه تعالى لذاته الوصفين ، فهو أرحم الراحمين . (3)

ويأتي بناء "فَعِيل" للدلالة علي الثبوت مما هو خلقه أو مكتسب أو خصال ، فالدلالة علي الخلقة مثل : طويل ، قصير ، قبيح ، جميل ، وسيم ، وللدلالة علي الخلق مثل: حكيم ، رزين ، زميم ، لئيم ، وللدلالة علي المنزلة : شريف ، وضيع ، مهين ، كبير ، صغير .

---

(1) ارجع إلي الكشاف للزمخشري ط مكتبة مصر جـ1/14، 15 .

(2) الصاحبي ، ص 54

(3) ارجع إلي معاني الأبنية ص 12 : 14

ويلاحظ أن الصفات التي تأتي علي هذا الوزن تدل علي الثبوت أو الاستمرار ، ومثال هذا أسيف ، وأسف ، جاء عن السيدة عائشة في وصف أبي بكر رضي الله عنه عندما استخلفه النبي صلي الله عليه وسلم في إمامه المسلمين في الصلاة فقالت : " إن أبا بكر رجل أسيف " أي: حزين ، لكثرة بكائه في الصلاة ، فقد كان هذا شأنه دائماً مع الله تعالى وخاصة في الصلاة ، فأسيف ليست عرضاً بل سجية فيه ، وهي بخلاف أسف في قوله تعالى: ﴿ فَرَجَعَ مُوسَىٰٓ إِلَىٰ قَوْمِهِۦ غَضْبَٰنَ أَسِفًا ﴾ [طه: 86] فقد كان هذا عرضاً غير ملازم له ، ونظيرة نشيط ونشط ، فالأولي طبيعة أو سجية ، والثانية عرض لا تلزم حال الموصوف دائماً ، فهو نشيط في عمله دائماً بخلاف نشط أحياناً. ونظيرها عسير وعسر ، فالعسير ملازم العسر ، فالعذاب العسير هو الدائم ، وهذا يؤكد أن وزن فعيل يدل علي الثبوت والاستمرار ، وهذا أهم ما يميزه . (1)

وقد يعدل المتكلم بفُعَال عن " فَعِيل " للمبالغة في الوصف نحو طويل وطُوال ، وكبير وكُبَار ، وعريض ، وعُرَاض ، فإذا أفرط في الزيادة أتي بفُعَّال (بتضعيف العين) نحو: كُبَّار في قوله تعالى: ﴿ وَمَكَرُواْ مَكْرًا كُبَّارًا ﴿٢٢﴾ ﴾ [نوح: 22] .

وقال تعالى في شأن شدة استنكار المشركين لعقيدة توحيد الله تعالى الخالق: ﴿ أَجَعَلَ ٱلْءَالِهَةَ إِلَٰهًا وَٰحِدًا ۖ إِنَّ هَٰذَا لَشَىْءٌ عُجَابٌ ﴿٥﴾ ﴾ [ص: 5] ، وهي أبلغ من عجيب في قوله تعالى : ﴿ بَلْ عَجِبُوٓاْ أَن جَآءَهُم مُّنذِرٌ مِّنْهُمْ فَقَالَ ٱلْكَٰفِرُونَ هَٰذَا شَىْءٌ عَجِيبٌ ﴿٢﴾ ﴾ [ق: 2] لأن درجة استنكار المشركين نبوة النبي صلي الله عليه وسلم دون درجة استنكارهم عقيدة التوحيد التي دعاهم إليها ، وقد دل علي هذا همزة الاستفهام في (أجعل) التي تفيد الإنكار ، والتأكيد بإن ، واللام في (إن هذا لشيء عجاب). ذلك أن الوثنية قد فشت فيهم ، وتمكن الشرك من قلوبهم دهراً طويلاً ، فأنكروا ما عداه ، وسبق أن ذكرنا أن الزيادة في المباني تأتي للزيادة في المعاني ، ومن هذا " فَعِيل " و"فُعَال" ، و "فعَّال" (بتضعيف العين) : فالأولي تدل علي ثبوت الوصف واستمراره في الموصوف ، والثانية للمبالغة في المعني

---

(1) ارجع إلي معاني الأبنية ص 98 .

الأول ، والثالثة إمعان في المبالغة وزيادة فيها ، نحو: "طُوال" أبلغ من طويل ، وإذا أردت زيادة المبالغة شددت العين فقلت طوَّال . ونظيرها : كريم في رجل كريم ، وكُرام ، وكرّام بمعني واحد والزيادة فيها لزيادة المبالغة ، فتزداد دلالتها بالزيادة في مبناها ، فكُرام بالتخفيف أبلغ في الوصف من كريم ، وكرّام بالتشديد أبلغ من كُرَام . (1)

وقد أقر الفخر الرازي هذا في تفسير قوله تعالى : ﴿ وَمَكَرُوا مَكْرًا كُبَّارًا ﴿٢٢﴾ ﴾ [نوح: 22] فقال : وهو مبالغة في الكبير ، فأول المراتب الكبير والأوسط الكُبَار بالتخفيف ، والنهاية الكُبّار بالتثقيل ونظيره جميل وجُمَال وجُمَّال وعظيم ، وعُظَام وعُظّام ، وطويل وطُوال وطُوَّال " . (2)

ويعدل عن "فعيل" إلي "فُعَال" لتكثير المعني مثل : طُوَال أبلغ من طويل ، وعُراض أبلغ من عريض ، وكذلك خُفاف من خفيف ، وقُلال من قليل ، وسُراع من سريع . (3)

والأصل في الوصف " فعيل " فهي الأكثر اطراداً في الوصف " ففعال - لعمري - وإن كانت أخت فعيل في باب الصفة ، فإن فعيلاً أخص بالباب من فُعَال ، ألا تراه أشد انقياداً منه فإن فعيلاً أخص بالباب من فعال ، ألا تراه أشد انقياداً منه ، تقول : جميل ، ولا تقول جُمَال ، وبطيء ولا تقول بُطَاء . وشديد ، ولا تقول : شُداد ، ولحم غريض ولا يقال غُراض ، فلما كانت فعيل هي الباب المطرد ، وأيدت المبالغة عدلت إلي فُعَال . فضارعت فُعَال بذلك فُعَالاً ، والمعني الجامع بينهما خروج كل واحد منهما عن أصله أما فُعّال فبالزيادة ، وأما فُعّال بالانحراف به عن فعيل " (4) .

ولها دلالات أخرى قال الثعالبي : " وتكون الأدواء علي فُعَال : " كالصداع والزكام ، والسعال ، والخناق ، والكُباد ، والأصوات أكثرها علي هذا كالصُراخ والنباح والضباح ،

---

(1) ارجع إلي معاني الأبنية في اللغة العربية ص 99 .

(2) فخر الدين الرازي : التفسير الكبير ، المطبعة البهية مصر جـ 142/30

(3) الخصائص 267/3 ، 268 .

(4) نفسه

الثغاء ، والثغاء والخوار ، وفصل آخر منها علي فعيل كالضجيج ، والهدير والصهيل والنهيق ، والزئير ، والنعيق ، والنعيب ، والخرير ، والصرير " (1) .

ومثل هذا تذكير صفة المؤنث ، في مثل : امرأة صبور وغدور ، فالأصل في صفة المؤنث التأنيث ، ولكن العرب خرجوا عن هذا الأصل حين أرادوا المبالغة في معني الصفة ، يقول ابن جني : " ... ولأجل ذلك ما قالوا : امرأة صابرة وغادرة ، فالحقوا علم التأنيث ، فإذا تناهوا في ذلك قالوا : صبور ، وغدور فذكرا " (2) .

ويعدل عن صيغة فعيل إلي فُعّال للمبالغة في الدلالة ، ومن ذلك " قولهم رجل جميل ووضيء ، فإذا أرادوا المبالغة في ذلك قالوا وُضّاء وجُمّال ، فزادوا في اللفظ هذه الزيادة لزيادة معناه .

" فالزيادة في تضعيف العين ، وإبدال فتحة الفاء ضمّة ، والضمة أقوي ، وإبدال الياء ألفاً الألف أقوي مداً ، هذه الزيادة في اللفظ جعلت صيغة (فُعّال) ، أقوي لفظاً ، وبالآتي أقوي معني " (3) .

ويعلل ابن جني سبب قوه دلالة صيغة فُعَّال للدلالة علي الكثرة ، يقول " فأما قولهم خُطّاف ، وإن كان اسماً ، فإنه لاحق بالصفة في إفادة معني الكثرة ، ألا تراه موضوعاً لكثرة الاختطاف به ، وكذلك سكين ، إنما هو موضوع لكثرة تسكين الذابح به ، وكذلك البَزّار والعطّار وكذلك سكّين إنما هو موضوع لكثرة تسكين الذابح به ، وكذلك البزّار والعطّار والقصار ، ونحو ذلك إنما هي لكثرة تعاطي هذه الأشياء . وإن لم تكن مأخوذة من الفعل ، وكذلك النُسّاف لهذا الطائر ، كأن قيل له ذلك لكثرة نسفه بجناحيه ، وكذلك الخضّارى للطائر أيضاً ، كأنه قيل له ذلك لكثرة خُضْرته ، والحوّاري لقوة حَوَره ، وهو بياضه ،

---

(1) فقه اللغة ص 255

(2) الخصائص 2 / 243

(3) نفسه 3/ 366

وكذلك الزُمّل والزمّال ، وإنما كُررت عينه لقوة حاجته إلي أن يكون تابعاً وزميلاً " [(1)] .

ونظير هذا زيادة الواو والتاء في فعلوت للتعظيم ، قال ابن جني : "الملكوت فَعَلوت ، زادوا الواو والتاء للمبالغة بزيادة اللفظ ، ولا يطلق الملكوت إلا علي الأمر العظيم ، ونظيره الجبروت والرغبوت والرهبوت ".[(2)]

وتضعيف اللام في مثل : "عُتلّ" ، و"خُرقّ" للمبالغة ، وقد تدل صيغة فعيل في المبني علي معني معني الفاعل في مثل: حكيم ، رحيم ، أي حاكم ، وراحم ، وتدل علي معني اسم المفعول في مثل : الشيطان الرجيم أي المرجوم ، ومثل : شاة ذبيح . أي مذبوحة ، وناقة بقير ، إذا شق بطنها . أي مبقورة ، ونظير هذا قوله تعالى: ﴿ فَجَعَلْنَٰهَا حَصِيدًا كَأَن لَّمْ تَغْنَ بِٱلْأَمْسِ ﴾ [يونس: 25] . أقيم فعيل مقام مفعول ؛ لأنه أبلغ منه ، ولهذا لا يقال لمن جرح في أنملته جريح ، ويقال له مجروح " [(3)] .

ذلك أن مفعولاً يقبل معناه الشدة والضعف ، ولكن معني الحدث في "فعيل" أشد ، ولهذا يعدل عن صيغة "مفعول" إلي صيغة فعيل للمبالغة مثل ، الحميد التي هي أبلغ من المحمود ؛ لأن حميداً بمعني محمود أبلغ من الوصف بمجرد ، فحميد هو من حصل له من صفات الحمد أكملها وقيل هي بمعني الحامد ، أي يحمد أفعال عباده [(4)] .

وتوجد في العربية صفات تدل علي معني اسم المفعول مثل : "فعيل" : في مثل : جريح ، وقتيل، " ينوب فعيل عن مفعول في الدلالة علي معناه نحو: مررت برجل جريح ، وامرأة جريح ، وفتاة كحيل ، وامرأة قتيل "، فناب جريح وكحيل وقتيل عن مجروح ومكحول ، ومقتول " [(5)] ، واستوي فيه المذكر والمؤنث .

---

(1) الخصائص 267/3

(2) ابن جني : المحتسب 62/2

(3) ارجع إلي شرح شذور الذهب 102

(4) الكليات ، مؤسسة الرسالة ص 366

(5) نفسه 3/ 366

وتدل "فعيل" أحياناً على أن الوصف سجية في الموصوف أو ثابت فيه مثل : حميد التي تعطي في المعني محموداً ، ولكن حميداً أبلغ في الدلالة من محمود ، لأن حميداً تدل علي ثبوت صفة الحمد في الموصوف ، وكذلك " الرجيم " أي المرجوم ، فالوصف برجيم يعني الذي يستحق أن يرجم علي وجه الثبوت [1] ، مصداقاً لقول اللـه تعالى في الشيطان الرجيم : ﴿ وَإِنَّ عَلَيْكَ ٱللَّعْنَةَ إِلَىٰ يَوْمِ ٱلدِّينِ ﴿٣٥﴾ ﴾ [الحجر: 35] ، ولهذا وصف بالرجيم واللـه أعلم .

وتدل صيغة "فِعْل" علي معني اسم المفعول مثل : بِدع أي مبتدع ، وطِحْن بمعني مطحون ، ورِعْي بمعني مرعي ، وطِرْح بمعني مطروح .

وتدل صيغة " فَعَل " بالفتح علي معني اسم المفعول في مثل : السَّلَب بمعني المسلوب، النقض بمعني المنقوض ، ويقال للورق المخبوط خَبط ، وللإبل المهملة : إبل هَمَل . وتدل صيغة " فُعْل " بالضم ثم السكون علي معني اسم المفعول في مثل الخُبْز بمعني المخبوز ، والطُعام بمعني المطعوم ، ومثال ذلك أيضاً " نُكْر " في قوله تعالى : ﴿ لَّقَدْ جِئْتَ شَيْـًٔا نُّكْرًا ﴿٧٤﴾ ﴾ [الكهف: 74] أي: منكر .

وتدل "فُعْلة" بالضم فالسكون علي اسم المفعول ، مثل : رجل لُعْنة للذي يلعن كثيراً ، ونظيرها سُبَّة للذي يُسب ، وهو يفيد المبالغة ، ونظيرها : صُرْعة أي يُصرع كثيراً ، وضُحْكة للذي يضحك منه الناس ، فهذه الأمثلة بمعني اسم المفعول : ملعون ، مسبوب ، مصروع ، مضحوك منه ، ويفيد بناء فُعْلة معني الدلالة علي القدْر أو الكمية ، أو الحجم في بعض الأبنية ، مثل : غُرْفة ، وهي مقدار ملء الراحة من الماء ، والخُطْوة مقدار ما بين القدمين ، واللقْمة مقدار ما يوضع في الفم من الطعام [2].

وتدل " فُعُل " علي معني اسم المفعول في : نُكُر بمعني منكر شديد النكارة قال تعالى : ﴿ يَوْمَ يَدْعُ ٱلدَّاعِ إِلَىٰ شَيْءٍ نُّكُرٍ ﴿٦﴾ ﴾ [القمر: 6] : منكر فظيع تنكره النفوس ، لأنها لم

(1) معاني الابنية في اللغة العربية ص 60 ، 61

(2) أرجع إلي معاني الأبنية ص 68 .

تعهد بمثله ، وهو هول يوم القيامة [1] ، ونظيرها صيغة فعول بفتح فضم ، مثل رسول بمعني مُرْسل ، ومثلها ذَلُول في : ناقة ذلول ركوب . ونظيرها صيغة ، "فُعَال" بالضم ، فالفتح ، مثل : جُذاذ ، حُطَام أي مجذوذ ، محطوم . ونظيرها : "فُعَالة" ، مثل نُخَالة أي منخول ، فضالة ، وقراضة . ونظيرها : " فِعَال " ، مثل : خِضَاب بمعني مخضوب ، ولِبَاس بمعني ملبوس . ونظيرها أُفْعُوَلة ، مثل : أطروحة : وهي المسألة تطرحها ، وأعجوبة ، وأُلْعُوبة وغير ذلك من الصيغ التي تدل على اسم المفعول ، وتأتي للمبالغة في المعني [2] .

وهنالك بعض الصفات المسموعة غير مقيس عليها نحو حُرّ ، صُلب ، وهي تدل علي الثبوت .

وفَعْل نحو : فَخْم ، وضَخْم ، وهي تدل علي الثبوت في الهيئات .

وفَعَل نحو : حَسَن ، وبَطَل ، وخَطَل ، وهي للدلالة علي المعنويات .

"وفَعَال " نحو : جَبَان ، وجَوَاد ، رَزَان ، وهي للدلالة علي السجايا والأعراض أيضاً ، ومثلها فاعل نحو: طاهر ، ظافر ، حاضر .

وبعض هذه الصفات يدل على بعض معان المشتقات الأخرى ، وقد بينا ذلك ، وبعضها يدخل في أبنية المبالغة .

---

(1) الكشاف (للزمخشري) م308/4 ط مكتبة مصر .

(2) ارجع إلي معاني الأبنية ص70، 71، وقد توسع المؤلف في شرح معاني تلك الأبنية .

دلالة أبنية المبالغة

وهي مشتقة للدلالة على الوصف والمبالغة فيه ، ونذكر منها فعَّال ، مِفْعَال ، فَعُول ، وفَعِل ، وتشترك هذه الأبنية في دلالة واحدة ، وهي المبالغة ، ولكن بدلالات مختلفة لمناسبة سياق المعني الذي يتطلب درجات من التعبير متباينة ، وإلا لم تختلف أوزان هذه الأبنية ، فمحال أن تختلف الأبنية والمعني واحد ، فمعاني تلك الأبنية تتميز باختلاف الصيغ للدلالة علي معاني خاصة في كل موضع تأتي فيه ، وإلا جاز الاستغناء عنها جميعها ببناء واحد ، واختلاف الصيغ يدل علي اختلاف معاني المبالغة ودرجاتها ، ولهذا زاد في البناء لزيادة المعني ، ونوضح ذلك فيما يلي :

أ- صيغة " **فعّال**" تعد من أقوي صيغ المبالغة للدلالة علي الشيء الذي يتكرر فعله أو الشيء الملازم لصاحبه حتي صار حرفة فلازمه في الوصف ، والدلالة علي لزوم الوصف وتكراره يأتي في مثل : كَذَّاب ، كفَّار ، غفَّار ، قَهَّار .

ويأتي وزن " فَعَّال " للدلالة علي صناعة أو حرفة يتقنها صاحبها ويداوم عليها ، مثل : نجّار ، حَفَّار ، ثَوَّاب ، عَطَّار ، وخَيَّاط ، وبَقَّال . فالصَّبَّاغ هو صاحب حرفة الصباغة ، وكذلك النقاش ، والنساج ، فالعرب تنسب إلي الحرف والصبغة بصيغة فعال ، وتقتضي هذه الصيغة المداومة وملازمة من يوصف بها .

وقد جاء في القرآن الكريم ما يدل على هذا ، مثل قوله تعالى: ﴿ وَإِنِّي لَغَفَّارٌ لِّمَن تَابَ ﴾ [طه: 82] ، وقوله تعالى : ﴿ إِنَّهُۥ كَانَ غَفَّارًا ﴿١٠﴾ ﴾ [نوح: 10] . أي دائم المغْفرة ومستمر على ذلك ، وهذا الوصف ملازم له ، ومتجدد فيه ، ومثلها ﴿ إِنَّ ٱلْإِنسَٰنَ لَظَلُومٌ كَفَّارٌ ﴿٣٤﴾ ﴾ [إبراهيم: 34] . أي مستمر على ذلك في غالب أمره ، ومثلها : ﴿ وَلَآ أُقْسِمُ بِٱلنَّفْسِ ٱللَّوَّامَةِ ﴿٢﴾ ﴾ [القيامة: 2] أي تكرر اللوم فيما تأثم فيه . فلوامة ينبئ عن التكرار والإعادة . فاللوام ، والتواب ، والأوّاب الكثير الرجوع إلى اللـه ، فيكثر من ذلك ، ويداوم عليه .

ب- صيغة " **مفْعَال** " ، وهي لمن اعتاد الفعل أو دام منه حتى جري على عادته ، مثل:

رجل مهذار ، ومطلاق ، ومزواج، إذا كان مديماً للهذر ، والطلاق ، والزواج ، فصيغة مفعال تأتي في العادات التي يستكثر منها ، فنصف المرأة التي تلد الذكور فقط بأنها مذكار ، والتي تلد الإناث فقط مئناث [1] .

جـ- وتدل صيغة " **مِفْعَال** " على الآلة أيضاً ، أو استعير للدلالة على الآلة التي يستكثر عملها للمبالغة مثل : مِنْشَار ، مِزْمَار ، مِحْرَاث ، مِفْتَاح ، أصبح مِفْعَال لمن صار له كالآلة.

د- وتدل صيغة " **مِفْعِيل** " أيضاً على من دام منه الفعل أو اعتاده ، ويستكثر منه مثل : المسكين ، أي دائم السكون إلى الناس والحاجة إليهم ، وكذلك "مسكير" أي دائم السكر ، ورأي بعض أهل اللغة أن " مِفْعِيلاً " أصله " مِفْعَال " غير أن العرب نحو به منحي الإمالة التامة المؤدية إلى الإبدال كالمعطير للمعطار .

هـ- صيغة "**مِفْعَل** " تدل هي الأخري على الآلة ، فاستعير لها في مثل : مِخْيَطَ ، مِخْرَز ، مِكْتَل ، ومِبْرَد ، وأتت لمعني المبالغة في مثل : مِقْوَل ، ومِصْقَع ، وتقول العرب : "فلان مِسْعَر حرب" ، "ورجل مِحْرَب" كأنه آلة في الحرب . أي سعر الحرب ، وكأنه آله حرب ، فشُبه الإنسان بالآلة للمبالغة ، واستعار العرب وزن "مِفْعَل" للمبالغة ، مثلما استعاروا وزن "مِفْعَال" .

و- صيغة " **فَعُول** " تدل على من دام منه الفعل أو أكثر منه أو قوى عليه ، ويري بعض العلماء أنه منقول من أسماء الذوات ، التي يفعل بها ، مثل : وَضُوء ، وَقُود ، سَحُور ، غَسُول ، فالوضوء لما يتوضأ به ، وكذلك الوَقُود ما توقد به النار ، وكذلك السّحُور والغَسُول .

وكذلك تأتي عليه أسماء الأدوية نحو : الفَسُوق ، والشَّفُوق ، والَّلعُوق . ويأتي للمبالغة في الصفات نحو : صَبُور ، شَكُور ، غَفُور ، ويوصف به المذكر والمؤنث ، فلا يؤنث ، ولا **يجمع** جمعاً مذكراً سالماً مراعاة للأصل الذي نقل عنه ، وهو أسماء الذوات ،

---

(1) ارجع إلى معاني الأبنية في اللغة العربية ص 110 .

كالصبْر ، والشَّكْر ، والمغْفِرة [1] .

ز- وصيغة " **فاعول** " ، وهو وزن ليس أصلاً في المبالغة ، فهو من أبنية أسماء الآلة ، ويستعمل فيها كثيراً ، كالساطور ، والناعور ، والناقور ، والناقوس ، ويوصف به للمبالغة في مثل : هو بَالُوعة . أي كثير البلع .

ح- ووزن " **فَعِل** " لمن صار له كالعادة ، مثل حَذِر ، وَجِل ، وهو منقول من أبنية الصفة المشبهة .

ط- ووزن " **فَعِيل** " : لمن صار له كالطبيعة ، وهو أيضاً منقول من أبنية الصفة المشبهة أو بمنزلتها نحو : طويل ، قصير ، خطيب ، ويأتي للمبالغة في حصول الأمر وتكراره فصار سجية في صاحبه مثل : عليم لمن كثر نظره في العلم ومعرفته به ، فعرف به كالطبيعة فيه .

ي- وقد يعدل عن بناء " **فعيل** " إلى "فُعَال" للمبالغة فيه والزيادة في الدلالة نحو : طويل ، طُوال ، وجميل : جُمَال ، وقد سبق تبيين هذا .

ق- " **فِعِّيل** " يستعمل للمولع بالفعل ، فيديم العمل به أو يكون له عادة ، مثل "صِدِّيق" . لمن تكون عادة الصدق . وكذلك "سِكِّير" لمن يداوم على الشراب أو السكر أو المولع به ، وكذلك "الشِّرِّيب" ، وهو المنهمك بالشراب المحظور [2] .

ل- وتتحقق المبالغة أيضاً بزيادة التاء على بعض الصفات ، فتكون للمبالغة ، وذلك بزيادة على أسماء الفاعلين نحو : راوية ، حاكية ، وتزاد أيضاً على صيغ المبالغة نحو : عَلاَّمة ، نَسَّابة ، هُمَزة ، فَرُوقة .

فالرواية هو كثير الرواية ، والنسّابة هو الملم بالأنساب ، والتاء تدل على أن الموصوف يقوم مقام جماعة علماء ، لتعني المتناهي في هذا الوصف ، فالعلامة من اعتلى علم غيره .

فالتاء للدلالة على المبالغة في الوصف مثل : رجل علامة ، وامرأة علامة ، رجل نسابة

---

(1) معاني الأبنية ص 116 .

(2) معاني الأبنية ص 118 ، 119 .

وامرأة نسابة ، ورجل فهامة ، وامرأة فهامة . ورجل همزة لمزة ، وامرأة همزة لمزة ، ورجل صرورة وفروقة وامرأة صرورة وفروقة . والتاء في هذا الموضع ليست للتأنيث في وصف المرأة في مثل: امرأة فروقة أو نسابة ؛ لأن وصف المؤنث في هذا الموضع بالتذكير ، نقول : امرأة فروق ، نساب ، وهي على هذا الوصف بالمخالفة للمبالغة أيضاً كما سبق . ويبين ابن جني دلالة الهاء ، فيقول : وذلك أن الهاء (التاء) في نحو ذلك ، لم تلحق التأنيث الموصوف بما هي فيه ، وإنما لحقت لإعلام السامع أن هذا الموصوف بما هي فيه ، وإنما لحقت لإعلام السامع أن هذا الموصوف بما هي فيه وقد بلغ الغاية والنهاية ، فجعل تأنيث الصفة أمارة لما أريد من تأنيث الغاية والمبالغة ، وسواء كان ذلك الموصوف بتلك الصفة مذكراً أم مؤنثاً ، يدل على ذلك أن الهاء لو كانت في امرأة فروقة إنما لحقت ؛ لأن المرأة مؤنثة لوجب أن تحذف في المذكر ، فيقال رجل فروق كما أن التاء ، نحو : امرأة قائمة وظريفة لما لحقت لتأنيث الموصوف حذفت مع تذكير في نحو : رجل ظريف وقائم وكريم [(1)] .

دلالة اسم التفضيل (أفعل)

الاسم المصوغ من المصدر للدلالة على أن شيئين اشتركا في صفة ، وزاد أحدهما على الآخر في تلك الصفة . وله باعتبار المعني ثلاث حالات :

الأولي: الدلالة على شيئين اشتركا في صفة ، وزاد أحدهما على الآخر فيها نحو قوله تعالى: ﴿ أَنَا۠ أَكۡثَرُ مِنكَ مَالٗا وَأَعَزُّ نَفَرٗا ﴾ [الكهف: 34].

الثانية : أن يراد به ثبات الوصف لمحلة من غير نظر إلى تفضيل ، كقولهم "الناقص والأشج أعدلا بني مروان" أي هما العادلان ، ولا عدل في غيرهما ، ويجب المطابقة في مثل هذه الحالة [(2)] .

---

(1) الخصائص 201/2 .

(2) الحملاوي ، شذا العرف ، طبعة المكتبة العلمية ص 81 . والخليفة الناقص هو يزيد بن الوليد ، سمي بذلك لنقصه أرزاق الجند ، والأشج هو عمر بن عبد العزيز لشج في رأسه .

الثالثة : أن يراد به أن شيئاً زاد في صفة نفسه على شيء آخر في صفته ، فلا يكون بينهما وصف مشترك ، كقولهم : العسل أحلي من الخل ، الصيف أحر من الشتاء ، والمعني : أن العسل زائد في حلاوته على الخل في حموضته ، والصيف زائد في حره ، على الشتاء في برده .[1]

وتستخدم أفعل للدلالة على معان أخري ، مثل صفات الألوان ، والعيوب والمحاسن : " وما كان على أفعل دل على صفات بالألوان نحو أبيض وأحمر وأسود وأصفر وأخضر ، وكذلك العيوب تكون على أفعل نحو أزرق وأحول وأعور وأقرع وأقطع وأعرج وأخيف " .[2] والمحاسن نحو أعلم ، أفقه ، أعظم .

ويأتي أفعل التفضيل في الكلام مجرداً من الإضافة أو مضافاً ، أو معرفاً بالألف واللام ، فإن كان مجرداً اتصلت به "من" لفظاً ، أو تقديراً مثل: ﴿ أَنَا أَكْثَرُ مِنكَ مَالاً وَأَعَزُّ نَفَراً ﴾ [الكهف: 34] أي : أعز منك نفراً . ولا تصحب "من" "أفعل" إن كانت معرفة بالألف واللام، فلا يجوز قولك : زيد الأفضل من عمرو .

ويلزم "أفعل" التفضيل المجرد الإفراد والتذكير ، مثل : "الزيدون أفضل من عمرو" . و"البنات أفضل من عمرو" . وإذا كان أفعل التفضيل معرفاً بأل لزمت مطابقته لما قبله في الإفراد والتذكير وغيرهما : "الزيدون الأفضلون" ، و"الهندات الفضليات" . وهو الفصيح في كلام العرب .

ويعطي "أفعل" التفضيل معنى فعل بمعناه ، ويصلح أن يقع موقعة في الكلام ، ولهذا يرفع "أفعل" اسماً ظاهراً إن صح وقوع فعل بمعناه موقعه صح أن يرفع ظاهراً مثل : "ما رأيت رجلاً أحسن في عينه الكحلُ منه في عين زيد" فالكحل مرفوع بأحسن لصحة وقوع فعل بمعناه .

---

(1) نفسه .

(2) فقه اللغة ص 255 .

ومثله حديث : " ما من أيام العمل الصالح فيها أفضل منه في هذه "[1] ويقدر المضمر في مثل " زيد أفضل من عمرو " أي أفضل هو من عمرو . ولا يجوز إظهار المرفوع لعدم صحة وقوع فعل بمعناه فلا يجوز مررت برجل أفضل منه أبوه " ، فترفع " أبوه " ب " أفضل " وهذا ضعيف في العربية .

ويعطي التفضيل دلالة ثبوت المزيه للأول على المتفاضلين واحداً واحداً أو اثنين اثنين أو جماعة جماعة ، مثل : هو أفضل رجل ، وهي أفضل امرأة ، وهما أفضل رجلين أو امرأتين ، وهم أفضل رجال ، وهن أفضل نسوة . فالأول يزيد على الثاني في التفضيل[2] .

وقد تأتي "أفعل" لا يراد به التفضيل مثل جرى له طائر أشأم ، وقال الفرزدق:

إن الذي سمك السماء بنى لنا بيتًا دعائمه أعز وأطْوَلُ

أي : عزيزة طويلة . وجاء في القرآن الكريم (وهو أهون عليه) [الروم: 27][3] وقيل: أهون : هيِّن مثل: أكبر: كبير في وصف الـلـه تعالى، وقيل: هو أهون على الخلق من الإنشاء[4] .

اسم الآلة :

ويراد به الاسم الذي أطلق على أداة الآلة وهو وصف لها ، ويدل على الأداة التي يعالج بها ، ويختلف معناها باختلاف البناء ، مثل : السُّكان والسكين من مادة سكن ، فالسكان ذنب السفينة الذي يوجهها (الدَّفة) ، والسكان يعني أيضاً ما تسكن به السفينة أي تمنع به من الحركة والاضطراب ، والسكين : المدية التي يذبح بها ، وهي معروفة : وهي من "فعيل "السكين فعيل من ذبحت الشيء حتى سكن اضطرابه ؛ وقال : الأزهري : سميت سكيناً ؛

---

(1) الحديث رواه البخاري في صحيحه ، وذكره النووي في شرح مسلم باب صوم عشر ذي الحجة . وأشار إلى أن « هذه » يعني العشر الأوائل من ذي الحجة .

(2) تسهيل الفوائد وتكميل المقاصد لابن مالك 134

(3) فقه اللغة ص 265

(4) تفسير النسفي، دار الكتاب العربي، بيروت، جـ270/3.

لأنها تسكن الذبيحة أي تسكنها بالموت " [1] . ومثل : الخاطوف ، والخطاف : الخاطوف شبيه بالمنجل يشد في حبالة الصائد يختطف الظبي ، والخطاف : حديدة تكون في الرحل تعلق فيها الأداة ، والعجلة ، وكل حديدة حجناء خطاف ، ومثل : المنقار ، والمنقر ، والناقور ، فالمنقار مِنْسر الطائر ؛ لأنه ينقر به ، أو هو حديدة كالفأس ينقر بها ، والمنقر بكسر الميم المعول ، والناقور : هو الصور الذي ينفخ فيه الملك ﴿ فَإِذَا نُقِرَ فِي ٱلنَّاقُورِ ۝٨ ﴾ [المدثر: 8] [2] .

وتدل أبنية مِفْعَل ، ومِفْعَال ، ومِفْعَلَة على الأداة من دون قيد أو زيادة في المعنى نحو : مِبْرَد ، مِفْتَاح ، مِكْنَسة ، وهي الأبنية القياسية عند الصرفيين ، وما دون هذه الأبنية الثلاثة أسماء آلة .

وتدل أبنية فَعّال ، وفعالة ، وُفعّال ، وفِعّيل ، وفعُّول ، وكل ما فيه التضعيف على معني التكثير في الآلة والمبالغة ، مثل: قَذّاف (المدفع أو المنجنيق)، وكُلاّب (أو كَلاّب) والخُطّاف ، وسِكّين ، وهي للمبالغة ، لأنها تسكن الذبيحة حتى الموت ، ولكثرة تسكين الذابح بها ، وهذه الأبنية تفيد التكثير والمبالغة في الفعل .

وتدل " فِعَال " و " فِعَالة " على الاشتمال غالباً نحو : حِزَام ، خِمَار ، عِمَامة ، كِنَانة ، فالحِزَام يشتمل على الجسم ويلفه ، والخمار يشتمل على الرأس ويغطيه ، والعمامة كذلك ، والكِنَانة تحتوي ما فيها وهو السيف أو السهام .

ويفيد بناء " فاعول " ، و "فاعولة " المبالغة في القيام بالفعل أو في وصف الآلة نفسها نحو : الناعور ، والساطور ، والناقور ، والطاحونة ، والبالوعة ، والبالوعة من أبنية المكان ، وهي التي تكثر البلع . [3] واسم الآلة يأتي من ثلاثة أوزان قياسية هي : مِفْعَال : منشار ، ومِفْعَل : مِبْرَد ، ومِفْعَلة : مِكنسة . وما دون ذلك فهو سماع نحو : مُنْخُل ، ومُدُق ،

(1) لسان العرب : سكن .

(2) لسان العرب ماد نقر .

(3) ارجع إلى معاني الأبنية ص 128 .

ومنبر، وغير ذلك، ومن الحديث وزن فَعَّالة نحو : غسالة ، براية .

دلالة الجمع

وهو ما زاد على ثلاثة فما فوقها ، وينقسم على نوعين : جمع مذكر سالم ، وهو ما زيد على مفردة واو ونون أو ياء ونون ، وجمع التكسير وهو ما اختلف لفظ مفرده ، أو كل جمع تغير فيه لفظ المفرد ، وسمي جمع تكسير ، لأن لفظ الواحد تكسر فيه .

وجمع التكسير يفيد الكثرة ، وهو أبلغ في المعني من جمع المذكر السالم . والخلاف في دلالة أبنية جمع التكسير ودلالتها ، فقد قسم علماء النحو جموع التكسير على جموع قلة وجموع كثرة ، وجموع القلة ما كان من الثلاثة إلى العشرة ، فإن زاد على العشرة فهو من جموع الكثرة ، مثل: آلاف ، وألوف ، آلاف جمع قلة قال تعالى: ﴿ بِثَلَٰثَةِ ءَالَٰفٍ مِّنَ ٱلْمَلَٰٓئِكَةِ ﴾ [آل عمران: 124] . وقوله : ﴿ بِخَمْسَةِ ءَالَٰفٍ مِّنَ ٱلْمَلَٰٓئِكَةِ ﴾ [آل عمران: 125] فلما زاد العدد عن عشرة جاء التمييز ألوفاً كما في قوله تعالى : ﴿ خَرَجُواْ مِن دِيَٰرِهِمْ وَهُمْ أُلُوفٌ ﴾ [البقرة: 243] . دل جمع ألوف على أنهم زادوا على عشرة آلاف ، فاستدل العلماء بذلك على أن جمع أفعال للقلة ، وجمع فعول للكثرة.[1] ، ومثال ذلك وزن " أفعل "، ووزن " فعال " ووزن "فعولة" ووزن "فعلة" ، قال تعالى : ﴿ وَٱلْبَحْرُ يَمُدُّهُۥ مِنۢ بَعْدِهِۦ سَبْعَةُ أَبْحُرٍ ﴾ [لقمان: 27] فأبحر للقلة ، وقال في الكثرة : ﴿ وَإِذَا ٱلْبِحَارُ سُجِّرَتْ ۝٦ ﴾ [التكوير: 6] فاستعمل البحار للدلالة على الكثرة ؛ لأنها بحار كثيرة . وكذلك "فتية" و"فتيان" ، فقد استخدم الأول تميزاً لأصحاب الكهف ؛ لأنهم لم يتجاوزوا عشرة: ﴿ إِنَّهُمْ فِتْيَةٌ ءَامَنُواْ بِرَبِّهِمْ ﴾ [الكهف: 13] .

وما زاد عن ذلك استخدم فيه "فتيان" قال تعالى : ﴿ وَقَالَ لِفِتْيَٰنِهِ ٱجْعَلُواْ بِضَٰعَتَهُمْ فِى رِحَالِهِمْ ﴾ [يوسف: 62] ، لأن عمال صاحب الأمر أكثر من عشرة ، فاستخدم الفتيان

---

(1) شرح ملحة الإعراب للحريري ، المكتبة العصرية ص 118. وأبنية القلة أربعة: أفعل نحو: أبحر ، وأفعال نحو: أثواب ، وفعول نحو : أسود ، وفعال نحو رجال .

للكثرة ، والـله أعلم . وجاء جمع "أشهر" فيما نزل عن عشرة نحو: ﴿ تَرَبُّصُ أَرْبَعَةِ أَشْهُرٍ ﴾ [البقرة: 226] و ﴿ ٱلْحَجُّ أَشْهُرٌ مَّعْلُومَٰتٌ ﴾ [البقرة: 197] فهم ثلاثة أشهر .﴿ فَسِيحُوا۟ فِى ٱلْأَرْضِ أَرْبَعَةَ أَشْهُرٍ ﴾ [التوبة: 2] . ﴿ فَإِذَا ٱنسَلَخَ ٱلْأَشْهُرُ ٱلْحُرُمُ ﴾ [التوبة: 5] .

واستخدم جمع شهور فيما زاد عن عشرة : ﴿ إِنَّ عِدَّةَ ٱلشُّهُورِ عِندَ ٱللَّهِ ٱثْنَا عَشَرَ شَهْرًا ﴾ [التوبة: 36] فاستعمل الشهور لما زاد على العشرة (1)

ودلت إخوة في القرآن الكريم على إخوة النسب ، مثل: ﴿ وَجَآءَ إِخْوَةُ يُوسُفَ ﴾ [يوسف: 58] . ، وجاء في شأن ميراث الإخوة :﴿ فَإِن كَانَ لَهُۥٓ إِخْوَةٌ ﴾ [النساء: 11] . ، وقد ألحق الـله تعالى الإخوة في الدين بإخوة النسب أو جعلها في منزلتها (من دون الميراث) ، فقال تعالى : ﴿ إِنَّمَا ٱلْمُؤْمِنُونَ إِخْوَةٌ ﴾ [الحجرات: 10] أي بمنزلة الإخوة في النسب .

ويستخدم جمع الإخوان للدلالة على قوة الصلة بين الإخوان في الدين ، أو العلاقة بين الأصدقاء والأخلاء ، فقد جاءت في القرآن الكريم بمعني الأصدقاء المتحابين في قوله تعالى في وصف العلاقة بين قطبي يثرب بعد الإسلام ، وهما الأوس والخزرج : ﴿ فَأَصْبَحْتُم بِنِعْمَتِهِۦٓ إِخْوَٰنًا ﴾ [آل عمران: 103] ، ويستخدم بمعني الأتباع والأصدقاء والعشيرة ، والقوم ، مثل: ﴿ وَإِخْوَٰنُ لُوطٍ ﴿١٣﴾ ﴾ [ق: 13] أي قوم والأصدقاء مثل: ﴿ وَنَزَعْنَا مَا فِى صُدُورِهِم مِّنْ غِلٍّ إِخْوَٰنًا ﴾ [الحجر: 47] . كما تأتي بمعني إخوة أي إخوة النسب في قال تعالى : ﴿ أَوْ بَنِىٓ إِخْوَٰنِهِنَّ ﴾ [النور: 31] . في شأن النساء مع ذوي الأرحام ، ومثلها : ﴿ وَلَآ أَبْنَآءِ إِخْوَٰنِهِنَّ ﴾ [الأحزاب: 55] .

ومثل : ﴿ سَبْعَ بَقَرَٰتٍ سِمَانٍ ﴾ [يوسف: 43] بقرات للقلة ، وللكثرة بقر : ﴿ إِنَّ ٱلْبَقَرَ تَشَٰبَهَ عَلَيْنَا ﴾ [البقرة: 70] ومثل : ﴿ وَسَبْعَ سُنۢبُلَٰتٍ ﴾ [يوسف: 43] ، فلما أراد التضعيف والتكثير استخدم سنابل: ﴿ كَمَثَلِ حَبَّةٍ أَنۢبَتَتْ سَبْعَ سَنَابِلَ فِى كُلِّ سُنۢبُلَةٍ مِّا۟ئَةُ

(1) الفراء : الأيام والليالي والشهور ، تحقيق الإبياري ، دار الكتب الإسلامية ، دار الكتاب المصري دار الكتاب اللبناني ط1400/2هـ 1980 ص 91 . وارجع إلى معاني الأبنية ص 137 . وشرح ملحة الإعراب ص 119.

حَبَّةٍۗ وَٱللَّهُ يُضَٰعِفُ لِمَن يَشَآءُ ﴾ [البقرة: 261] فسنبلات المراد منها عين العدد سبعة ، وسنابل في مقام التكثير والمضاعفة، فجاء سنابل لبيان التكثير . وهذا باب واسع فصله العلماء واجتهدوا فيه ، وهم مأجرون إن شاء الله .(1)

دلالة التصغير

التصغير هو تحويل الاسم المعرب إلى صيغة فُعَيل أو فُعَيْعِل أو فُعَيْعِيل . وعلامة التصغير : أن يضم أول الاسم ، ويزداد فيه ياء ثالثة ساكنة ، ويفتح ما قبلها ، ومعنى التصغير لغة : التقليل ، واصطلاحاً : تغيير مخصوص للأغراض الآتية :

- تحقير المصغر ، مثل : ذهبت الدنانير ، فما بقي إلا دُنَيْنِير واحد ، والدينار كامل الوزن . وكذلك : هلك القوم فما بقي منهم إلا أهل بييت ، والبيت المصغر لا نقص فيه ولا تغير . ومثل تحقير ما يتوهم أنه عظيم مثل : عُوَيْلِم (تصغير عالم) ، وشُوَيعْرِ (تصغير شاعر) ، ويعد التحقير أهم أغراض التصغير ، ولهذا أطلق بعض العلماء على التصغير اسم التحقير .

- ويكون التصغير على معني الذم مثل : يا فُوَيسق ، يا خُبَيِّث .

- ويكون على معني التحبب والرحمة والإشفاق والعطف نحو قول رجل لآخر : يا بُنيَ أو يأُخَيّ ، وللمرأة : يا أُخيّة. ومثال ذلك قول أبي زبيد في رثاء ابن أخته :(2)

يـا ابـن أمـي ويـا شُـقيِّقُ نفـسي ... أنـت خلّيتنـي لـدهر شـديد

- تقريب ما يتوهم أنه بعيد زمناً أو مسافة أو قدراً مثل : تصغير المحل على جهة التقريب له ، مثل : هذا فويق هذا ، وهو دوين الحائط ، وهو قبيل هذا أو بعيده .

- وقد يصغر الجمع للدلالة على القلة ، مثل تصغير الأفلس ، والأبحر على نحو: أُفَيْلِس ، وأُبَيْحِر .

---

(1) ارجع إلى معاني الأبنية ص 135 : 143 .

(2) اتفاق المباني وافتراق المعاني ص 145 .

- تصغير ما يتوهم أنه كبير مثل : جُبَيل ، ونُهَير ، قال أوس بن حجر (1) :

فويـق جُبَيـل شـامخ الـرأس لم تكـن لتبلغـه حتـى تكـل وتعمـلا

- وقد يكون التصغير للتعظيم (وهو رأي الكوفيين ، وقد خالفهم البصريون ، وقالوا إن التعظيم يتنافى مع التصغير) ونميل إلى ما ذهب إليه الكوفيون من دلالة التصغير على التعظيم مثل قول الحباب بن المنذر يوم السقيفة : "أنا جُذَيْلُها المُحَكَّك وعُذَيْقُها المرجَّب ، منا أمير ومنكم أمير" ، والجُذَيل تصغير جذل ، وهو عود ينصب للإبل تحتك به ، والعُذَيق : تصغير عِذْق : النخلة ، والمرجب ما يُبْتَنى إلى جوارها يدعمها لكيلا تسقط من جانبها المائل . وهو يريد أن رأيه يستشفى به ، وأنه رأي مدعم وصائب ، فقال : عذيق وجذيل على وجه المدح لا التحقير. (2)

دلالة الفعل

الفعل ما دل علي حدث مقيد بزمن ، (فالزمن عنصر أساس فى الفعل يميزه عن الاسم والحرف ، ولهذا قيل : الفعل ما دل على زمن) ، ويفيد التجدد والحدوث في زمن وقوعه . مثل : يقوم محمد . أفاد حدوث القيام بعد أن لم يكن ، فقد كان جالساً أو نائماً ، ودل الفعل علي الزمن ، وهو التجدد فهو يقوم ومازال في الحدث ، فالفعل المضارع يفيد الحال والاستقبال ، والماضي يفيد تمام وقوع الحدث في زمن انقضي ، وهو في زمن حدوثه في الماضي أفاد التجدد ، فالأفعال التي تحدث الآن في الحال والاستقبال ستصبح هي الأخرى ماضياً انقضي زمنه .

وقد أفاد حدوث الفعل تقيده بزمن الحدوث (ماض ، مضارع ، مستقبل) . يسمي هذا الزمن زمن الفعل . قال سيبويه : " ... أما الفعل ، فأمثلة أخذت من لفظ أحداث الأسماء ، وبنيت لما مضي ، وما يكون ولم يقع ، وما هو كائن لم ينقطع " . (3)

---

(1) نفسه ص 146 .

(2) غريب الحديث لابن الأثير 174/5 .

(3) كتاب سيبويه جـ 2/1

والأفعال المجردة تشارك في الدلالة فبناء " فَعُلَ " يأتي للدلالة علي غريزة أو طبيعة ، مثل : جَدُرَ بالأمر ، وخَطُرَ قدْرُه ، كما يأتي للمدح في مثل : قَضُو الرجلُ وعَلُمَ بمعني ما أقضاه وما أعلمه . وقد يدل علي سجية مثل : سَفُه (1) .

ويجي بناء "فَعِلَ" للدلالة علي النعوت الملازمة نحو زرب لسانه ، أو للدلالة علي عَرَض ، نحو : جَرِبَ ، عَرِج ، مَرِض، وقد يدل علي كبر عضو ، نحو : "رَقِبَ" بمعني كبر الرقبة ، "وجَبِهَ" بمعني كبر الجبهة ، و"عَجِزَ" بمعني كبر العجيزة (المؤخرة) .

ويجيء بناء " فَعَلَ " للدلالة علي الجمع مثل : جَمَعَ ، حَشَرَ ، أو للتقسيم نحو : بَذَرَ ، نَشَر ، قَسَم ، أو للدلالة علي المنع مثل : حَبسَ ، مَنَعَ ، أو الغلبة مثل : قهَرَ ، مَلَك ، أو للتحويل ، مثل : صَرف ، نقَل ، أو للتحول مثل : رَحَلَ، ذهب، أو للاستقرار مثل : سكن ، ثبت ، أو للستر نحو : حجب ، ويكون فَعَل بمعنيين متضادّين نحو : " بعت الشيء " و"بعته": اشتريته ، ودنوت الشيء : وشعبت الشيء : جمعته وفرّقته ، ويجيء مجرد الرباعي " فَعْلَلَ " علي الاتخاذ مثل : قَمْطرتُ الكتاب ، أي اتخذته قمطراً، أو للدلالة علي المشابهة مثل : عَلْقَمَ أي أشبه العلقم ، وحنظل أشبه الحنظل . وقد يأتي الاختصار المركب أو النحت للدلالة علي حكايته ، نحو : بسمل ، وسبحل ، وحمدل . وقد يأتي لغير ذلك (2) .

والأبنية المزيدة أكثر دلالة لما تحققه من زيادة في المعني ، فزيادة المبني تأتي لزيادة في المعني ، فهناك تناسب طردي بين الصيغة والدلالة ، فكلما زاد المبني قويت الدلالة . وقد استدل ابن جني علي ذلك بأمثلة مثل : خَشُنَ ، واخشوشن ، فمعني خَشُنَ دون معني اخشوشن ، لما فيه من تكرير العين ، وزيادة الواو ، ومثل : خلق ، واخلولق وغَدن واغدودن (3) .

---

(1) ارجع إلي : اتفاق المباني واختلاف المعاني ص 99

(2) ارجع إلي ابن عقيل 262/4 وارجع إلي الصاحبي ص 369 وص 372 . بسمل قال : بسم الله الرحمن الرحيم ، وسبحل : قال سبحان الله ، وحمدل : قال الحمد لله .

(3) الخصائص 264/3 . أطلق ابن جني علي الدلالة الصرفية ، اسم الدلالة الصناعية ، مثل : قام يدل علي مصدره بلفظه وعلي زمانه ببنائه ، واسم الفاعل : قائم ، وقاعد ، لفظه يفيد الحدث الذي هو القيام والقعود ، وصيغته وبناؤه يفيد صاحب الفعل ، ولكل صيغة صرفية دلالة وظيفية . =

ويقول القبيصي : "وأما " افعوعل " فإنه يجيء للمبالغة ، ولما يحصل شيئاً بعد شيء ـ أو جزءاً بعد جزء ، ثم تضاف الأجزاء بعضها إلي بعض كقولك : اخشوشن الشيء ، واعشوشب المكان ، واغدودن النبات إذا طال ، وكذلك الشعْر ، وكذلك احدودب الرجل" (1) .

وتكرار العين في مثل : (افعوعل ، وفعوعل ، ،فعيل ، وفعنعل) . ويعلل ابن جني اختيار العين في الفعل للتكرير لكونها الأقوى ، لتوسطها بين الفاء واللام ،ولأن اللام يصيبها الإعلال والحذف ، قال ابن جني :

" لما جعلوا الألفاظ دليلة المعاني ، فأقوي اللفظ ينبغي أن يقابل به قوة الفعل ، والعين أقوي من الفاء واللام ، وذلك لأنها واسطة لهما ، ومكنونة بهما ، فصارا كأنها سياج لها ، ومبذولان العوارض دونها ، ولذلك نجد الإعلال بالحذف فيهما دونها ، فأما حذف الفاء ففي المصادر من باب وعد ، نحو : العِدة ، الزِنة ، والطِدة ، والتدة ، والهبة ، والإبة ، وأما اللام فنحو : اليد ، والدم ، والفم ، والأب ، والأخ ، والسنة ، والمائة ، والفئة ، وقلما تجد الحذف في العين (2) .

وبناء "**تفاعل**" : يكون بين اثنين وبين الجماعة نحو : تجادلها وتناظرها ، وتجادلوا وتناظروا ، ويكون من واحد نحو : تراءي له ، وتجاهل كذا ، وتغافل للدلالة علي ادعاء الجهل والغفلة ، وتمارض: ادعي المرض ، ويجيء بناء "تفاعل" للدلالة علي المشاركة ، نحو تخاصما وتعاركا ، أو لدلالة علي التكلف ، نحو: تجاهل ، وتكاسل ، أو للدلالة علي

= وارجع إلي ابن جني في : التصريف الملوكي ، تحقيق محمد بن سعيد النعسان ، مطبعة التمدن ، مصر ، 1913 م ص 13 وحققه الدكتور البدراوي زهران، ط لونجمان .

(1) التتمة في التصريف ص 97 ، الحدب : خروج الظهر ، ودخول البطن والصدر . وحروف الزيادة التي تدخل في الصيغ المزيدة عشرة ، هي : الألف ، والهاء ، والواو ، والياء ، والسين ، والتاء ، واللام ، والميم ، والنون . وتجمع في كلمة " سألتمونيها " .

(2) الخصائص جـ2/ 155/

المطاوعة - وهو يطاوع "فاعل" - ، نحو باعدته فتباعد ، وتابعته فتتابع [(1)] .

كما تأتي التاء والألف في تفاعل لزيادة المعني وتوكيده ، قال تعالى: ﴿ فَتَبَارَكَ ٱللَّهُ أَحْسَنُ ٱلْخَٰلِقِينَ ﴾ [المؤمنين: 14] فتبارك أقوي في الدلالة من بورك ، وقوله تعالى: ﴿ فَتَعَٰلَى ٱللَّهُ عَمَّا يُشْرِكُونَ ﴾ [الأعراف: 191] تعالى أبلغ من علا.

وقول العجاج: " تقاعس العز بنا فاقعنسس " اقعنسس أبلغ من قعس ، لكثرة الحروف [(2)] .

ويجيء بناء "**فَعّلَ**" للدلالة علي التكثير نحو: قطّع ، كثّر ، حيث ضعفت العين، ويأتي للتعدية نحو خرّجته ، وفرّحته ، وقد يأتي لاختصار الحكاية نحو : كبّر وهلّل وحّمد وسبّح ، وقد يأتي للدلالة علي نسبة المفعول إلي الفعل نحو : كذّبته ، وفسّقته [(3)] وقد تكون الزيادة علي السلب وليس علي الإيجاب ، مثل : مرّضت الرجل ، إذا داويته ليزول مرضه، وقولهم: عجّمت الكتاب ، إذا أزلت عجمته ، وتأثمت ، إذا تركت الإثم ، ويدل تكرارها مع اللام علي التكثير في عصبصب ، وعَشمشم [(4)] . وقد تكون للمبالغة في مثل : اخلولق ، واعشوشب ، اغدودن .

ويجئ بناء "**افعلّ**" للدلالة علي المبالغة نحو : اشمأزّ ، واطمأنّ ، واقشعرّ [(5)] .

وبناء "**استفعل**" : يكون بمعني التكلف نحو: استعظم أي تعظّم ،واستكبر أي تكبّر ، وتدل الهمزة و السين والتاء في صيغة " استفعل " علي الطلب [(6)] أو الاستدعاء ،

---

(1) ابن عقيل 264/4 وفقه اللغة ص 254 .

(2) المحتسب 1 / 134

(3) شرح ابن عقيل 264/4

(4) الخصائص 155/2 والتتمة في التصريف ص 201 .

(5) ابن عقيل 4 / 265

(6) فقه اللغة ص 254 : السين تزاد في استفعل ، ويقال للتي في استهدي ، واستوهب ، واستطعم ، واستسقي سين السؤال ، وتختصر من سوف أفعل ، ويقال لها سين سوف ، ومنها سين الصيرورة =

وقال القبيصي: " وأما استفعل " فأكثر ما يجيء في الطلب والاستدعاء ، نحو : استطعم ، واستقي ، واستكتب . ويجيء بمعني الإصابة كقولك : استعظمته ، واستنكرته ، واستحسنته ، واستقبحته أي : وجدته كذلك .

ويجيء بمعني " التحول " كقولك : استنوق الجمل ، واستنسر البغاث . (1)

ويأتي لاختصار حكاية المركب ، نحو : استرجع ، إذا قال : إنا لله وإنا إليه راجعون .

ويجئ بناء "**افعلّ**" في الأفعال للدلالة علي لون أو عيب والدلالة علي المبالغة فيها وإظهار قوتها نحو : احمرَّ ، اعورّ، احولّ . ويجيء بناء " فاعل " للدلالة علي التكثير في نحو : ضاعف ، كاثرَ أو للدلالة علي الموالاة في نحو : تابع ، والي ، مثل : والى الصوم (2) .

ويدل علي المشاركة بين اثنين نحو: ضاربه ، وبارزه ، وخاصمه ، وحاربه ، وقاتله ، ويكون بمعني "فَعَل" كقول الله عز وجل : ﴿ **قَـٰتَلَهُمُ ٱللَّهُ** ﴾ [التوبة: 30] أي قتلهم ، وسافر الرجل ، ويكون بمعني "فعّل" نحو ضاعف الشيء ، وضعّفه (3) .

ووزن "**أفعل**" يكون بمعني "**فَعَل**" نحو أسقي ، وسقي ، وأمحضه الود ومحضه ، وقد يتضادان نحو: نشط العقدة ، إذا شدّها ، وأنشطها ، إذا حَلّها (4) .

ووزن "أفعل" للتعدية نحو: أجلس ، أخرج ، ويأتي للدلالة علي أن الفاعل قد صار صاحب ما اشتق منه الفعل ، نحو : أثمر البستان وألبنت الشاة . وقد يأتي للدلالة علي

= كما يقال استنوق الجمل ، واستنسر البغاث يضربان مثلاً للقوي يضعف ، وللضعيف يقوي . وتقارب هذه السين في استقدم ، واستأخر أي صار متقدماً ، ومتأخراً. فقه اللغة . ص 241 . ويكون بمعني : فَعَل نحو : قَر ، واستقر . الصاحبي ص 371 .

(1) التتمة في التصريف ص 90 ، 91 واستنوق الجمل : إذا تخلق بأخلاق الناقة مثل : استتيست الشاة ، واستنسر البغاث : صار كالنسر في القوة عند الصيد ، والبغاث ضعاف الطير.

(2) ابن عقيل 264/4

(3) فقه اللغة ص 254

(4) فقه اللغة ص 254

الدخول في زمان أو مكان نحو : أسحر ، أصبح ، أمسي ، أضحي ، وأصحر : دخل في الصحراء . وقد يأتي للدلالة علي السلب نحو : أشكيته ، أقذيته . أزلت شكواه وقذي عينه ، أو للدخول في الشيء كالحين نحو : أحَصَد الزرع ، وأصرم النخل : قرب حصاده ، وصِرامه .

ويجيء بناء "**افتعل**" للدلالة عي المطاوعة ، ويطاوع الثلاثي نحو جمعته فاجتمع ، وغممته فاغتمَّ ، ويطاوع بناء "أفعل" ، نحو: أنصفته ، فانتصف ، ويطاوع بناء "فعّل" ، نحو :عدّلت الرمح فاعتدل ، ويأتي للدلالة علي الاتخاذ نحو : اشتوي واختتم . أي اتخذ شواءً ـ واتخذ خاتمًا ـ أو للدلالة علي التصرف باجتهاد ومبالغة نحو : اكتسب ، أو الدلالة علي الاختيار : اصطفي واختار ، أو للدلالة علي التشارك نحو : اشتورا ، واستبقا .

وصيغة "اقتدر" أقوي في الدلالة من قدر ، قال تعالى: ﴿ **أَخْذَ عَزِيزٍ مُّقْتَدِرٍ** ﴾ [القمر: 42] فمقتدر هنا أوفق من قادر من حيث كان الموضع لتفخيم الأمر وشدة الأخذ[(1)] .

وتأتي بعض أبنية الأفعال بمعني غيرها من الأبنية ، مثلها في هذا مثل أبنية الأسماء ، ومن هذه الأبنية : "فعّل" الذي يدل علي التكثير نحو :﴿ **وَغَلَّقَتِ ٱلْأَبْوَٰبَ** ﴾ [يوسف: 23] ويدل أيضاً على معني : "أفعَل" نحو : خبّرت . وأخبرَت . ويكون مضاداً في المعني لأفعل ، نحو : أفرطت . أي: جُزت الحد ، وفرّطت : بمعني قَصَرت ، ويدل هذا البناء علي معني النسب في نحو : شجّعته ، وظلّمته : أي نسبته إلي الشجاعة والظلم .

ويدل : "أفعل" علي معني "فعل" نحو : أسقيته ، وسقيته : أي قلت له سقياً لك ، ويكون بمعني "فَعَل" نحو : محضته الودَّ وأمحضته . وقد يختلفان نحو: أجبرته علي الشيء ، وجبرت العظم ، وقد يتضادان نحو: نشطت العقدة ، عقدتها . وأنشطتها : إذا حلَلْتها .

ويكون بناء "فاعل" من اثنين ، نحو ضارب ، ويكون أيضاً بمعني "فَعَل" نحو :

---

(1) الخصائص 265/3

(قاتلهم الـلـه) . و"سافر الرجل" ، فليس الفاعل اثنين بل واحداً ، فلا أحد يقاتل الـلـه تعالى أو يشاركه في القتال ، وكذلك إسناد الفعل "سافر" إلي رجل واحد ويكون بمعني "فعّل" نحو : ضاعف ، وضعّف . (1)

و"**تفاعل**" يكون أيضاً من اثنين اشتركا في حدث الفعل نحو : تخاصما ، تجادلا ، ويكون أيضاً من واحد مثل : تراءى له فعل كذا ، ويسند إلي مفرد ، ويكون إظهاراً لغير ما هو عليه ، نحو : تغافل ، أظهر غفلة ، وليس بغافل ، ومثله : تمارض ، وتناوم ، وتغابي . أي ادعي المرض أو أظهره ، أو ادعي النوم ، أو الغباء .

ويدل بناء "**تفعّل**" علي تكلف الشيء ، وليس به ، نحو : تشجّع للقتال ، وتعقل في الأمر ، ويكون بمعني تفاعل نحو : تعطّي وتعاطي . ويكون لأخذ الشيء نحو : تعلّم ، تفقّه ، تدّرب .

ويكون "**تَفعّلَ**" (صيغة الأمر) بمعني " أفعل " نحو : تعّلم بمعني اعلمْ ، قال القُطَامي :

تعلّمْ أن بعد الشر خيراً   وأن لهذا الغُمَر انقشاعا

ويكون بمعني " فعل " نحو : قرَّ ،واستقر ويكون بمعني الاستدعاء والطلب نحو : استوهب .

ويكون "**افتعّل**" بمعني "**فعل**" نحو : شوي . واشتوي ، ويكون بمعني حدوث صفة فيه نحو : افتقر .

دلالة زمن الفعل

الدلالة الزمنية تتحقق من أزمنة الفعل الثلاثة (الماضي ، المضارع ، المستقبل) بالإضافة إلي دلالة فعل الأمر ، وهو مستقبل أبداً ، والزمن متعلق بالفعل ، فحد الفعل ما دل علي زمان ، والزمن أصل في الفعل فرع في الاسم ، فالفعل للزمن مطلقًا ، والاسم يدل عليه

---

(1) الصاحبي ص 369 ، 370

بمعناه الذي خصص له فقط .

أولاً- دلالة زمن الماضي

الماضي يفيد وقوع الحدث أو حدوثه مطلقاً ، فهو يدل علي التحقيق لانقطاع الزمن في الحال ؛ لأنه دلّ علي حدوث شيء قبل زمن التكلم ، نحو: قام ، جلس ، قرأ .

وقد يأتي الفعل في صيغة الماضي ، ويحمل دلالة الحال أو الاستمرار أو الاستقبال . فالماضي ينصرف إلي معني الحال في قولك : بعت واشتريت وأعتقت ، وتزوجت ، وطلقت ، فهذه الصيغ في الماضي ، والمراد الحال ، وقد أوقعها المتكلم في الماضي للدلالة علي صدق المراد وتأكيد العزم عليه .

ويأتي للدلالة علي الاستمرار في مثل : ﴿ وَكَانَ ٱللَّهُ غَفُورًا رَّحِيمًا ﴾ [النساء: 96] أي كان ويكون ، وهو كائن الآن جل ثناؤه .

وقال الشاعر :

فأدركتُ من قد كان قلبي ولم أدعْ لمن كان بعدي في القصائد مصنُف

أي لمن يكون بعدي .[1]

قال ابن مالك : " وينصرف الماضي إلي الحال بالإنشاء ـ وإلي الاستقبال بالطلب والوعد ، وبالعطف علي ما علم استقباله وبالنفي بـ " لا " و " إن " بعد القسم ، ويحتمل الماضي والاستقبال بعد همزة التسوية ، وحرف التخصيص وكلما وحيث ، وبكونه صلة ، أو صفة لنكر ة عامة ".[2]

وقد يوقع المتكلم المستقبل موقع الماضي حكاية الحال، والماضي موقع المستقبل بيانه السبب .

---

(1) فقه اللغة ص 226 .

(2) ابن مالك : تسهيل الفوائد ، وتكميل المقاصد ص 5 ، 6

وقد يأتي الفعل بلفظ الماضي وهو راهن (في الحال) أو مستقبل، قال اللـه جل ثناؤه: ﴿ كُنتُمْ خَيْرَ أُمَّةٍ ﴾ [آل عمران: 110] أي: أنتم خير أمة الآن، زمن نزول النص وبعده حتى يوم الدين إن شاء اللـه، و مثل: ﴿ فَلَا صَدَّقَ وَلَا صَلَّىٰ ﴾ [القيامة: 31] أي لم يصدق ولم يصل. وقد يجيء الزمن في الماضي والحدث في المستقبل للدلالة علي التحقيق، مثل: ﴿ أَتَىٰ أَمْرُ اللَّهِ ﴾ [النحل: 1] أي يأتي.[1] ومثل: ﴿ اقْتَرَبَ لِلنَّاسِ حِسَابُهُمْ ﴾ [الأنبياء: 1]. ومثل: ﴿ اقْتَرَبَتِ السَّاعَةُ وَانشَقَّ الْقَمَرُ ﴾ [القمر: 1] فهذا في المستقبل وجاء في الماضي للدلالة علي تأكيد وقوع الحدث لا محالة.

ثانياً - دلالة زمن المضارع

المضارع: ما يدل علي حدوث شيء في زمن التكلم أو بعده، نحو: يقوم، يقول، يدل علي الحال، والاستقبال. ويترجح الحال إذا تجرد المضارع من القرائن المخلصة للحال، أو الاستقبال.

ويتعين للدلالة علي الحال بمصاحبة " الآن " وما في معناه وبلام الابتداء، ونفيه " ليس " و " ما " و " إنْ ".

ويتعين للدلالة علي الاستقبال بظروف مستقبل مثل (غداً) وبإسناد إلي متوقع، وباقتضائه طلباً أو وعداً، وبمصاحبة ناصب، أو أداة ترجٍ أو إشفاق أو مجازاة - أو " لو " المصدرية، أو نون توكيد - أو حرف تنفيس، وهو " السين " أو " سوف " أو " سفْ" أو " سوْ " أو " سى ".[2]

ويعيّنه للاستقبال السين، وسوف، ولن، وأن، وإن، نحو: ﴿ سَيَقُولُ السُّفَهَاءُ مِنَ النَّاسِ مَا وَلَّاهُمْ عَن قِبْلَتِهِمُ الَّتِي كَانُوا عَلَيْهَا ﴾ [البقرة: 142]، ﴿ وَلَسَوْفَ يُعْطِيكَ رَبُّكَ فَتَرْضَىٰ ﴾ [الضحي: 5] ﴿ لَن تَنَالُوا الْبِرَّ حَتَّىٰ تُنفِقُوا مِمَّا تُحِبُّونَ ﴾

---

(1) الصاحبي ص 364

(2) تسهيل الفوائد ص 5

[آل عمرن: 92] ، ﴿ وَأَن تَصُومُواْ خَيْرٌ لَّكُمْ ﴾ [البقرة: 194]، ﴿ إِن يَنصُرْكُمُ ٱللَّهُ فَلَا غَالِبَ لَكُمْ ﴾ [آل عمران: 160] .(1)

وينصرف إلي المضي بـ " لم " و"ما " الجازمة، و"لو" الشرطية غالباً ، و"إذا " و"ربما " و " قد " في بعض المواضع .(2)

ويأتي الفعل في زمن المضارع للدلالة علي ما حدث في الماضي حكاية في مثل : ﴿ قُلْ فَلِمَ تَقْتُلُونَ أَنۢبِيَآءَ ٱللَّهِ مِن قَبْلُ إِن كُنتُم مُّؤْمِنِينَ ﴿٩١﴾ ﴾ [البقرة: 91] أي قتلتم ، وقد جاء الزمن مضارعاً ليدل علي فعل ملازم لهم، وقد تكرر ذلك منهم . ونظيره : ﴿ وَٱتَّبَعُواْ مَا تَتْلُواْ ٱلشَّيَٰطِينُ عَلَىٰ مُلْكِ سُلَيْمَٰنَ ۖ وَمَا كَفَرَ سُلَيْمَٰنُ ﴾ [البقرة: 102] أي ما تلت . ويجيء الفعل بلفظ المستقبل ، وهو في المعني ماضٍ ، قال تعالى: ﴿ فَلِمَ تَقْتُلُونَ أَنۢبِيَآءَ ٱللَّهِ مِن قَبْلُ ﴾ [البقرة: 91] أي: فِلمَ قتلتم أنبياء الله من قبل ، ومثله : ﴿ وَقَالَتِ ٱلْيَهُودُ وَٱلنَّصَٰرَىٰ نَحْنُ أَبْنَٰٓؤُاْ ٱللَّهِ وَأَحِبَّٰٓؤُهُۥ ۚ قُلْ فَلِمَ يُعَذِّبُكُم بِذُنُوبِكُم ﴾ [المائدة: 18] المعني قل: فلم عذب آباءكم بالمسخ والقتل ، فقد أمر الله تعالى نبيه صلى الله عليه وسلم أن يحتج عليهم بما قد وقع علي آبائهم من عذاب في الماضي .(3)

ثالثاً - دلالة فعل الأمر

والأمر ما يطلب به حصول شيء بعد زمن التكلم ، ولهذا فهو يدل علي الاستقبال مطلقاً ، قال تعالى : ﴿ يَٰٓأَيُّهَا ٱلرَّسُولُ بَلِّغْ مَآ أُنزِلَ إِلَيْكَ ...﴾ [المائدة: 67] و ﴿ قُل لِّلْمُؤْمِنِينَ يَغُضُّواْ مِنْ أَبْصَٰرِهِمْ ﴾ [النور: 30] . وللأمر وجوه أخرى في اللغة غير بناء صيغة الأمر (افعل) أو (لتفعل)، منها: استخدام مادة الأمر نحو: ﴿ حَٰفِظُواْ عَلَى ٱلصَّلَوَٰتِ ﴾ [البقرة: 238] ﴿ ذُو سَعَةٍ مِّن سَعَتِهِۦ ﴾ [الطلاق: 7] ومنها: سياق القول أي يفهم منه، نحو قوله تعالى: ﴿ كُتِبَ عَلَيْكُمُ ٱلصِّيَامُ ﴾ [البقرة: 183] أي: صوموا، فكتب

---

(1) شذا العرف ص 25

(2) تسهيل الفوائد ص5

(3) الصاحبي ص 364 ، 365

بمعنى فرض، ومثل: ﴿ وَلِلَّهِ عَلَى ٱلنَّاسِ حِجُّ ٱلْبَيْتِ ﴾ [آل عمران: 97] أي فرض عليهم حج البيت، وقد فهم الأمر من سياق الإخبار . وله وجوه أخرى (1) .

دلالة الحرف (2)

الحرف من كل شيء طرفه وشفيره وحده (3) . والحرف عند الأوائل ما يتركب منه الكلم من الحروف المبسوطة ، ويطلق أيضاً علي الكلمة تجوزاً ، ويطلق كذلك علي اللغة كما جاء في الحديث " أنزل القرآن علي سبعة أحرف " قيل : لغات ، واستخدم في عرف قدماء النحويين بمعني الصوت في حديثهم عن " مخارج الحروف " (4) . وسمي الصوت حرفاً لوجود حد له يميزه عن غيره ويعرف به .

والحرف عند النحاة : ما جاء بمعني ليس باسم ولا فعل [قول سيبويه] والحروف مثل الأسماء توضع لمعني من المعاني ، ولا يفهم هذا المعني إلا ما يتعلق به من الأسماء والأفعال ، فمعني الحرف يتحصل في الذهن بتعلقه بغيره ،ويعد هذا قصوراً فيه لامتناع حصوله في الذهن بدون متعلق ، والحروف من حيث دلالتها تقسم علي نوعين : حروف مباني وحروف معاني ، حروف المباني : هي التي تبني منها الكلمات أو هي الأصوات التي تؤلف الكلمة ، ويرمز لكل صوت برمز كتابي (ء ، ا ، ب ، ت ، ث ، ج ....) ، ومن أمثلتها أحرف التهجي في كلمة " زيد " الزاي ، والياء ، والدال ، ويطلق عليها في الكلام المنطوق أصوات أو فونيمات (حديثاً) ، و (الصوت) لا يحمل دلالة في ذاته بل اختلافه في الكلمات يحدث اختلافاً في الدلالة ، ومثال هذا : نار ، حار ، ضار اختلف الحرف (الصوت

---

(1) ارجع إلى كتابنا: الدلالة اللفظية، مكتبة الأنجلو المصرية ط2002/1م ص124 .

(2) الحرف لا يدخل ضمن مجال الصرف ، وقد ذكرناه هنا ؛ لأن ترتيبه عند النحاة يأتي بعد الاسم والفعل وهو ما يتألف منه الكلام .

(3) القاموس المحيط ، مادة : حرف

(4) ارجع إلي كتاب سيبويه الجزء الرابع ص 429 طبعة الخانجي ، والمقتضب للمبرد جـ1 / 328 , طبعة المجلس الأعلي للشئون الإسلامية . والحديث رواه البخاري، فضائل القرآن .

أو الفونيم) في الكلمات الثلاث فاختلفت دلالتها .

وحرف النون في كلمة "نار" صوتاً ورسماً لا يفيد معني ، ولكن بتأليفه مع الألف ، والراء حققوا معني مفاداً من تأليف أصوات كلمة "نار " .

قال عبد القاهر الجرجاني " وذلك أن " نظم الحروف " هو تواليها في النطق ، وليس نظمها بمقتضي عن معني ، ولا الناظم لها بمقتف في ذلك رسماً من العقل اقتضي أن يتحري في نظمه لها ما تحرّاه ، فلو أن واضع اللغة كان قد وضع " ربض "مكان " ضرب" لما كان في ذلك ما يؤدي إلي فساده (1) .

وحروف المباني تدخل في بنية الكلمة كجزء منها ولا تحذف أو تقلب أو تبدل إلا لعلة صرفية ونحوية ، ولها دليل يدل عليها في اللفظ ، لكنها لا تفارق أصل الكلمة ، مثل : وقي في صيغة الأمر تحذف منه الواو والياء " قِ " ، وتحذف الواو في " قلْ " والأصل قول ، تحذف الهمزة من " كلوا " والأصل أكل .

والنوع الثاني حروف المعاني : وهي التي تفيد معني كسين الاستقبال وحروف المضارعة ، وحروف الجر والعطف ، وقد سميت حروف المعاني للمعني المختص بها أو لأنها توصل معاني الأفعال إلي الأسماء - إذ لو لم يكن " من " و " إلي " في قولك : خرجت من البصرة إلي الكوفة . لم يفهم ابتداء خروجك وانتهاؤه ، أو لأن لها معاني كالباء في " مررت بزيدِ " بخلاف الباء في " بكر " التي تدخل في بنية الكلمة ولا تدل علي معني مستقل في حروف الكلمة (2) .

وتقسم حروف المعاني باعتبار بنيتها علي نوعين : حروف مفردة وحروف مركبة ، الحروف المفردة التي تأتي لمعني عددها ثلاثة عشر ، وهي : الألف ، والهمزة ، والباء ، والتاء ، والكاف ، واللام ، والميم ، والنون ، والفاء ، والسين ، والهاء ، والواو ، والتاء.

---

(1) دلائل الإعجاز ص 49

(2) ارجع إلي الكليات . مؤسسة الرسالة ص 395 .

ويبلغ عدد الحروف المركبة نحو اثنين وثمانين ، أشهرها : أجل ، إذا ، إذن ، أل ، لا ، ألا ، إلي ، إلاّ ، أم ،أما ، إنّ ، أيّ ، أنْ ، أو ، أي ، إي ، أيا ، أياّ ، بل ، بلي ، ثم ، جَيْر ، حتي ، حاشي ، خلا ، ذا ، ربّ ، كأن ، كلاّ ـ كما ، كَي ، لكن ، لم ، لماّ ، لن ، لو ، لو ما ، لولا ، ليت ، عدا ، علي ، عن ، في ، قد ، سوف ، ها ، هل ، هلاّ ، هيّا ، وا ، وى ، يا (1) .

وتقسم هذه الحروف باعتبار معانيها في الكلام علي النحو الآتي :

* حروف الاستفهام ، وهي : الهمزة ، أم المنفصلة ، هل ..

* حروف المضارعة ، وهي : الهمزة ، التاء ، النون ، الياء .

* حروف العلة ، وتسمي حروف الزيادة ، وتسمي مع الهاء حروف الوقف ، وتسمي مع الهاء (في القوافي) حروف الإطلاق ، وتسمي (دون الهاء) حروف التثنية والجمع ، وتسمي حروف الإشباع ، وهي الألف والواو والياء .

* حروف التأنيث ، وهي الألف والهمزة والتاء .

* حرف الندبة ، والفصل ، وهو : الألف .

* حروف التعدية ، وهي : الهمزة ، والألف ، والباء ... .

* حروف التنبيه ، وهي : الهمزة ، وأي ، ويا ، وهيا ، وأيا ، وألا ، ووا، وها ، ويْ .

* وحروف النداء ، وهي : يا ، أي ، هيا ، أيا ، وا ، والهمزة .

* حروف الشرط ، والجزاء ، وهي : إن ، إذا (مقرونة بـ " ما ") .

* حروف الجواب : وهي : إذنْ ، وأجل ، وبجل ، جَلَلْ ، وجير ، وبلي ، ونعم ، وإن ، وإي .

---

(1) أحمد بن عبد النور المالقي : وصف المباني في شرح حروف المعاني ، تحقيق الدكتور سعيد صالح مصطفي . دار ابن خلدون ص 3 ، 4 وبقي من الحروف غير المشهورة : غذ ، بجّل ، جلَل ، مُنْ ، غنَّ . وأدخل فيها : أصبح ، أمسي. والضمائر: أنا ، نحن ، أنتم ... .

* حروف المفاجأة : إذا ، إذْ .

* حروف التعريف : أل ، (وأم في لهجات بعض العرب) .

* حروف الغاية : إلي ، حتى حروف الاستفتاح : ألا . ويلزمه التنبيه .

* حروف الاستثناء : إلا ، حاشي ، خلا ، عدا ، ونوع يسمي حرف عرضٍ . وهو : ألا ، وأما . وحروف التحضيض :ألا ، لو ما ،لولا ، هلا . وحروف التفصيل : أمَّا ، إمَّا . أو حروف التوكيد : أنّ ، إنّ ، (مشددتين) ، ومخففتين ، و الزوائد نحو : الباء وما ولا الزوائد في النفي واللام ، والنون (مشددة ، ومخففة)

* حروف العطف الواو ، والفاء ، ثم ، حتي ، بل ، لا ، لكن ، أو ،أم ، إمّا .

* حروف النفي : لم ، لمّا ، لن ، ليس ، ما ، لا (في أحد معانيها) .

* حروف النصب : أن ، الفاء ، أو ، حتى ، لام كي ، لام الجحود ، وكي .

* حروف الإخبار: قد ، هل (بمعني قد في مثل: ﴿ هَلْ أَتَىٰ عَلَى ٱلْإِنسَٰنِ حِينٌ مِّنَ ٱلدَّهْرِ لَمْ يَكُن شَيْـًٔا مَّذْكُورًا ﴿١﴾ ﴾ [الإنسان: 1] بمعني قد أتي) . وتسمي قد حرف تحقيق ، وحرف توقع ، وحروف التشبيه :الكاف ، كأن .

الحروف المصدرية : أنّ ، أنْ ، ما ، كيْ . وحروف العبارة والتفسير : أن ، أي . وحروف الإضراب : بل، بلي . وحروف الشك ، والإبهام ، والتخيير والإباحة : أو ، إما * وحروف العماد أو الفصل : أنا ، أنتَ ، أنتِ ، أنتما ، أنتم ، أنتن ، نحن ، هو ، هي ، هما ، هم ، هن * حروف الاستدراك : لكن ، لكنّ ، وحروف امتناع الامتناع لو ، ولولا ، ولما * ونوع يسمي حرف تمن ، وهو : ليت . وترج : علّ ، غنَّ بمعناها ، ويسميان : حروف توقع * وحروف ابتداء الغاية في الزمان : مذ ، منذ ، وحروف ابتداء الغاية في المكان : من ، وتسمي مع الباء حرفي تبعيض * وحروف المصاحبة : مع و حروف المزاولة : عن وحروف الوعاء : في * والاستعلاء : علي ، هذه حروف المعاني التي دارت في فلك اللغة العربية ، واستدل العلماء علي دلالتها من خلال علاقتها بدلالة التركيب الذي وردت فيه . " فهذه

جملة ما ظهر لي من تسمية هذه الحروف في الاصطلاح بحسب مواقعها في الكلام " (1) .

وقد رأي علماء العربية أن تفسير معاني الحروف في الجمل أكثر صعوبة ومشقة من معرفة غريب اللغة ويوضح ابن سيده هذا علي النحو الآتي في حديثه عن أسباب بحثه دلالة الحروف : " وإنما فسرنا معاني هذه الحروف والأسماء التي تجر ي مجراها في الإبهام ؛ لأنه مما يحتاج في إدراك الحق في معانيها إلي قياس ونظير ، كما يحتاج في سائر أبواب النحو إلي قياس ونظير لتمييز الصواب من الخطأ . وليس ذلك علي وضع تفسير الغريب بالنحو ، واحد لشدة الحاجة إلي معانيها ، وأنها يبين بها غيرها ، كالآلات التي يحتاج إليها لغيرها فتفسيرها أشد من تفسير الغريب ؛ لأن الغريب له ما يساويه من اللفظ المعروف للمعني الواحد ، فإذا طلب ذلك وجد ما يقوم مقامه فيفسر به ، ولأنه قد يستغني به عن الغريب في كلام العرب . وليست كذلك الحروف ، لأنها في كلام العرب والمولدين سواء ، فليس في كلام المولدين ما يستغني به عنها كما كان في الأسماء والأفعال ، فإذا طلب لها ما يفسر به أعوذ ذلك لما بينا (2) ، وقال أحمد بن عبد النور المالقي (ت 702 هـ) : " وكانت الحروف أكثر دوراً ومعاني معظمها أشد غوراً ، وتركيب أكثر الكلام عليها ورجوعه في فوائده إليها " (3) .

وكلمة حرف في عرف نحاة العربية القدماء تطلق علي صوت واحد مثل : ب ، ت ، ث ، وتطلق كذلك علي أكثر من صوت ، مثل : هل ، لولا ، ثم ، فإن وأخواتها حروف ، وقد دعاهم إلي إطلاق اسم حرف عليها ، وهي أكثر من حرف أن هذه الملفوظات شابهت الحروف المفردة في أنها لا تستقل في دلالتها مثل الأسماء والأفعال ، فهي تدل علي معني في غيرها ، ولا نعرف دلالتها إلا في تركيب ترد فيه ، فهي دائمة الارتباط بما جاورها . فهذه الحروف مبهمة تحتاج إلي قياس ونظير لتمييز معانيها. فحرف الباء في حالة إفراده مهمل لا دلالة فيه ، ولكن بتضامه في تركيب نحوي له دلالة ، مثل: ﴿ **وَأَقْسَمُواْ بِٱللَّهِ جَهْدَ أَيْمَـٰنِهِمْ** ﴾

---

(1) رصف المباني في شرح حروف المعاني ص 7 : 9 وارجع إلي الصاحبي ص 95 وما بعدها .

(2) ابنسيده : المخصص ، طبعة بولاق 1318 هـ جـ 14 /60

(3) رصف المباني في شرح حروف المعاني . دار ابن خلدون ص 1 .

[الأنعام: 109] الباء بمعني القسم ، ومثل : مررت بمحمد . الباء تفيد الإلصاق ،وتفيد المصاحبة في مثل : ذهبت به . أي مصاحبا له ، أو الاستعانة مثل : كتبت بالقلم وضربت بالسوط .

وقال بن فارس [1] في " باب القول علي الحروف المفردة الدالة علي المعني " وللعرب الحروف المفردة التي تدل علي المعني ، نحو التاء في " خرجتُ " و" خرجتَ" والياء في "ثوبي " و " فرسي " .

ومنها حروف تدل علي الأفعال ، وذكر منها : " حِ" من وحيت ، و " دِ" من وديتُ " شِ " من وشيت الثوب . و" عِ " من وعيت . و " فِ " من " وفيت " و"قِ" من وقيت . و " لِ" من وليت ، و "نِ" من ونيت ، و"هِ " من وهيت . وهذه الحروف تضاف إليها هاء السكت أحياناً مثل : قه ، فه .وإطلاق حرف علي هذه الأفعال في الخط فقط ، فهي في الأصل أفعال ، وليست حروفاً ، ويرمز إليها رسماً بحرف واحد يعبر عن منطوقها .

واختلف علماء العربية في تحديد مفهوم الحرف ، قال سيبويه في حديثه عن الكلام، وقد تحدث فيه عن الاسم و الفعل ، ثم قال: في الحرف " وأما ما جاء لمعني ، وليس باسم ولا فعل ، فنحو " ثمَّ" و"سوف" و " واو القسم " ولام الإضافة " [2] .

وقال ابن فارس: " وقد أكثر أهل العربية في هذا ، وأقرب ما فيه ما رآه سيبويه " أنه الذي يفيد معني ليس في اسم ولا فعل ، نحو قولنا: " زيد منطلق " ثم قال : هل زيد منطلق ؟ فأفدنا بـ " هل " مالم يكن في " زيد " ولا " منطلق " [3] .

وأري أن الحرف ما دل علي معني بمصاحبة غيره في تركيب ، ولا يدل عليه في نفسه مثل اللام مفردة ، لا تدل إلا علي

---

(1) الصاحبي ص 160

(2) سيبويه: الكتاب . طبعة بولاق 1334 هـ جـ 2/1

(3) ارجع إلي الصاحبي ص 148 وما بعدها .

صوت منطوق ، أو رمز مكتوب ، ولكنها تدل علي الابتداء في مثل قوله تعالى: ﴿ لَأَنتُمْ أَشَدُّ رَهْبَةً فِي صُدُورِهِم مِّنَ ٱللَّهِ ﴾ [الحشر: 13] .

وتكون جواب القسم : في "والله لأقومنّ "وتلزمها نون التوكيد . وتفيد الملكية في ﴿ وَلِلَّهِ مَا فِي ٱلسَّمَٰوَٰتِ وَمَا فِي ٱلْأَرْضِ ﴾ [النساء: 132] . وتكون للتخصيص في " الحمد لله " وللتعجب في " لله درُّه قائداً " ولها دلالات أخرى وجميعها معانٍ تتعلق بالتركيب الذي وردت فيه .

والواو صوت منطوق ورمز مكتوب ، وقد تكون زائدة في الكلمة نحو كوثر وجرول ،وتأتي بمعني العطف في مثل : "رأيت زيداً وعمراً " وتسمي واو النسق . وواو القسم في قوله تعالى: ﴿ وَٱلنَّجْمِ إِذَا هَوَىٰ ۝١ ﴾ [النجم: 1] . ﴿ وَٱلسَّمَآءِ ذَاتِ ٱلْبُرُوجِ ۝١ ﴾ [البروج: 1] . وواو الحال : جاءني فلان وهو يبكي ، ومثل قوله تعالى: ﴿ تَوَلَّوا۟ وَّأَعْيُنُهُمْ تَفِيضُ مِنَ ٱلدَّمْعِ حَزَنًا أَلَّا يَجِدُوا۟ مَا يُنفِقُونَ ۝٩٢ ﴾ [التوبة: 92] (1) .

وقد تقع الحروف مواقع بعض في الدلالة علي المعني ، مثل الواو بمعني إذ في قوله تعالى :﴿ وَطَآئِفَةٌ قَدْ أَهَمَّتْهُمْ أَنفُسُهُمْ ﴾ [آل عمران: 154] يريد إذ طائفة كما تقول : جئت وزيد راكبٌ . تريد: إذ زيد راكب (2) .

ومثل الباء التي تقع موقع "عن " في قوله تعالى : ﴿ سَأَلَ سَآئِلٌۢ بِعَذَابٍ وَاقِعٍ ۝١ ﴾ [المعارج: 1] يريد عن عذاب . والباء الواقعة موقع "من " في قوله تعالى: ﴿ عَيْنًا يَشْرَبُ بِهَا عِبَادُ ٱللَّهِ ﴾ [الإنسان: 6] ومثل "أم" التي تقع موقع "بل" ، قال تعالى: ﴿ أَمْ يَقُولُونَ شَاعِرٌ ﴾ [الطور: 30] أي "بل" يقولون شاعر . "أو" تأتي بمعني "الواو" ، قال تعالى: ﴿ وَلَا تُطِعْ مِنْهُمْ ءَاثِمًا أَوْ كَفُورًا ﴾ [الإنسان: 24] آي آثماً وكفوراً ، وأتت "أو" بمعني "بل" في قوله تعالى: ﴿ وَأَرْسَلْنَٰهُ إِلَىٰ مِائَةِ أَلْفٍ أَوْ يَزِيدُونَ ۝١٤٧ ﴾ [الصافات: 147] أي بل يزيدون و"إنْ " الخفيفة بمعني لقد : قال تعالى: ﴿ إِن كُنَّا عَنْ عِبَادَتِكُمْ لَغَٰفِلِينَ ۝٢٩ ﴾ [يونس: 29] أي: ولقد كنا (3) . وإن بمعني "ما" في قوله تعالى: ﴿ كَبُرَتْ كَلِمَةً

(1) فقه اللغة للثعالبي ص 245 .

(2) فقه اللغة ص 245 .

(3) نفسه

﴿ تَخْرُجُ مِنْ أَفْوَاهِهِمْ ۚ إِن يَقُولُونَ إِلَّا كَذِبًا ۝ ﴾ [الكهف: 5] أي ما يقولون . فالحروف في هذه الأمثلة مترادفة كترادف الأفعال والأسماء ، ولكنها تترادف في التراكيب فقط ، ولا تترادف مستقلة . فالباء لا تعني "من" مطلقاً دون جملة تأتي فيها بمعني " من " كما ذكرنا من قبل في قوله تعالى: ﴿ عَيْنًا يَشْرَبُ بِهَا عِبَادُ ٱللَّهِ ﴾ [الإنسان: 6] تواطأت كلمات التركيب علي أن الباء تحمل معني من ، فالعين لا يشرب بها ولكن منها ، وقد حمل بعض العلماء معني الآية علي المجاز حيث جعل العين موضع الكأس أو الأداة ، وقيل إنه ضمن معني يروي قال ابن كثير " أي هذا الذي مزج لهؤلاء الأبرار من الكافور هو عين يشرب بها المقربون من عباد الله صرفاً بل مزج ويرون بها ، ولهذا ضمن يشرب معني يروي حتي عداه بالباء ونصب "عيناً" علي التمييز . (1)

ويتبين من هذه الأمثلة أن الحروف مبهمات وتحتاج إلي سياق لغوي يبين دلالتها ،وتؤدي وظيفة الربط أو التماسك في التركيب ، فهي بمنزلة مواد البناء التي تربط حجراً بآخر في بعض الأمثلة ، وتقديرها في الكلام يؤثر في تحديد الدلالة ، فقد يؤدي اختلاف تقدير الحرف المحذوف إلي نقيض المعني ، ومثال هذا قوله تعالى في شأن نكاح اليتامي: ﴿ وَتَرْغَبُونَ أَن تَنكِحُوهُنَّ ﴾ [النساء: 127] تقدير الحرف المحذوف "في" أو "عن" ، وهذان يتسقان مع معنيين يفهمان من الآية بإسقاط حرف الجر ، المعني الأول أن ولي اليتيمة كان يرغب في زواجها إن كانت صاحبة مال وجمال ، والمعني الثاني أنه كان يترك زواجها إن كانت فقيرة ، أو دميمة ، ويحبسها عن الزواج إن كانت دميمة وصاحبة المال حتى تموت فيرثها .

وهذان المعنيان يحتملهما النص ، ويتسقان مع وضع اليتيمة في الجاهلية ، وأفاد إسقاط حرف الجر الدلالتين . ويسمي هذا في عرف النحاة نزع الخافض (حرف الجر) ، ونظيره في القرآن الكريم مما أضمر فيه الحرف : ﴿ سَنُعِيدُهَا سِيرَتَهَا ٱلْأُولَىٰ ﴾ [طه: 21] أي إلي سيرتها ، ﴿ وَٱخْتَارَ مُوسَىٰ قَوْمَهُۥ سَبْعِينَ رَجُلًا ﴾ [الأعراف: 155] أي : من قومه ، ومثل

(1) تفسير ابن كثير جـ 4 / 455

﴿ هَلْ يَسْمَعُونَكُمْ ﴾ [الشعراء: 172] بمعني : يسمعون لكم ، وقد يحذف الناصب أيضاً مثل : ﴿ وَمِنْ ءَايَٰتِهِۦ يُرِيكُمُ ٱلْبَرْقَ ﴾ [الروم: 24] أي أن يريكم ، وقول طرفة بن العبد (1) .

ألا أيُّهذا الزاجري أشهد الوَغى   وأن أشهد اللذات هل أنت مُخْلدى

أي : أن أشهد . فالحرف يضمر في التركيب كما تضمر الأسماء والأفعال في مثل: ﴿ فَأَمَّا ٱلَّذِينَ ٱسْوَدَّتْ وُجُوهُهُمْ أَكَفَرْتُم ﴾ [آل عمران: 106] معناه : فيقال لهم ، لأن " أما " لا بد لها في الخبر من فاء ، فلما أضمر أضمر الفاء . ومثل: ﴿ وَمَا مِنَّآ إِلَّا لَهُۥ مَقَامٌ مَّعْلُومٌ ﴾ [الصافات: 164] أي : من له مقام . ومثل: ﴿ أَلَّا يَسْجُدُواْ لِلَّهِ ﴾ [النمل: 25] بمعني ألا يا هؤلاء اسجدوا : فأضمر هؤلاء ، واتصلت يا بقوله : (اسجدوا) فصار كأنه فعل مستقبل .

****

(1) المعلقات السبع للزوزني : صادر ، بيروت , معلقة طرفة

الدلالة النحوية

النحو في الاصطلاح (1) : هو العلم المستخرج بالمقاييس المستنبطة من استقراء كلام العرب الموصلة إلي معرفة أحكام أجزائه التي ائتلف منها . أو هو علم يبحث عن أواخر الكلم إعراباً وبناءً ، أو هو العلم الذي يختص بقواعد اللغة التركيبية .

وأطلق عليه قديماً النحو ، وعلم العربية ، وكان يشتمل علي القواعد التركيبية والأبنية الصرفية ، ثم انفصل الصرف عن قواعد التركيب ، فعرف الأول بعلم الصرف ، والثاني بعلم النحو ، وهو ما عليه الدراسات اللغوية الحديثة التي تدرس كل علم منهما مستقلاً عن الآخر .

ومفهوم النحو في القديم يختلف عن مفهومه حديثاً ، فعلماء العرب ، استخدموا مصطلح النحو بدلالة عامة تعني دراسة نظام ترتيب الجمل والنظام الصوتي والنظام الصرفي ، ونجد هذا في تناول علمائنا لموضوع النحو في مؤلفاتهم القديمة (2) .

ويتبين هذا المفهوم من تعريفهم النحو ، قال ابن جني في باب القول علي النحو ، وقد بدأ بتعريف النحو فقال : " هو انتحاء سمت كلام العرب في تصرفه من إعراب وغيره ، كالتثنية والجمع ، والتحقير ، والتكسير ، والإضافة ، والنسب ، والتركيب ، وغير ذلك (3) ." .

هذا هو المفهوم العام لعلم النحو عند القدماء ، ولكن هذه الموضوعات (التركيب ،

---

(1) النحو مصدر من نحا نحوًا ، وقد أريد به اسم المفعول ، أي المنحو بمعني المقصود ، ويدل علي هذا ما قيل حول نشأة علم النحو ، فقد كان يقصد به القواعد المنحوة في وضع اللغة . أي المتبعة . فالنحو بمعني المنحو مثل كلمة صيد في قوله تعالى:﴿ أُحِلَّ لَكُمْ صَيْدُ ٱلْبَحْرِ﴾ [المائدة: 96] أي مصيده .

(2) لقد تناول سيبويه في كتابه " الكتاب " الذي يعد أول كتاب جامع وصل إلينا في النحو موضوعات متنوعة تدخل في علم النحو (التركيب) ، وعلم الأصوات ، وعلم الصرف .

(3) ابن جني ، أبو الفتح عثمان : الخصائص ، تحقيق محمد علي النجار ، دار الكتب المصرية 1372 هـ ، 1952م جـ34/1 .

والإعراب ، والأصوات ، والصرف) التي درست تحت اسم النحو ، أخذت شكلاً جديداً أكثر دقة وموضوعية عند المحدثين الذين وظفوا المناهج الحديثة في دراسة هذه الموضوعات ، فما يتعلق بالتركيب والإعراب أطلق عليه اسم علم النحو ، وما يتعلق بالأبنية وصوغها أطلق عليه اسم علم الصرف ، وما يتعلق بالأصوات أطلق عليه اسم علم الأصوات ، وما يتعلق بالمعني أطلق عليه اسم علم الدلالة .

وهذه الفروع يطلق عليها العلوم اللغوية ،وهو الاسم العام لهذه الفروع ، فقد ظل البحث في أبنية الكلمات ، وهو ما يعرف بالتصريف ، جزءاً من النحو بمعناه العام ، وإن أفرد له بعض العلماء كتباً حملت اسم التصريف أو الصرف ، فإنهم لا يعنون انفصاله عن النحو ؛ لأن قضايا التصريف كانت تعالج ضمن موضوعات علم النحو ، فالتصريف كان قسماً من النحو لا قسيماً له ، أو لم يكن علماً مستقلاً عن النحو ، كما كانت تعالج بعض قضايا الدلالة ضمن موضوعات النحو أيضاً ، وشواهد هذا كتب النحو المتقدمة ، والتي تعد مصدراً لهذا العلم ، كما أنها مصدر العلماء الذين يبحثون في علم الصرف حديثاً ، كم أن الكتب القديمة التي تناولت التصريف ، وأُفردت له ، لها علاقة وطيدة بالنحو .[1]

واعد كثير من علماء العربية وظيفة قواعد النحوية الدلالية ، ولم ينظروا إلي تلك القواعد نظرة سطحية لا تتجاوز ترتيب الألفاظ علي نظام القواعد فحسب ، بل تخطوا ذلك إلي العلاقة بين مفردات التركيب ، قال السكاكي : اعلم أن علم النحو هو أن تنحو إلي معرفة التركيب فيما بين الكلم لتأدية أصل المعني مطلقاً بمقاييس مستنبطة من استقراء كلام العرب وقوانين مبنية عليها ليحترز بها عن الخطأ في التركيب من حيث تلك الكيفية ، وأعني

---

(1) ارجع إلي كتاب " الكتاب لسيبويه" و"المقتضب" للمبرد ، وارجع كذلك للكتب التى أفردت للصرف مثل: كتاب التصريف للمازني (ت 249) وشافية ابن الحاجب لابن الحاجب (ت 646) وقدر درس الزجاجي الصرف في مدخله للدراسة النحو في "كتاب الجمل" .

بكيفية التركيب تقديم بعض الكلم علي بعض ، ورعاية ما يكون من الهيئات إذ ذاك .. ".[1]

وقال طاش كبري عن علم النحو : علم باحث عن أحوال المركبات الموضوعة وضعاً نوعياً لنوع من المعاني التركيبية النسبية من حيث دلالتها عليها .

وغرضه : تحصيل ملكة يقتدر بها علي إيراد تركيب وضع وضعاً نوعياً لما أراده المتكلم من المعني وعلي فهم معني أي مركب كان بحسب الوضع المذكور .

وغايته : الاحتراز عن الخطأ في تطبيق التراكيب العربية علي المعاني الأصلية"[2] .

وقد حاول بعض العلماء دراسة الصرف موضوعاً مستقلاً عن النحو ورائد هذه الفكرة المازني (ت 249 هـ) في كتابه "التصريف" .

قال طاش كبري : " واعلم أن أول من دون علم الصرف أبو عثمان بن بكر بن حبيب المازني ، وكان قبل ذلك مندرجاً في علم النحو "[3] .

وصنف في التصريف أبو الفتح ابن جني (ت 392 هـ) مختصراً سماه التصريف الملوكي . وكتب ابن الحاجب (ت 646 هـ) كتاب الشافية .

وكتب ابن عصفور الأندلسي (ت 669 هـ) "الممتع في التصريف"[4] وكتب ابن مالك 672هـ) صاحب الألفية كتاب " مختصر في ضروري التصريف " ، وشرحه ووسمه بالتصريف[5] ، ولابن هشام (ت 761 هـ) "نزهة الطرف في علم الصرف"[6] .

---

(1) السكاكي ، أبو يعقوب يوسف بن أبي بكر محمد بن علي : مفتاح العلوم ، ومعه كتاب إتمام الدراية لقراء النقاية للسيوطي ، طبعة التقدم ، القاهرة 1348 هـ . ص 33 .

(2) مفتاح السعادة 1/ 144 .

(3) طاش كبري زاده ، أحمد بن مصطفي : مفتاح السعادة ومصباح السيادة في موضوعات العلوم ، تحقيق كامل كامل بكري ، عبد الوهاب أبو النور ، دار الكتب الحديثة 132/1 .

(4) وقد حقق الممتع الدكتور فخر الدين قباوة . المكتبة العربية . حلب . سوريا .

(5) مفتاح السعادة 136/1

(6) مطبوع ، مكتبة الزهراء ، تحقيق الدكتور أحمد عبد المجيد وقيل هو للميداني، وحققه السيد عبد المقصود.

وقد درس القدماء الصرف ضمن موضوعات النحو ، لأن صيغ الكلمات هي المادة أو اللبن التي تبني منها الجمل وهي المدخل إلى بناء الجملة – موضوع علم النحو - ، ولهذا اهتم القدماء بأبنية الكلمات باعتبارها مادة التراكيب ، وقد درس الزجاجي (ت 340 هـ) الصرف في مدخله إلي كتاب الجمل ، وعالج موضوعات الصرف علي أنها مدخل القضايا النحوية .

والصرف وثيق الصلة بالتركيب ولا يمكن الفصل بينهما ، فوظائف المفردات في التراكيب تحدد من خلال بنيتها الصرفية، فالبنية الصرفية هي التي تحدد زمن الفعل وفاعله ، مثل: ذهب ومضي بخلاف يذهب ـ وسيذهب ، والفاعل ضمير مفرد غائب مذكر ، وصيغة "تذهب" تدل علي الفاعل المؤنث ، و"نذهب" تدل علي الجمع .

وتدل الصيغة أيضًا علي أبنية الفاعل والمفعول والصفة ، وصيغ المبالغة ، وتوظف الكلمات في التركيب بناء علي صيغتها الصرفية ، وتوجد بعض الأبنية الصرفية من أوزان الأفعال تتطلب فاعلاً معيناً لا غناء عنه ، مثل وزن "تفاعل" الذي تتطلب أن يكون فاعله أكثر من واحد للدلالة علي المشاركة ، مثل : تقاتل الرجلان وتقاتل الرجال ، ولا نقول : تقاتل الرجل ، وإنما قاتل الرجل فلاناً ، ولا يصح أن ننسب الفعل لغير فاعله. فلا يصح قولنا : "ولدت الدجاجة أو طار الحمار لعدم صحة الفعل إلى المنسوب إليه حقيقة .

إن علم الصرف هو الذي يحدد دلالة مفردات التركيب في الجمل ، وعلم النحو هو الذي يضع ترتيبها ويحدد وظيفتها بناء علي دلالتها الصرفية والمعجمية ، " فعندما نميز بين علم الصيغ وعلم النظم جاعلين موضوع أحدهما صيغ الألفاظ ، وموضوع الآخر بناء الجمل ، يكون تمييزاً مصطنعاً لا يمكن أن نتابعه في التفاصيل ، ولكم من مرة يميزون فيها بين علم الصيغ Morphologie باعتباره العلم الذي يدرس بناء الصيغ النحوية وعلم النظم Syntax باعتباره ذلك العلم الذي يتناول وظيفة تلك الصيغ ، وهذا تمييز أحمق" .(1)

---

(1) أنطوان مايبه " علم اللسان " ، مقال بكتاب " النقد المنهجي عند العرب " ، للدكتور محمد مندور . دار نهضة مصر . د . ت . ص 438 .

ويتبين من هذا أن مصطلح النحو في الدرس العام له دلالة عامة في الدرس القديم ، ودلالة خاصة في الدرس الحديث، فمصطلح Syntax لا يعني النحو بمعناه العام القديم ، وإنما يعني فرع من فروع النحو Grammar ، والأخير هو الذي يقابل المعني العام القديم .

والتركيب Syntax ⁽¹⁾ يعني التأليف أو نظم المفردات في شكل معين ، وهو لا يعني الجملة المفيدة في كل السياقات ، فقد يعني تأليف الحروف لتكوين كلمة ، وهو ما يعرف بنظم حروف الكلمة.

ومصطلح Syntax يعني الترتيب Arrangement أو التأليف Setting Out together ، و قد استخدمه التقليديون علي أنه أحد فروع النحو Grammar ، الذي يعالج نظام ترتيب الجملة والعلاقات التي تربط بين أجزائها ، وأثرها في المعني ، وأثر إعادة ترتيب الجملة وما قد ينجم عن تلك العلاقات من تغيرات تصريفية .

وهو يقابل في العربية تصريف الفعل وتطابقه مع الفاعل إفراداً وتثنية وجمعاً ، ومطابقته في النوع ، وما يطرأ علي الإعراب من تغيير في حالة التركيب نتيجة للعلاقات بين

---

(1) يعد مصطلح Syntax ، فرعاً من فروع النحو Grammar يعني بدراسة نظام الكلمات في الجمل ، ويعتني بالوسائل التي تبين العلاقات بين الكلمات وما بينها من مطابقة مثل التصريف Infelction أو نظام ترتيب الكلمات وما ينجم عنه من تغيرات تصريفية .

ومصطلح Syntax أصله يوناني قديم ، وهو يدل علي دراسة القواعد التي ينظم علي نظامها مفردات الجملة ، كما يدرس العلاقة التي تنشأ من ترتيب مفردات الجملة أو علاقة البنية ، وهي كلمة يونانية قديمة تعني الترتيب Arrangement أو التأليف Seeting out Together .

وأطلقت هذه الكلمة علي أحد فروع النحو ، وهو القواعد التي تنظم عليها الكلمات في التركيب أو في جملة ، فهو يوازي مصطلح Grammar الذي يشير إلي أحد مستويات النظام البنائي مستقلاً عن المستوي الفونولجي Phonology والدلالي Semantics ، ويقسم مصطلح القواعد Grammar إلي فرعين هما Syntax و Morphology (الصرف) ، فهذه الكلمة اصطلاح علي دراسة نظم الكلمات أو ترتيبها في نظام معين ، وأبنيتها الصرفية المكونة لها (المورفيمات) التي تدخل في ترتيب نظام الجملة هذه هي الصورة التقليدية للمصطلح . ويفهم هذا المصطلح أيضاً علي أنه نظام شامل للعلاقات البنائية . وأصحاب الاتجاه الأول هم التقليديون ، وأصحاب الاتجاه الثاني هم التحويليون .

عناصر التركيب ، مثل اتصال الفعل بضمير الفاعل في مثل : قالُوا وقلْتُ ويقولون ، يقلن وإضافة الفاعل إلي مصدره مثل : ضَرْبُ محمدٍ علياً ظلماً .[(1)]

دلالة الجملة

تدخل الدلالة التركيبية حديثاً تحت ما يطلق عليه "علم دلالة الجملة" أو "علم الدلالة التركيبي" ، وهو العلم الذي يهتم ببيان معني الجملة أو العبارة ، وقد بدأ بحث دلالة الجملة مواكباً لوضع علم النحو العربي ، ويؤكد هذا ما روي حول أسباب نشأة علم النحو ، مثل ما روي أن ابنة أبي الأسود الدؤلي لحنت في حضرته ، فلما تبين مقصدها صحح لحنها . وقد وقعت لحون في قراءة القرآن الكريم في عهد الصحابة رضوان اللـه عليهم ، فاستنكروها ، لأنها قد أفسدت المعني ، فتصدوا لظاهرة اللحن التي وقعت بين العرب بعد مخالطتهم الأعاجم ، والشواهد التي وقع فيها اللحن عالجها العلماء من ناحية المعني ، وأثبتوا فسادها لاختلاف معانيها بالغلط في القراءة أو اللحن . ومن هذه الأمثلة اللحن الذي وقع في قوله تعالى: ﴿ أَنَّ ٱللَّهَ بَرِيٓءٌ مِّنَ ٱلۡمُشۡرِكِينَ وَرَسُولُهُۥ ﴾ [التوبة: 3] بجر ورسوله عطفًا على ما قبلها ، واللحن بالجر يوقع البراءة علي الرسول صلى اللـه عليه وسلم مع المشركين وهذا باطل .

وقد عرف هذا النوع من دراسة دلالة الجملة بعلم الدلالة التركيبي أو علم دلالة الجملة في الغرب ، وقد بدأ عند الغربيين من خلال البحوث الدلالية في علم النحو التحويلي .

ومعني الجملة عند الغربيين يعني وظيفة معاني أجزائها ، أو معني الوحدات القاموسية ، والصلات الدلالية بين مكونات الجملة ، كما بحثوا معني الوحدات الصرفية (المورفيمات المفردة) والمعاني التي تتحقق من الصلات النحوية بين هذه الوحدات .

ودرس علماء العربية أجزاء الجملة ووظيفة كل جزء منها ، وقفوا عند تحديد مفهوم

---

(1) ارجع إلي : ابن هشام ، جمال الدين عبد اللـه بن يوسف : مغني اللبيب بحاشية الشيخ محمد الأمير ط عيسي الحلبي . د . ت القاهرة جـ188/2 .

الفاعل ، فعرفوه بأنه هو الذي يقوم بعمل الفعل مطلقاً أو هو ما أسند إليه فعل تام أصلي الصيغة أو مؤول بعمل الفعل أو الذي وقع منه الفعل ، أو قام به الفعل ، ويدخل فيه "مات محمد" .

وقد أثار بعض المحدثين قضية الفاعل الحقيقي في مثل : مات محمد . وانكسر الزجاج ، فرأوا أن مثل هذه الأمثلة لا تطابق حقيقتها ، فالقائم بالفعل في "مات محمد" ليس محمداً ، وكذلك في انكسر الزجاج ، فشككوا في حقيقة مفهوم الفاعل ، وتعريف القدماء إياه بأنه ما وقع منه الفعل .

والحقيقة أن هؤلاء جانبهم الصواب ؛ لأنهم جردوا اللغة من مضمونها وحيوتها وتعبيرها عن الموقف بأكثر من وجه ، ولم يعتبروا ما هو معلوم من ظاهر لفظه لعدم خفائه ، فقولنا تحركت السيارة : السيارة فاعل حقيقي ؛ لأنها هي التي تحركت أمام الناظر الذي يدرك أنها تحركت بفعل محرك حقيقي هو السائق .ونسبنا الحركة إلي من قام بها أو من هو متصف بها، وهي السيارة ، وكذلك الذي مات هو محمد ، والذي انكسر هو الزجاج ، ولسنا مطالبين بالتحقيق في أمر الفاعل الحقيقي وراء كل فعل ، ويكفي أن اللغة أخبرتنا بالحدث ، وقد ناقش قضية الفاعل العالم " فلمور Fillmore " في نظريته التي تعرف بـ " نظرية الحالة Casetheory " أو علم نحو الحالة ، أو علم دلالة الحالة " Case grammar أو Case semantics " .

وتقوم هذه النظرية أساساً علي توفير منهج عام لوصف حالات التركيب العميق أو توفير الأساس الدلالي للتركيب العميق ، حيث لا تتطابق أحياناً الحالات المدركة مع الحالات النحوية في التركيب السطحي ، فإذا تناولنا مثلاً الجمل العربية الثلاث الآتية فتح الولد الباب بالمفتاح . فتح المفتاح الباب . انفتح الباب ، فإننا نجد أن الفاعل النحوي فيها هو : الولد في الجملة الأولي . والمفتاح في الجملة الثانية ، والباب في الجملة الثالثة . فالفاعل الحقيقي هو الولد ، وليس المفتاح أو الباب ، فوضع فلمور تصوره للفاعل في مثل هذه النماذج نقول : يفتح الباب بواسطة الولد ، فإن لم يوجد الفاعل " الولد " ، فإنه يكون الفاعل(الباب) في مثل : انفتح الباب ، واقترح فلمور لهذا ست حالات ،و هي :

1- الفاعل Agentive ، وهو المسبب الحي .

2- الآلة Instramentalis ، وهي قوة غير حية .

3- قيمة متوجهة إليها Dative ، وهي مخلوق حي

4- العلة Factive شيء ناتج عن الحدث .

5- الظرفية Locative .

6- الحالة المحايدة Objective . ⁽¹⁾

وأرى أن هذا تكلف يزيد الأمر مشقة علي الدارس ، وهذا الاتجاه جرد اللغة من روحها ، واعتد بالشكل فقط دون المضمون ، والحكم الفصل في هذا أهل اللغة أنفسهم أو مستخدموها ، فالمتكلم يعلم في مثل : انكسر الزجاج . أن هناك فاعلاً آخر وراء انكساره ، وأهل العربية يعرفون أن صيغة "انكسر" تعني المطاوعة للفعل "كَسَر" في مثل : كسرت الزجاج فانكسر . أي استجابة المفعول لفعل الفاعل ، فيصبح الأخير فاعلاً مطاوعاً ، ونظيره : "مات محمد" أصله: أمات الله محمداً فمات ، والصيغة الأولى متعدية والثانية لازمة لفاعلها ، ونظيرها ما ينطق به العامة "توفي فلانٌ" وما جاء في قوله تعالى: ﴿ تَوَفَّتْهُ رُسُلُنَا ﴾ [الأنعام: 61] قيل في الأول توفي أجله بمعني استوفي . و الرسل في الثانية فعلوا الوفاة بإذن فاعلها الحقيقي ، فهم موكلون بذلك ، فأسند فعل التوفي إليهم ، وهذا مرده لنظام كل لغة ، فالمتكلم يدرك بوعيه اللغوي حقيقة المراد ، وما وراء ظاهر اللفظ ، والحكم الفصل في تحديد الفاعل الحقيقي ، هو مقصد المتكلم في الإخبار عن الحدث ، فالمتكلم إن أراد الإخبار عن الفاعل الحقيقي في الانكسار قال : "كسر الحجر الزجاج" أو الهواء أو غيره ، إذا أراد تحديد الفاعل ، لا الحدث ولكن المراد في الأمثلة : "مات محمد" ، أو "انكسر الزجاج" أو "انفتح الباب الإخبار" الحدث وليس تحديد الفاعل ، فالمراد موت محمد ، وانكسار الزجاج وانفتاح الباب ، ولهذا يقال سُرق المتاع للمجهول ، لأن المراد الإخبار بالسرقة وليس معرفة السارق.

---

(1) ارجع إلي الدكتور محمود جاد الرب . علم الدلالة . مطبعة عامر . المنصورة : 1991م ص 42 ، 43 .

ويمكننا ملاحظة هذا في خطابانا اليومي ، فالمتكلم إذا كان يريد إخبار المخاطب أنه فتح الباب قال : "فتحت الباب" .وإن كان يريد إخباره بحدث الفتح ، إذا كان موصداً قال : "انفتح الباب" ، فالفاعل في الأولي هو المتكلم أنا ، وفي الثانية الباب ، والذي حدد الفاعل مقصد المتكلم في الإخبار ، وهذا باب يغلق الجدل في قضية من هو الفاعل ، فهذا سؤال افتعله الباحثون دون وجود أسبابه في الخطاب اليومي . قال الرازي في معنى إسناد الفعل إلى الفاعل : " تارة يراد به وقوع الفعل بقدرة الفاعل، وتارة يراد به مجرد اتصافه به، فالأول مثل قولك : " ضربَ زيد" ، والثاني مثل قولك " مرِضَ زيد" [1] .

ولم تسلم آراء "فلمور" في تحديد الفاعل الحقيقي من النقد ، فالفاعل الحقيقي عند فلمور يشار إليه بأنه حي ، ولكن هذا ليس مطرداً ومثال : "هذا كسرت العاصفة الزجاج بحبات البرد" ، ومثله : "هبت الريح " فالفاعل غير حي . وأري أن هذا النقد غير موفق أيضاً ؛ لأننا لو تأملنا ما وراء حركة العاصفة والريح ، فسنجد فاعلين تسببت عنهما حركة العاصفة وكذلك هبوب الريح ، والأولي بنا أن لا نخوض في أسرار كل تركيب ،وأن نأخذ بما أمتله علينا اللغة من ألفاظ ، وأن نبحث في معانيها من خلال معطياتها اللفظية حتي لا تطرح علينا دواعي أخرى لا نستطيع سد خلتها ، والقضية ليست قضية وظيفة معني لفظ في تركيب بل المقصد هو دلالة التركيب أو الجملة ، وعلاقته المتماسكة وأثرها في المعني ، والمتلقي يدرك بوعيه اللغوي مقاصد اللغة. ومعاني الألفاظ ترتبط بالسياق النصي العام الذي جاءت فيه ، وتعد دراسة النص من خلال تركيبه هي الأساس في فهم دلالته ؛ لأن التركيب متي افتقد الدلالة افتقد قيمته . وقيمة المفردات في وظائفها الدلالية [2] .

ويتعدد معنى اللفظ بتعدد سياقاته التي يصلح لها ، وهذه المعاني المتعددة لها علاقة

---

(1) فخر الدين محمد بن عمر الرازي : نهاية الإيجاز في دراية الإعجاز، تحقيق نصر اللـه حاجي، دار صادر، بيروت ص 76.

(2) توفيق الزيدي : أثر اللسانيات في النقد العربي الحديث من خلال بعض نماذجه ، الدار العربية للكتاب تونس 1984م ص 73 .

بالمعنى الأصلي الذي وضع له اللفظ ، والألفاظ لا تفيد شيئاً غير معناها المعجمي حتى تؤلف ضرباً خاصاً من التأليف، ويعتمد بها إلي وجه دون وجه من التركيب والترتيب .[1]

و" المعني إذن هو محصلة التفاعل الدلالي بين معني الألفاظ من ناحية ،ومعاني النحو التي أقامها المتكلم بين هذه الألفاظ من ناحية أخرى ، أما الغرض فهو الفكرة العامة أو الفكرة الخام قبل أن تصاغ في أسلوب بعينه و الأغراض هي المعاني التي وصفها الجاحظ بأنها " مطروحة في الطريق ، يعرفها العجمي والعربي ،والقروي والبدوي " .[2]

والمعني يكتسب من ترتيب الكلمات علي طريقة معلومة وحصولها علي صورة من التأليف مخصوص ، وكذلك رأي بعض علماء اللغة المحدثين أن الجملة لا الكلمة أهم وحدات المعني ، فليس للكلمة معني منفصل عن سياقها ، بل معناها يحدده السياق الذي ترد فيه.

والنحو يقوم ببحث العلاقات التي تربط بين الكلمات في الجملة الواحدة وبيان وظائفها . إذ أنه وسيلة نحو التفسير النهائي لتعقيدات التركيب اللغوي ، والدلالة هي التي تبرز الاختلاف بين التراكيب المختلفة ، فالنحو والدلالة يتعاونان معاً علي توضيح النص وتفسيره ،واتجهت الدراسات اللغوية الحديثة إلي الربط بينهما في بناء اللغة ، وألحت علي ضرورة صحة المعني في نظم قواعد اللغة ، واستبعدت الجمل التي تتفق من الناحية الشكلية مع دلالتها أو معناها .مثل جملة : "أرضعت الطفلة دميتها" ، هذه جملة صحيحة شكلياً وفاسدة في المعني ، فهذه الجملة غير مقبولة ، ورأي بعض المحدثين أن وظيفة النحو قديماً تقتصر علي الناحية الشكلية ، وهي معرفة أحوال أواخر الكلمات إعراباً وبناء ، وقد تنبه

---

(1) عبد القاهر الجرجاني : أسرار البلاغة . محمود شاكر ، مطبعة المدني 1991 م ص 4 .

(2) فصول " مجلة النقد الأدبي " عدد الأسلوبية م 5 عدد 1 سنة 1984 م ص 19 مقال مفهوم النظم عند عبد القاهر الجرجاني قراءة في ضوء الأسلوبية دكتور نصر حامد أبو زيد . والجاحظ: كتاب الحيوان، تحقيق عبد السلام هارون، دار الجيل، بيروت ط 1412هـ، 1992م جـ 132/3 . ومحمود عكاشة: الدلالة اللفظية، الأنجلو، ص 39 .

علماء اللغة المحدثين إلي وظيفة النحو في الدلالة فاتجه البحث إلي دراسة الجمل من ناحية العلاقات السياقية أو السنتاجماتية Suyntagmatic relations في مقابل الصرف الذي يدرس العلاقات الجدولية أو البراديجماتية Pardigmatic . (1) وأرى أن هذا الرأي لا يتسق مع آراء النحاة العرب في وظيفة النحو، وقد ذكرنا بعضًا من آرائهم في ذلك، فليست دراسة الجملة في ضوء الدلالة من صنع المحدثين بل هم في ذلك تابعون للقدماء من العرب، ودراسة شكل الجملة فقط تنسب إلى البنيوية وغيرها من المذاهب الشكلية .

وعلماء العرب اتجهوا نحو المعني ، فالجملة تشكل شبكة من العلاقات السياقية التي تقوم كل علاقة منها عند وضوحها مقام القرينة المعنوية ، والتي تعتمد في وضوحها علي التآخى بينها وبين القرائن اللفظية في السياق . فقد خرج النحو من إطار الكلمة ووظيفتها في التركيب إلي نطاق السياق ، بل امتد دور النحو في دراسة النص جميعه ، فلقد تخطي دور النحو الإعراب ومشكلاته علي مستوي الكلمة ، وتعداه إلي مستوي التركيب ، وما يتعلق به من وظائف الكلمات والعلاقة المعنوية التي تربط مفرداته ومسائل نظم الكلام وتأليفه .[2]

وقد استطاع ابن جني وعبد القاهر الجرجاني أن يكشفا العلاقات الداخلية بين المفردات التي يتألف منها التركيب ، وجعل ابن جني المعني أساس صحة التركيب النحوى وقبوله ، كما أن عبد القاهر رأي أن اللفظ مفردًا لا يشكل قيمة دلالية ، ولا نستطيع تقييمه منفرداً بعيداً عن السياق اللغوي ، كما أن تأليف الكلام أو نظمه علي قواعد النحو ، ليس أساساً في صحة التركيب ، بل الأساس اتساق التركيب في المعني مع قواعد التركيب .

يقول عبد القاهر الجرجاني في هذا: " واعلم أن ليس النظم إلا أن تضع كلامك الوضع الذي يقتضيه " علم النحو " ، وتعمل علي قوانينه وأصولة ،وتعرف مناهجه التي نهجت فلا تزيغ عنها ،وتحفظ الرسوم التي رسمت لك ، فلا تخل بشيء منها " .. " هذا هو السبيل ، فلست بواجد شيئاً يرجع صوابه إن كان جواباً ، وخطوؤه إن كان خطأ ، إلي "

---

(1) دكتور تمتم حسان : مناهج البحث في اللغة ، دار الثقافة 1400 هـ - 1979 م ص 229 .

(2) دكتور كمال محمد بشر دراسات في علم اللغة . القسم الثاني ، دار المعارف ، ط 2 ،1971م ص 64

النظم " ، ويدخل تحت هذا الاسم إلا وهو معني من معاني النحو ، قد أصيب به موضعه ، ووضع في حقه ، أو عومل بخلاف هذه المعاملة فأزيل عن موضعه ، واستعمل في غير ما ينبغي له ، فلا تري كلاماً قد وصف بصحة نظم أو فساده ، أو وصف بمزية وفضل فيه ، إلا وأنت تجد مرجع تلك الصحة وذلك الفساد وتلك الميزة وذلك الفضل ، إلي معاني النحو وأحكامه ، ووجدته يدخل في أصل من أصوله ، ويتصل بباب من أبوابه. [(1)]

فالتفاعل بين الكلمات ، ووظائفها النحوية في الجملة تفاعل دلالي نحوي معاً ، فبين الجانبين تعاون مشترك وتبادل تأثيري . [(2)]

وتعرف الدلالة التركيبية بأنها " الدلالة الناشئة عن العلاقة بين وحدات التركيب أو المستمد من ترتيب وحداته علي نحو يوافق القواعد . [(3)]

فالنظام التركيبي ذو فاعلية في خلق المعني المتعدد ، فهو جزء أساسي من حيوية اللغة ، وقد بذل المتقدمون ما وسعهم من أجل توضيح هذه الفاعلية . فانتظام الكلمات ونوع الترابط والانفصال بين العبارات والتفاوت الملحوظ بين صيغ الكلمات في العبارة كل أولئك كان مجالاً واسعاً يكشف إمكانيات غير قليلة . [(4)]

وقد اعتمد أفلاطون عليه في التمييز بين الكلمات ، وتبعه نحاة الإغريق في التمييز بين مختلف الأنواع التركيبية كالمفرد والمثني والجمع والمعرفة والنكرة و الفاعل والمفعول والحال والتمييز ...إلخ ، علي أساس المعني ، بل لقد بالغ بعض نحاة العرب فذهبوا إلي كلمات مستترة وكلمات مقدرة ، بل لقد أعطوا هذه الكلمات أحكاماً إعرابية وألزموها ضماً أو كسراً

---

(1) عبد القادر الجرجاني . دلائل الإعجاز ، تحقيق محمود شاكر ، مطبعة المدني 1992م ص 81 ، 82

(2) ارجع إلى : عاطف مدكور : علم اللغة بين التراث والمعاصرة ص 196 ومحمد حماسة عبد اللطيف النحو والدلالة ص 85

(3) محمد حبلص " دكتور " : أثر الوقف علي الدلالة التركيبية . دار الثقافة 1993 م ص 67 ، 68

(4) ارجع إلى : الدكتور مصطفى قطب دراسة لغوية لصور التماسك النصي، دار العلوم، 1417هـ - 1996م ص 17 .

أو فتحاً ، وهذه الكلمات لا وجود لها . وهذا الأحكام التقديرية التي تقوم علي كلمات مفترضة وأحكام ظنية وعوامل متوهمة تشكل عقبة في طريق الدرس اللغوي الحديث ، الذي يبحث عن أيسر المناهج لتعليم اللغة ، فرأي بعض العلماء ضرورة التخلص مما ليس له وجود أو مما ليس فيه فائدة ، ويشكل عبئاً علي المتعلم .

وقد رأت المدرسة البنائية – أو الشكلية – أن تفرق بين عنصري العبارة اللغوية (عنصر اللفظ وعنصر المعني) ، وأن تحلل كلا منهما علي حدة وفقاً لطبيعة كل منهما ، وذلك لأن المعني أمر نسبي يخضع تحديده للظروف الخارجية والانطباعات الجانبية والحالة النفسية ، أما العبارة فهي كيان مادي محدد الأجزاء ثابت الصورة .(1)

ولم تفصل المدرسة البنائية بين الشكل والمعني إلا فصلاً مرحلياً ، فدراسة الصورة اللفظية منفصلة عن المضمون الدلالي لا تعني إهمال الدلالة ، وذلك لأنه علي الباحث أن يربط كل صورة لفظية بمقابلها الدلالي .

وقد رأي فيرث أن المعني موجود حتى علي المستوي الصوتي . وهو في هذا يعتمد علي نظرية تقول إن تمييز فرد من أفراد مجموعة عن سواه يعني تحديد مدلوله ، والتاء غير الهاء والقاف غير الكاف لما بين كل فرد من أفراد هاتين المقابلتين من وجوه شبه ووجوه اختلاف تميز واحداً منها عن الآخر . وهذا التمييز في حد ذاته دلالة علي مستوي هذه المقارنة ، وتوجد علي المستوي الصرفي عناصر الدلالة أيضاً ،فالصرف Morphome مجموعة من الأصوات ذات الدلالة . والعلاقة النحوية تتضمن دلالة كذلك ، أما الدلالة القاموسية فأوضح من أن تعّرف .(2)

ويتبين من ذلك أهمية دور النحو في تحديد المعني ، فالغاية من دراسة النحو " هي فهم تحليل بناء الجملة تحليلاً لغوياً يكشف عن أجزائها ، ويوضح عناصر تركيبها ، وترابط هذه

---

(1) عبد الرحمن أيوب (دكتور): التحليل الدلالي للجملة العربية : المجلة العربية للعلوم الإنسانية . عدد 10م 1983/3م ص 108 ، 109

(2) نفسه

العناصر ببعضها الآخر ، لتؤدي معني مفيداً ، ويبين علائق هذا البناء ، ووسائل الربط بينه ، والعلامات اللغوية الخاصة بكل وسيلة من هذه الوسائل ، ويكون دور مهمة الباحث النحوي في دراسة " الجملة " تصنيفها ، وشرحها ، وإيضاح العلاقات بين عناصر هذا البناء ،وتحديد الوظيفة التي يشغلها كل عنصر من عناصرها ، والعلاقات اللغوية الخاصة بكل وظيفة منها ثم تعيين النموذج التركيبي الذي ينتمي إليه كل نوع من أنواع الجمل . وقد يتجاوز ذلك . إذا أراد أن ينصب هذا النموذج معياراً ـ إلي فرض النموذج علي واقع لغوي يختلف عن الواقع اللغوي الذي انتزع هذا النموذج زمناً ومكاناً مستهدفاً بصنيعه هذا محاولة الوصول إلي المستوي الذي يفرض قواعده .

وليست الجملة التي يدرسها النحوي ، ويحدد أشكالها وخصائصها من صنعه هو ، كما كان يصنع بعض النحويين جملاً توضيحية ، بل يدرس النحوي جمل اللغة التي اتخذها موضوعاً للدراسة في فترة زمنية محددة [(1)] .

ويري الدكتور حماسة أنه " ليس من حق النحوي أن يرتجل أو يختلق ما يراه مناسباً ، بل عليه فحسب أن يدرس اللغة كما يسمعها ، ويضع القواعد مستخلصة من هذا الذي يسمعه ، ويسجله إن كان يدرس لغة معاصرة ، أو من الذي يقرؤه إن كان يدرس لغة مكتوبة شريطة أن يجتهد في قراءته بحيث تكون أقرب إلي الصورة التي كان ينطقها بها أهلها ، وإن كان من حقه - بطبيعة الحال - أن يبتكر من الوسائل ما يراه معيناً له في دراسته للجملة من أجل فهم بنائه ، وبوصفها أيضاً خلية حية من جسم اللغة المدروسة - تكمن فيها أيضاً خصائصها [(2)] . وهي عودة إلي توظيف النحو توظيفاً عملياً معاصراً يعتمد في دوره علي الدلالة وما تؤديه من أغراض تواصلية في المجتمع.

وقد عد كثير من المحدثين ابتعاد النحو عن الدلالة في بعض الأمثلة الثغرة التي يدخل منها الحاقدون للطعن في قيمة النحو العربي حديثاً ، والسبب يرجع إلي ما يعرف بـ " صناعة

---

(1) محمد حماسة عبد اللطيف (دكتور): بناء الجملة العربية . دار الشروق ط1 /1416 هـ 1996م ص 16

(2) المصدر السابق ص 16

النحو " وهي الأمثلة التي كان يصنعها بعض النحاة للقواعد ، وزعموا أنه خالٍ من المضمون مما جعله في نظرهم جسداً بلا روح ، وعلماء العربية عالجوا اللغة في ضوء دلالتها، والأمثلة التي صنعوها لها معنى، وتوافق قواعد اللغة إلا ما ضربوه لبعض النماذج الفاسدة في اللغة، فأخرجوها من الصحيح والفصيح .

والمضمون يعني ارتباط المعنى بالتركيب أو " علم الدلالة " بعلم النحو ، وهي الدعوة التي سبق إليها عبد القاهر الجرجاني من قبل عندما درس النظم وعلاقته بالمعنى.

ويوافق رأي الدكتور " تمام " رأي غيره من العلماء المحدثين الذين رأوا ضرورة أن يكون للنحو العربي " مضمون " ، فيرى ضرورة مزج معطيات علم النحو بمعطيات علم الدلالة ، ليخرج بنتائج لم يتوصل إليها من سبق من علماء اللغة والنحو والبلاغة .

وقد أخذ عليهم تقصيرهم في هذا الأمر : " ولكن لم يحاول واحد من الأساتذة أن يمزج أحد العلمين بالآخر ليخرج منهما دراسة نحوية تعني بالتركيب كما تعني بالتحليل ، وتختص بمعاني الجمل كما تختص بمعنى الأبواب الفرعية التي في داخل الجمل " (1) ، وهي الفكرة التي توسعت فيها بحوث حديثة .

وليست دعوة الدكتور تمام حسان بجديدة علي الدرس اللغوي العربي ، فقد قام ابن جني بربط الدلالة بقواعد اللغة ، وقام عبد القاهر الجرجاني بربط الكلمات بالتراكيب التي تقوم علي قواعد النحو ، ثم ربطهما بالمعنى ، ليصل من ذلك إلي تحقيق أغراض بلاغية ، وذلك من خلال نظرية النظم ، وتلك صنعة البلاغيين .

ويوجد فرق بين المعني المعجمي المألوف لنا والمعني التركيبي ، الذي يتعلق بقواعد اللغة (النحو) فالمعني النحوي " هو محصلة العلاقات القائمة بين الكلمات في الجملة ، وهو ما تدل عليه الكلمات باعتبارها رموزاً للأشياء والأحداث والأفكار كما يتمثلها المتحدث باللغة : فمثلاً : الكلمات مثل : كرة ، ولد ، ضرب ، لها معني معجمي نجده فيما بين أيدينا

---

(1) تمام حسان " دكتور " اللغة العربية مبناها ومعناها . دار الثقافة . الدار البيضاء ط 1994 م ص 336

من المعاجم ، ولكن مثل هذه الكلمات ليس لها معنى نحوي ، حتى توضع في تركيب معين بطريقة معينة ، حيث يكشف هذا التركيب عن طبيعة العلاقات النحوية بينها ، كأن نقول مثلاً : ضرب الولد الكرة ، أو الولد ضرب الكرة ، وهنا فقط تظهر العلاقات النحوية بين هذه الكلمات ⁽¹⁾ .

ويبين الدكتور عبده الراجحي وظيفة النحو ، فيقول : " ومن الحقائق المقررة في الدرس الحديث أن النحو – بما هو درس للتركيب أو الجملة – إنما يدرس المعاني النحوية ، وليس المعاني المعجمية أي أنه يدرس معاني الأشكال ذاتها أو المعاني التي تؤدي إليها البنية اللغوية والعلاقات التي تمثلها العناصر التي تتركب معاً في كلام " ⁽²⁾ .

وقد قام ابن جني بدراسة رائدة في علاقة النحو بالمعنى وذلك في القرن الرابع الهجري – فأطلق على معنى التركيب أو الدلالة التركيبية اسم " الدلالة المعنوية " ، ويقصد بها : المعنى الذي يتحقق من تراكيب الكلام ، وذلك من خلال العلاقات الإعرابية أو العلاقات التي يقيمها نظام الإعراب ، وهي علاقات معنوية تنشأ – في التركيب ـ وقد تناول ابن جني الدلالة المعنوية أثناء حديثه عن أنواع الدلالات في اللغة فقسمها إلى : لفظية (معنى اللفظ) وصناعية (دلالة البناء الصرفي) ، ومعنوية (وهي التي تتحقق من نظام الإعراب) ، يقول عن الدلالة المعنوية " أما المعنى فإنما دلالته لاحقة بعلوم الاستدلال ،و ليست في حيز الضرورات" ، ألا تراك حين تسمع " ضرب " عرفت حدوثه وزمانه ، ثم تنظر فيما بعد ، فتقول : هذا فعْل ، ولا بد له من فاعِل ، فليت شعري من هو ؟ وما هو فتبحث حينئذ إلى أن تعلم أن الفاعل من هو وما حاله ؟ ⁽³⁾ فدلالة التركيب تأتي من جموع ألفاظه ؛ لأن كل كلمة في التركيب تعتمد على وظيفة الأخرى في التركيب نفسه .

ويؤكد ابن جني أن وظيفة الألفاظ في التركيب تتبين من ناحية المعنى لا من ناحية

(1) الدكتور حامي خليل : الكلمة دراسة اللغوية معجمية ط 2 / 1993م ، ص 104

(2) الدكتور عبده الراجحي : فقه اللغة في الكتب العربية ، ط 1979م ، ص 159 .

(3) الخصائص 99/3 (ط الهيئة)

اللفظ " فقد علمت أن دلالة المثال علي الفاعل من جهة معناه " [(1)].

فالحروف (مثل حروف الجر) والكلمات تكتسب دلالتها من خلال التركيب [(2)] , ودلالة التركيب هي التي تجزم بأن اللفظ أو الحرف أساس في التركيب أم زيادة فيه يمكن تركه ، فالتركيب هو الذي يقتضي وجود اللفظ أو الحرف ، لأنه يحقق وظيفة فيه ، ويؤدي دلالة ، والحروف تكتسب معانيها . في التركيب ، ولكنها لا تعطي معني معجمياً وهي مستقلة ، فاللام حرف لا معني له ، ولكنها تعطي معني الملكية في قولنا " الملك لله " إلي جانب وظيفتها النحوية ، وكذلك الباء من معانيها في التركيب : الاستعانة مثل : كتبت بالقلم ، والسببية مثل : أخذ بذنبه ، والظرفية مثل : ﴿ وَلَقَدْ نَصَرَكُمُ ٱللَّهُ بِبَدْرٍ ﴾ [آل عمران: 123] ، والإلصاق نحو أمسكت بالقلم ، والقسم نحو: أقسم بالله ، وتأتي لأغراض نحوية مثل تعدية الفعل اللازم مثل : مررت بالبيت و ﴿ ذَهَبَ ٱللَّهُ بِنُورِهِمْ ﴾ [البقرة: 17] ، وقد رأي ابن جني أن الدلالة اللفظية أقوي من الدلالة المعنوية ؛ لأن دلالة اللفظ متمكنة فيه ، ولكن دلالة التركيب تأتي من جميع أجزائه [(3)].

والمعني النحوي غير المعني المعجمي ذلك أن الكلمة تكتسب معناها النحوي من التركيب ، ومثال ذلك بعض الكلمات مثل : يوم ، أمام ، ساعة ، تعامل تارة علي أنها ظرف عندما يقع فيها الفعل ، مثل : وقفت أمام الباب ، ولكن جملة : جري اللاعب من أمام المحطة إلي داخل الملعب في ساعة ،لا يعد النحويون أمام وساعة وداخل ظروفاً ؛ لأن " أمام " و " داخل " لم يحدث فيهما الفعل ، ولأن "ساعة " ، وإن حدث فيها الفعل ، فإن ثمة حرفاً يسبقها ويقتضيها معني نحوياً معيناً [(4)].

وسيطرت فكرة الدلالة التركيبية أو دلالة الجملة أو معني الجملة علي ابن جني ، ولهذا

---

(1) الخصائص 99/3

(2) ارجع إلي : دلائل الإعجاز ص 82

(3) ارجع إلي الخصائص 99/3 ، 100

(4) الدكتور / عبده الراجحي ، فقه اللغة في الكتب العربية ص 162 .

نجده يحكم بفساد التركيب لفساد معناه ، وإن صح التركيب شكلاً : " ومن المحال أن تنقض أول كلامك بآخره ، وذلك كقوله : قمت غداً ، أو سأقوم أمس .. " [1]. فهذان المثالان صحيحان من ناحية بناء الإعراب أو من ناحية الشكل فالجملتان تتكونان من : فعل + فاعل + ظرف ، ولكنهما فاسدتان من ناحية المعنى لتناقض الزمن في كل منهما دلالة (زمن الفعل وزمن الظرف) ، فالماضي خلاف المستقبل ، وهذا يستحيل عقلاً .

واستشهد ابن جني على فساد بعض التراكيب لتناقضها في المعنى ، مثل : الياقوت أفضل الطعام .وزيد أفضل الحمير ، ولكنه أجاز: الياقوت أنفس الأحجار ، وزيد أفضل الناس ، وعلل سبب ذلك أن زيدًا ليس من الحمير ، فيكون أفضلهم ، ولكنه يدخل في الناس ، وكذلك الياقوت ليس طعاماً ، ولكنه نوع من الحجارة ، فلا بد إذا أن يكون المفضول من جنس المفاضل ، ومن ثم خطّأ ابن جني تركيب " زيد أفضل إخوته " ، لأن زيداً ليس جزءاً من إخوته فهم له إخوة وليس كذلك إلى نفسه ، ولكنه جزء من الناس ، والأصوب أن نقول : زيد أفضل بني أبيه ؛ لأنه يدخل فيهم فهم جميعاً أبناء رجل واحد [2] .

ويعلل ذلك فيقول: " فعلى ذلك لم يجيزوا زيد أفضل إخوته ، لأنه ليس واحداً من إخوته ، وإنما هو واحد من بني أبيه ، وأيضاً ، فإن الإخوة مضافون إلى الضمير زيد ، وهو الهاء في إخوته ، فلو كان واحداً منهم ، وهم مضافون إلى ضمير – كما ترى – لوجب أيضاً أن يكون داخلاً معهم في إضافته إلى ضميره ، وضمير الشيء هو الشيء البتة والشيء لا يضاف إلى نفسه" [3].

ويتبين من ذلك أن التركيب يصبح فاسداً إذا تناقض منطقياً أو استحال قبول معناه عقلاً ، وهذا سبق فريد من ابن جني حيث ربط بين المعنى والشكل ، فرفض التراكيب الشكلية المصنوعة التي لا تتسق مع الواقع والعقل ، فالدلالة عنده تقوم على صحة الشكل

---

(1) الخصائص جـ 3 / 331 .

(2) الخصائص جـ 3 / 331 .

(3) الخصائص 3 / 333 ، 334 .

والمضمون معاً ، فلا يكفي صحة الإعراب في بناء الجملة بل من الضروري اتساق المعني مع الواقع وقبوله منطقياً. وتوسع في ذلك فربط بين المضمون والعالم الخارجي ، وذهب إلى ضرورة اتساق المضمون مع العالم الخارجي .

وذهب عبد القاهر مذهب ابن جني ، فأبطل كثيراً من التراكيب التي يستحيل حدوث معناها ، كعموم النفي في مثل : ما أكلت شيئاً ، وما رأيت أحداً من الناس . وأنت مبصر .

ومثل : ما أنا قلت هذا ، وما قاله أحد من الناس . فهذا نفي لقول قد قيل ، فهذا وأضرابه " كان خَلْقاً من القول " أي الرديء من القول . وكان في التناقض بمنزلة أن تقول " ليست الضارب زيداً أمس " فتثبتَ أنه قد ضرب ، ثم تقول : من بعده " وما ضربه أحد منَ الناس " و" لست القائل ذلك " فتثبت أنه قد قيل ، ثم تجيء فتقول : " وما أحد من الناس " ورد عبد القاهر كثيراً من الأمثلة الفاسدة .(1)

وضرب عبد القاهر أمثلة علي فساد التركيب نحو قول الفرزدق يمدح إبراهيم بن هشام خال هشام بن عبد الملك الخليفة:

ومـــا مثلُـــه في النـــاس إلا مُمَلَّكـــاً أبـــو أمِّـــهِ حـــي أبـــوه يقَاربُـــهْ

أي وما مثله في الناس حي يقاربه إلا مملك أبو أمه أبوه، يعني المملك هشاماً وأبو أم ذلك المملك أبو هذا الممدوح .

ويعقب علي تلك الشواهد بقوله : وفي نظائر ذلك مما وصفوه بفساد النظم ، وعابوه من جهة سوء التأليف أن الفساد والخلل كانا من أن تعاطي الشاعر ما تعاطاه من هذا الشأن علي غير الصواب ، وصنع في تقديم أو تأخير أو حذف وإضمار أو غير ذلك مما ليس

---

(1) ارجع إلي دلائل الإعجاز ص 125 : 126

يصعنه ، ومالا يسوغ ولا يصح علي أصول هذا العلم .(1)

وتعد نظرية النظم التي وضعها عبد القاهر وآراؤه التي دارت في رحا التركيب والمعني صدي لجهود ابن جني (ت 391هـ) ، والنتائج التي توصل إليها ثمرة القضايا اللغوية التي عالجها ابن جني في كتابه الخصائص ، فنظرية النظم ليست إلا تطويراً لما قاله ابن جني من ضرورة مراعاة المعني في صناعة التركيب ، واتساق معني التركيب مع الفكرة وعدم مخالفة الواقع ، كما أنه اهتم بالشكل التركيبي ، وجعل المعني العلاقة التي تربط بين عناصره .

ولقد ميز علم اللغة الحديث بين الجمل غير المقبولة لأسباب نحوية ، والجمل غير المقبولة لأسباب قاموسية أو لأسباب تتعلق بالمعني ، فالجملة قد تكون صحيحة نحوياً ، ولكنها ليست كذلك دلالياً ، وقد ذكر " تشومسكي " جملة أصبحت شهيرة في الدراسات اللغوية المعاصرة للدلالة علي ذلك ، وهي : الأحلام أو الأفكار الخضراء عديمة اللون تنام غاضبة .

فالجملة صحيحة من ناحية الشكل ومنحرفة قاموسياً ، أو غير مقبولة من ناحية المعني ، ومن ثم فقد رأي تشومسكي أنها ليست نحوية أيضاً .(2)

وأري أن هذه الجملة التي حكم تشومسكي بفسادها قد تكون صحيحة من الناحية المجازية ، ولكن الأمثلة التي احتج بها ابن جني أدق في التعبير علي فساد معناها ؛ لأنها لا تحمل علي المعني المجازي ، فقد كان ابن جني مصيباً في نماذجه ، ودقيقاً ، يقول في ذلك : "فهذه كلها ونحوها من غير ما ذكرناه أجوبة صحيحة علي أصول فاسدة .. فمن المحال أن تنقض أول كلامك بآخره ، وذلك كقولك : قمت غداً . وسأقوم أمس ، ونحو هذا " .(3)

---

(1) دلائل الإعجاز ص 84 ، لقد قدمت الحديث عن عبد القاهر وهو متأخر عن ابن جني فقد مات عبد القاهر 471هـ بينما ابن جني 391 ، لأن عبد القاهر قد اكتملت عنده الجوانب الدلالية وتوسع فيها. وارجع إلى المبرد في الكامل (ط المكتبة العصرية) جـ 27/1 .

(2) ارجع إلي : د / محمود جاد الرب : علم الدلالة ص 23

(3) الخصائص 3 / 33

ولم يقف ابن جنى موقفاً واحداً من تلك التراكيب ، فقد استثني من ذلك التراكيب الدعائية التي تأتي في زمن الماضي مثل : أيدك الـلـه ! ، وحرسك الـلـه ،فهي في الماضي ويبتغي منها ما سيكون ، ويفسر هذا ابن جني:"إنما كان ذلك تحقيقاً له، وتفاؤلاً بوقوعه إن هذا ثابت بإذن الـلـه ، وواقع غير ذي شكٍ ، وعلي ذلك يقول السامع للدعاء إذا كان مريداً معناه : وقع إن شاء الـلـه ، ووجب لا محالة أن يقع ويجب" (1) .

وقد جاء الزمن في بعض آيات القرآن الكريم بصيغة الماضي ، ويراد به الحال والاستقبال ، مثل: ﴿ وَكَانَ ٱللَّهُ عَزِيزًا حَكِيمًا ﴿١٥٨﴾ ﴾ [النساء: 158] كان وما يزال (2) .

وقد يأتي الزمن في المضارع في الحكاية عن الماضي ومن ذلك قول الشاعر :

ولقــد أمــر عــلي اللئيم يــسبني   فمــضيتُ ثُمّــتَ قلــت لا يعنينــى

ويعلق عليه ابن جني فيقول : "فإنما حكي فيه الحال الماضية ، والحال لفظها أبداً المضارع ، نحو قولك : زيد يتحدث ويقرأ ، أي هو حال تحدّثٍ وقراءةٍ ، وعلي نحو من حكاية الحال في نحو هذا قولك : كان زيد سيقوم أمس ، أي كان متوقعاً منه القيام فيما مضي (3) .

ولقد اهتم ابن جني بسياق الحال في التركيب ، ورأي ضرورة عدم مخالفة المعني الواقع الخارجي ، فاللغة لا تقبل تركيباً يتناقض في زمنه مثل : سأقوم أمس . أو قمت غداً ، وكذلك لا تقبل تركيباً يتناقض مع العالم الخارجي مثل طار الحمار ، وولدت الدجاجة، ولكن قد يختلف الزمن لأداء دلالة معينة مثل الحكاية عن الماضي بالمضارع لاستحضاره أمام المتلقي ليكون أكثر تفاعلاً معه .

---

(1) نفسه

(2) ارجع في ذلك إلي مجاز القرآن أبي عبيدة معمر بن المثني (ت 210 هـ) ، جـ 7/2 وابن قتيبة : تأويل مشكل القرآن، طبعة دار التراث ص 297 تجدهما قد عالجا هذا الموضوع معالجة وافية ، وسيأتي بيان ذلك في بابه إن شاء الـلـه .

(3) الخصائص 331/3

كما قد تأتي بعض التراكيب في صيغة الماضي ، والسياق يقتضي الحال لغرض تأكيد وقوع الحدث للتحقيق في المضارع بوضعه في صيغة الماضي . مثل قوله تعالى: ﴿ أَتَىٰٓ أَمۡرُ ٱللَّهِ فَلَا تَسۡتَعۡجِلُوهُ ﴾ [النحل: 1] أي سيأتي .

وقد يأتي سياق الحال في زمن الماضي رغبة في الوقوع وتفاؤلاً بحدوثه مثل : صيغ الدعاء : رحمك اللـه ! ، وعفا عنك ! ، أملاً في الاستجابة .

والمتكلم يلجأ إلي هذا الدلالة علي معني يرجوه ، أو لغرض بلاغي غايته التأثير في المتلقي ، فالعدول عن الأشكال المألوفة لدي الملتقي إلي أشكال غير مألوفة يجذب انتباهه ويشوقه إلي معرفة المعني ويزيده جمالاً وتأثيراً .

ولكن اختلاف سياق الحال لا يتحقق في تركيب واحد ؛ لأن ذلك غير مقبول مثل : سأقوم أمس ، و لكنه يحدث في التراكيب أو في النص الذي يتناول مضموناً واحداً ، مثل الحكاية عن حدث وقع في الماضي بزمن المضارع أو اختلاف زمن التركيب عن زمن السياق الخارجي ، مثل زمن الدعاء الذي أتي في الماضي ، والداعي يبتغي منه ما سيكون ، ونلاحظ أن زمن الجملة هو الآخر يشارك في الدلالة ، ومثال ذلك قول الحق تبارك وتعالى : ﴿ وَقَالَتِ ٱلۡيَهُودُ يَدُ ٱللَّهِ مَغۡلُولَةٌۚ غُلَّتۡ أَيۡدِيهِمۡ وَلُعِنُواْ بِمَا قَالُواْۘ بَلۡ يَدَاهُ مَبۡسُوطَتَانِ يُنفِقُ كَيۡفَ يَشَآءُۚ وَلَيَزِيدَنَّ كَثِيرٗا مِّنۡهُم مَّآ أُنزِلَ إِلَيۡكَ مِن رَّبِّكَ طُغۡيَٰنٗا وَكُفۡرٗاۚ وَأَلۡقَيۡنَا بَيۡنَهُمُ ٱلۡعَدَٰوَةَ وَٱلۡبَغۡضَآءَ إِلَىٰ يَوۡمِ ٱلۡقِيَٰمَةِۚ كُلَّمَآ أَوۡقَدُواْ نَارٗا لِّلۡحَرۡبِ أَطۡفَأَهَا ٱللَّهُۚ وَيَسۡعَوۡنَ فِي ٱلۡأَرۡضِ فَسَادٗاۚ وَٱللَّهُ لَا يُحِبُّ ٱلۡمُفۡسِدِينَ ﴿٦٤﴾ ﴾ [المائدة: 64] جاء زمن الأفعال : قالت ، لعنوا ، قالوا ، أو قدوا ، أنزل ، ألقينا ، أطفأ . في الماضي وذلك للدلالة علي الوقوع والتحقيق ، فحدوث القول ، واللعنة ، والكفر ، والطغيان ، وإلقاء العداوة ، وإيقاد الفتن ، كل ذلك تحقق ، ولكن اقتضى السياق وجود زمن المضارع مثل : ينفق كيف يشاء ، وليزيدن ، ويسعون ، واللـه لا يحب المفسدين . وذلك للدلالة علي الحدوث والتجديد ، فاللـه تعالى كريم دائماً ، كما أنهم يزدادون طغياناً وكفراً ، ودأبهم الإفساد في الأرض ، وكراهية اللـه للمفسدين دائمة (1) ، ويقول تعالى مخبراً عن الإنسان أنه أوجده بعد أن لم يكن شيئاً يذكر لحقارته

---

(1) ارجع إلي : تفسير ابن كثر م2 / 76 الآية 64 المائدة

وضعفه: ﴿ هَلْ أَتَىٰ عَلَى ٱلْإِنسَٰنِ حِينٌ مِّنَ ٱلدَّهْرِ لَمْ يَكُن شَيْـًٔا مَّذْكُورًا ﴿١﴾ ﴾ [الإنسان: 11] عبر برزمن المضارع عن حدث في الماضي ، وهو عدم وجود الإنسان تحقيقاً في الماضي ، وإيجاد الـلـه تعالى له في زمن النزول ، وقال أبو عبيدة : إن معني (هل أتي) "قد أتي فهي للجحد" (1) .

ويجب أن تتسق الدلالة المعنوية منطقياً وأن تكون مقبولة عقلاً ، ومن ثم لا يقبل تركيب مثل : علي أفضل الكتب . أو الورد أفضل الأولاد ؛ لأن علياً ليس كتاباً ، والورد ليس بشراً .

ولكن توجد تراكيب تعطي من ناحية الشكل هذا الإخبار ، ولكنها من ناحية تأويل المعني تتسق مع المنطق والواقع مثل صيغة الدعاء : لا أبالك! فالمعني المباشر كاذب أو غير صحيح ؛ لأن المدعو عليه له أب بالضرورة حياً أو ميتاً ،ولكن المعني التأويلي يفهم من خلال بحث أعماق المعني ، ويشارك في ذلك السياق اللغوي وسياق الحال أو الموقف وقصد المتكلم ، فالقصد هو الدعاء ، ويفهم من سياق الحال أنه يدعو عليه بفقد الأب أو يعني الإغلاظ والسباب . فهذه التراكيب قد تفيد حقيقة ، مثل قول المتكلم للمتلقي : " أعماك الـلـه!" وهو أعمي ، وقوله للفقير " أفقرك الـلـه " ولكن سياق الحال وقصد المرسل قد أخرجا هذا التركيب عن أصل معناه إلي معني آخر دلالته الدعاء عليه أو التوبيخ .

علي هذا تفسر الأمثال ، والحكم ، والتراكيب الاصطلاحية ، وقد تحتمل أكثر من دلالة، ويجب أن يستقيم التركيب منطقياً إلي جانب استقامة معناه ، فلا يكرر نفسه ، لغير دلالة جديدة ، أو أن يدل علي ما هو معلوم ، فالغاية من التركيب دلالته علي معني يفيد السامع ، وقد أشار ابن جني إلي ذلك ، مثل : أحق الناس بمال أبيه ابنه . فهذا التركيب صحيح من ناحية المعني والشكل ، ولكنه لم يحقق معني مستفاداً ، ومثل : زيد زيد ، والقائم القائم، ونحو ذلك مما ليس في الجزء الثاني منه ، إلا ما في الجزء الأول البتة ، وليس ذلك عقد الإخبار ،لأنه يجب أن يستفاد من الجزء الثاني ما ليس مستفاداً من الجزء

---

(1) مختار الصحاح : هل .

الأول" [1] . وهذا ليس مطرداً في كل التراكيب ، فالتكرار يؤدي دلالة بلاغية تفهم من السياق اللغوي وسياق الحال ، ويشترط ابن جني في مثل هذا أن يعطي الجزء الثاني المكرر زيادة الفائدة علي الجزء الأول [2] . يقول ".. إنما أعيد لفظ الأول لضرب من الإدلال والثقة بمحصول الحال.. " . [3] فالألفاظ وضعت للإفادة مطلقًا ، وما ليس مفيدًا ، فليس بلغة ، ولا يعتد به .

دلالة الكلمة في الجملة :

تدخل دراسة الكلمة في علم اللغة الحديث تحت فرع جديد من فروعه ، وهو علم دلالة الكلمة ، والكلمة وحدة دلالية مستقلة حاملة للمعني تشارك مع غيرها من الكلمات في بناء الجملة ، وقد رأي أرسطوطا ليس أنها أصغر وحدات الكلام حاملة المعني ، وسلّم العلماء بهذا الرأي فترة طويلة ، حتى اكتشف علم اللغة الحديث أن الوحدات الصرفية Morphomes هي أصغر وحدة دلالية ، وقسموا الوحدات الصرفية (المورفيمات) إلي مجموعتين : المجموعة الأولي : هي الجذور أو الأصول غير المستقلة ، ويمثلها في العربية : ألف فاعل ، واو مفعول ، والحروف التي تزاد في بنية الكلمة للدلالة علي معني مثل : التاء في صيغة الافتعال ، والألف في فاعل ، والمجموعة الثانية هي الوحدات المستقلة التي لاتدخل في أصل بنية الكلمة مثل : عناصر الإعراب ، وعلامات الجمع والتنغيم والنبر والوقفات ، فهذه العناصر ليست لها علاقة بالكلمات المفردة بل بالعلاقات النحوية وبتركيب الجمل ، ومن ثم ليست الكلمة أصغر وحدة دلالية ، ولكننا نستطيع أن نقول إنها أهم جزء في بناء الجمل ، فليست هناك جملة تخلوا من الكلمات ، فالجملة لا تكون جملة دون كلمة ، فأصغر جملة في اللغة العربية تحتوي علي كلمة واحدة وفاعل مستتر في مثل : عِ . فِ . قِ ، من : وعى ، وفى ، وقى .

---

(1) الخصائص 336/3

(2) ارجع إلي الخصائص 338/3

(3) نفسه

وعرف بلومفيلد الكلمة تعريفاً شكلياً ، فرأي أنها أصغر صيغة حرة a minimum Free form ، والصيغة الحرة هي التي لا تنقسم إلي أشكال حرة صغرى، فلا يمكن تفكيك أجزائها ، ومثال هذا " Nicely " أصغر صيغة حرة فيها Nice ، ولكن اللاحقة " Ly " ليست حرة ؛ لأنها لا تأتي مستقلة (1) ، ونظيرها في العربية كلمة " عربي" تتكون من " عرب " وياء النسب ، فعرب صيغة حرة وياء النسب لا تعد صيغة حرة ؛ لأنها لا تأتي مستقلة ، والجملة هي التي تضبط هذه الأشكال الحرة ، وغيرها من الوحدات غير الحرة عند بلومفيلد إن النقطة الأساسية في رأيه هي صلة الكلمة بالجملة.

وقد درس علماء العربية في فترة مبكرة دلالة الوحدات الصرفية التي تدل علي معني في الكلمات ، مثل حروف المضارعة ، والجمع ،وياء النسب ، كما بحثوا دلالة الحروف التي تشارك في دلالة التراكيب وأطلقوا عليها حروف المعاني ، مثل حروف الجر ، والنصب ، والعطف ، وبهذا يكون لهم السبق في مجال اكتشاف وحدات الكلام الصغرى حاملة المعني .

وقد دعا أولمان حديثاً إلي وجود فرع خاص من علم اللغة تكون مهمته تناول جوانب الكلمة المختلفة ، فقد لاحظ من خلال اهتمامه بدراسة الكلمة أنها تؤدي دوراً رئيساً في بناء اللغة ، فكتب في الكلمة بحوثاً عديدة منها كتابة الشهير " دور الكلمة في اللغة " (2) .

وقد أطلق أولمان علي الفرع الذي خصصه لدراسة الكلمة اسم " علم المفردات lexicology ، ويشكل بجانب " الفنولوجيا " " علم الصرف " الجزء الرئيسي الثاني في علم اللغة ، ويدرس علم المفردات الكلمات يدرس كذلك المورفيمات المتعددة التي تتعلق بالثروة اللغوية مثل الجذور غير المستقلة والسوابق واللواحق ، ويهتم هذا العلم أيضاً بأساليب صياغة الكلمات ، وبإعادة صياغة بعض الكلمات ،ويهتم كذلك بوضع كلمات جديدة (3) .

---

(1) وقد تدل زيادة الياء على المفرد من اسم الجنس نحو : ترك : تركي ، زنج : زنجي ، عرب : عربي ، روم : رومي .

(2) ستيفن أولمان: دور الكلمة في اللغة، ترجمة وتعليق الدكتور كمال بشر، دار غريب (د.ت) . ونشرته من قبل مكتبة الشباب، وصدرت منه طبعة حديثة عن دار غريب .

(3) الدكتور محمود جاد الرب : علم الدلالة ص 37 ، 38 .

واهتم الدرس العربي القديم بدراسة الكلمة ، وأعطاها أهمية كبيرة ، فتناول أصواتها وتأليفها وشروط فصاحتها والسياق الذي يناسبها ، وبلغت عناية العرب بالكلمة درجة دفعت بحساد العربية إلي الطعن في قيمة التراث العربي فقذعوه ،واتهموا العرب بأنهم يهتمون بصناعة اللفظ ويهملون معناه ، لكثرة حديثهم عن اللفظ وعنايتهم به ، وقد توجه اهتمام العرب إلي الألفاظ ؛ لأنها حلل المعاني ، ومادة الجمل ، فحظيت بنصيب كبير من رعايتهم ، ونكتفي بما قاله ابن جني في "باب في الرد علي من ادّعي علي العرب عنايتها بالألفاظ وإغفالها المعني" : "وذلك أن العرب كما تُعْني بألفاظها فتصلحها وتهذبها وتراعيها وتلاحظ أحكامها بالشعر تارة وبالخطب أخرى وبالأسجاع ، التي تلتزمها وتتكلف استمرارها ، فإن المعاني أقوي عندهم ،وأكرم عليها . وأفخم قدْراً في نفوسها ، فأول ذلك عنايتها بألفاظها ، فإنها لما كانت عنوان معانيها ، وطريقاً إلي إظهار أغراضها ،ومراميها ، أصلحوها ، ورتبوها ، وبالغوا في تحبيرها وتحسينها ، ليكون ذلك أوقع لها في السمع ، وأذهب بها في الدلالة علي القصد ، ألا تري أن المثل إذا كان مسجوعاً لدي سامعها فحفظه ، فإذا هو حفظه كان جديراً باستعماله ، ولو لم يكن مسجوعاً لم تأنس النفس به . ولا أنِقت لمستمعه ، وإذا كان كذلك لم تحفظه ،وإذا لم تحفظه لم تطالب أنفسها باستعمال ما وضع له . وجيء به من أجله (1) .

ويقول : "فإذا رأيت العرب قد أصلحوا ألفاظها وحسنوها ، وحموا حواشيها ، وهَذَّبوها وصقلوا غروبها وأرهفوها ، فلا تسرعين أن العناية إذا ذاك إنما هي بالألفاظ بل هي عندنا خدمة للمعاني ، وتنويه بها وتشريف منها " (2) .

والألفاظ التي يصفها ابن جني هي تلك التي تدخل في بناء التراكيب أو التي يتواصل بها المجتمع ، وتعبر عن أغراضه والحكم علي جودة اللفظ ورداءته تعرف من خلال جمل تخضع لقواعد ، فإذا اتسق المعني مع النحو تحققت الغاية منه " فإذا أمكنك أن يكون تقدير

---

(1) الخصائص ، المكتبة التوفيقية جـ1 / 190

(2) الخصائص جـ 1/ 192 .

الإعراب علي سمت تفسير المعني ، فهو ما لا غاية وراءه " .(1)

وفرق العلماء بين دلالة اللفظ ودلالة التركيب ، فدلالة اللفظ وضعية أو اصطلاحية ، فالوضع جعل اللفظ دالاً علي المعني كجعل " رجل " دالاً علي الذكر من بني آدم ، و " فرس " دالاً علي الحيوان (الصاهل) ، أما المركبات فدلالتها علي معناها التركيبي دلالة عقلية لا وضعية ، فإن من عرف مسمي " زيد " ، وعرف مسمي " قائم " ، وسمع " زيد قائم " بإعرابه المخصوص ، فَهِمَ بالضرورة معني الكلام ، وهو نسبة القيام إلي زيد .(2)

ولقد اهتم النحويون بمعاني الجمل ، ورأوا ضرورة الربط بين المعني ونظام الجملة ، وأكدوا علي ضرورة اتساق المعني مع التركيب ، ونفوا الجمل التي تتناقض في معانيها أو لا تصادق الواقع ، ويتبين هذا من حديثهم عن أهمية معرفة النحو في فهم المعني وإجادة الخطاب ، وفسروا ترتيب أركان الجملة علي نسق المعاني التي جاءت من أجلها علي هذا النحو من الترتيب .

وإذا نظرنا في كتب القدماء وجدنا خلاف ما يدعيه بعض الطاعنين علي النحو العربي ببعض الأمثلة التعليمية التي صنعها العلماء لتوضيح مقاصدهم ، وتكررت في كتبهم ، ولكنهم عند التطبيق ينحوا نحواً آخر يقوم علي التوظيف للقواعد .

ولقد ربط علماء العربية بين المعني والتركيب ، ورأوا أنه من الضروري مراعاة صحة التركيب إلي جانب صحة المعني ، واتساق الشكل مع المضمون من الناحية العقلية . فقد رأي عبد القاهر الجرجاني أن لا قيمة للعبارة أو التركيب دون المعني ، والكلام لا يوصف بحسن الدلالة إلا بعد أن يأتي المعني من الجهة التي هي أصح لتأديته ، وذلك من خلال اختيار اللفظ المناسب الذي لا يؤدي غيره دلالته في هذا السياق.

---

(1) الخصائص جـ 1 / 246

(2) أبو حيان الأندلسي : اللمحة البدرية في علم العربية ، تحقيق د / صلاح رواي ، ط1 جـ 1 / 47 . والوضع : وضع اللفظ بإزاء المعني ، فيصير دالاً عليه أو رمزاً له .

ويعد عبد القاهر أكثر علماء العربية القدماء اهتماماً بدراسة العلاقات التركيبية ومعني التراكيب ، وإمامه في ذلك ابن جني ، وذلك من خلال نظرية النظم التي تقوم علي تناسق دلالة الألفاظ وتلاقي معانيها علي الوجه الذي اقتضاه العقل .[1] وأن يأتي ترتيب توالي الألفاظ في النص علي ترتيب المعاني في النفس . وأن يتوخي المتكلم في ذلك معني الإعراب وقواعد اللغة واعتبر عبد القاهر دور الفكرة في النظم ، قال : "، وأوضح من هذا كله ، وهو أن هذا " النظم " الذي يتواصفهُ البلغاء ، وتتفاضل مراتب البلاغة من أجله ، صنعةٌ يستعان عليها بالفكرة لا محالة ، وإذا كانت مما يستعان عليها بالفكر ويستخرج بالروية ، فينبغي أن ينظر في الفكر ، بماذا تلبَّس ؟ أبا لمعاني أو بالألفاظ ؟ فأيّ شيء وجدته الذي تلبس به فكرك من بين المعاني والألفاظ ، فهو الذي تحدث فيه صنعتك " .[2]

ولا يقيم عبد القاهر وزناً للفظ من حيث هو لفظ دون المعني ، فقد وضع المعني في المقام الأول قبل العناية بشكل اللفظ وصناعته ، فعليك " أن تأتي المعني من الجهة التي هي أصح لتأديته ، وتختار له اللفظ الذي هو أخص به ، وأكشف عنه وأتم له ، وأحرى بأن يكسبه نبلاً ، ويظهر فيه مزيّة .

فلا تفاضل بين الألفاظ في الدلالة إلا بعد نظمها في تراكيب تكشف عن دلالتها ، وأن الكلمة أدل علي معناها الذي وضعت له من صاحبتها علي ما هي موسومة به ، وأن هذه الكلمة أحسن نبأ عنه ، وأبين كشفاً عن صورته من الكلمة الأخرى التي تشاركها في الدلالة " فيكون الليث مثلاً أدل علي السبع المعلوم من الأسد " .

فلا تستطيع أن تفاضل بين كلمتين غير أن تنظر في مكان تقعان فيه من التأليف

---

(1) دلائل الإعجاز ص 49 ، 50 سيأتي كلامنا عن ابن جني تالياً لكلامنا عن عبد القاهر ، لأن ابن جني قد فتح باب البحث وأثار كثيراً من القضايا التي تتعلق باللفظ والمعني والتركيب ، ووضع عبد القاهر (ت 471) نظرية مكتملة حول نظم الكلام ، وربط فيها بين الشكل والمضمون ، وقواعد اللغة ومعني التركيب وغيرها من القضايا التي أثارها ابن جني قبله .

(2) نفسه ص 51

والنظم ، ولا تستطيع أن تقول عن لفظة أنها صحيحة دون أن تعتبر مكانها من النظم ، وحسن ملائمة معناها لمعاني جارتها ، وفضل مواستها لأخواتها (1) .

إن عبد القاهر يري ضرورة مراعاة قواعد اللغة الشكلية والعلاقات الداخلية التي تربط بين أجزاء التراكيب والتي تتمثل في المعني ، والألفاظ عند عبد القاهر لبن هذا البناء أو المادة التي يقوم عليها نظم الكلام ، وتأتي في المرحلة الثانية بعد المعاني " بان بذلك أن الأمر علي ما قلنا ، من أن اللفظ تتبع للمعني في النظم ، وأن الكلم ترتيب في النطق بسبب ترتب معانيها في النفس (2) .

فالألفاظ خدَم للمعاني ، فمعرفة المعاني تأتي في المقام الأول ، ثم مطابقة الألفاظ المعاني ، ثم ترتيب المعاني في النفس ثم تأتي المرحلة الأخيرة وهي ترتيب الألفاظ بما يتفق مع الفكر أو علي نسق الفكر (3) .

فالألفاظ " تجدها تترتب لك بحكم أنها خدم للمعني ،وتابعة لها ، ولاحقة بها ، وأن العلم بمواقع المعاني في النفس ، علم بمواقع الألفاظ الدالة عليها في النطق " (4) .

وترتيب الألفاظ في النطق يقوم علي قواعد النحو ، قال " اعلم أن ليس النظم إلا أن تضع كلامك الوضع الذي يقتضيه علي النحو ، وتعمل علي قوانينه وأصوله ، وتعرف مناهجه التي نهجت فلا تزيغ عنها ، وتحفظ الرسوم التي رسمت لك ، فلا تخل بشيء منها" .

ويستشهد بأمثلة علي ذلك ثم يقول " .. فلا ترى كلاماً قد وصف بصحة نظم أو فساده ، أو وصف بمزية وفضل فيه ، إلا وأنت تجد مرجع تلك الصحة ، وذلك الفساد وتلك المزية وذلك الفضل إلي معاني النحو وأحكامه ، ووجدته يدخل في أصل من أصوله ،

---

(1) نفسه ص 44 ، 45

(2) نفسه ص 56

(3) نفسه ص 54

(4) نفسه ص 81

وتتصل بباب من أبوابه " . (1)

وقد ذهب ابن الأثير مذهب الجرجاني في أن التفاضل يقع في تركيب الألفاظ أكثر ما يقع في مفرداتها ، فقال : " واعلم أن تفاوت التفاضل يقع في تركيب الألفاظ أكثر مما يقع في مفرداتها ؛ لأن التركيب أعسر وأشق ، ألا تري ألفاظ القرآن الكريم من حيث انفرادها قد استعملها العرب ومن بعدهم ، ومع ذلك فإنه يفوق جميع كلامهم ويعلو عليه، وليس ذلك إلا لفضيلة التركيب". (2)

وبين رأيه علي هذا النحو : " وهل تشك أيها المتأمل لكتابنا هذا إذا فكرت في قوله تعالى: ﴿ وَقِيلَ يَٰٓأَرْضُ ٱبْلَعِى مَآءَكِ وَيَٰسَمَآءُ أَقْلِعِى وَغِيضَ ٱلْمَآءُ وَقُضِىَ ٱلْأَمْرُ وَٱسْتَوَتْ عَلَى ٱلْجُودِىِّ ۖ وَقِيلَ بُعْدًا لِّلْقَوْمِ ٱلظَّٰلِمِينَ ﴿٤٤﴾ ﴾ [هود: 44] أنك لم تجد ما وجدته لهذه الألفاظ من المزية الظاهرة إلا لأمر يرجع إلي تركيبها ، وأنه لم يعرض لها هذا الحسن إلا من حيث لاقت الأولي بالثانية ، والثالثة بالرابعة ، وكذلك إلي آخرها ، فإن ارتبت في ذلك فتأمل هل تري لفظه منها لو أخذت من مكانها ، وأفردت من بين أخواتها كانت لابسة من الحسن مالبسته في موضعها من الآية . ومما في كلام آخر فتكرهها ، فهذا ينكره من لم يذق طعم الفصاحة ، ولا عرف أسرار الألفاظ في تركيبها وانفرادها . (3)

واستشهد علي هذا بشواهد قرآنية وشعرية ، ومن أمثلة لفظة " يؤذي " التي جاءت في القرآن الكريم جزلة متينة في قوله تعالى : ﴿ فَإِذَا طَعِمْتُمْ فَٱنتَشِرُوا۟ وَلَا مُسْتَـْٔنِسِينَ لِحَدِيثٍ ۚ إِنَّ ذَٰلِكُمْ كَانَ يُؤْذِى ٱلنَّبِىَّ فَيَسْتَحْىِۦ مِنكُمْ ۖ وَٱللَّهُ لَا يَسْتَحْىِۦ مِنَ ٱلْحَقِّ ﴾ [الأحزاب: 53] فهي في هذا الموضع قوية مستحسنة مندرجة متعلقة بسياقها .ولكنها جاءت ركيكة ضعيفة في قول أبي الطيب المتنبي :

تلـذّ لــه المـُروءة ، وهـــي تـــؤذي ... ومـــن يعـــشق يلـذّ لــه الغـــرامُ

---

(1) نفسه ص 83

(2) المثال السائر جـ1 / 151 .

(3) نفسه جـ1 / 152

" وهذا البيت من أبيات المعاني الشريفة ، إلا أن لفظة " تؤذي " قد جاءت فيه وفي الآية من القرآن ، فحطت من قدر البيت لضعف تركيبها وحسن موقعها في تركيب الآية"[(1)] .

وقد نظر علماء العربية أيضاً إلي وظيفة الكلمة في الجملة ، وأثرها في التركيب وفي المعني ، فعابوا وجود بعض الكلمات في الجمل ، وحكموا بزيادتها ، أو أنها غير ملائمة ولا تدخل في سياق التركيب أو المعني ، واستحسنوا مجيء بعض الكلمات في الجمل لمناسبتها السياق والتركيب ، ولأنها أضافت معني جديداً أو فسرت مبهماً أو قيدت مطلقاً .

ولقد قلنا - ونحن بصدد الحديث عن دلالة المبني - إن الزيادة في المبني تأتي لزيادة في المعني ، هذا علي مستوي الكلمات ،وقد تأتي الزيادة في التركيب لزيادة في المعني أيضاً ، فالقرائن في الجمل تأتي لزيادة في الدلالة .

يقول العرب : "عشرة وعشرة فتلك عشرون" . وذلك زيادة في التأكيد ، ومنه قوله جل ثناؤه : ﴿ فَصِيَامُ ثَلَٰثَةِ أَيَّامٍ فِى ٱلْحَجِّ وَسَبْعَةٍ إِذَا رَجَعْتُمْ ۗ تِلْكَ عَشَرَةٌ كَامِلَةٌ ﴾ [البقرة: 196] وإنما قال هذا النفي احتمال أن يكون أحدهما واجباً : إما ثلاثة وإما سبعة ، فأكد وأزيل التوهم بأن جمع بينهما .

ومن هذا الباب قوله جل ثناؤه: ﴿ وَلَا طَٰٓئِرٍ يَطِيرُ بِجَنَاحَيْهِ ﴾ [الأنعام: 6] إنما ذكر الجناحين ؛ لأن العرب قد تسمي الإسراع طيراناً، قال : رسول اللـه صلى اللـه عليه وسلم : "كلما سمع هيعة طار إليها"[(2)] .

وكذلك قوله (يقولون بألسنتهم) فذكر الألسنة ؛ لأن الناس يقولون : " قال في نفسه كذا " قال اللـه جل ثناؤه: ﴿ وَيَقُولُونَ فِىٓ أَنفُسِهِمْ لَوْلَا يُعَذِّبُنَا ٱللَّهُ بِمَا نَقُولُ ﴾ [المجادلة: 8]

---

(1) المثال السائر جـ 1 / 153

(2) رواه مسلم جـ 3 / 1503 ، 1405 وأحمد في مسنده جـ2 / 396 . وابن ماجة في السنن باب العزلة عن أبي هريرة رضي اللـه عنه أن النبي ﷺ قال : " خير معايش الناس لهم رجل ممسك بعنان فرسه في سبيل اللـه، ويطير علي متنه ، كلم سمع هيعة أو فزعة طار عليه إليها يبتغي الموت أو القتل مظانة " .

فاعلم أن ذلك باللسان دون كلام النفس[1] .

دلالة التقديم والتأخير

الأصل في الجملة الترتيب علي النمط المعهود من قواعد النحو ، وقد يقدم المؤخر ويؤخر المقدم لغرض بلاغي أو لغرض يتعلق بالمعني علي ألا يخل ذلك بالمعني ولا يخالف قواعد اللغة وأن يؤمن اللبس ، فقد يكون التقديم أبلغ ، كتقديم المفعول علي الفعل ، وتقديم الخبر علي المبتدأ ، وتقديم الظرف أو الحال أو الاستثناء .

تقديم المفعول في مثل : "زيداً ضربت" . تخصيصاً به بالضرب دون غيره ، وذلك بخلاف قولك : "ضربت زيداً" . ليس فيه تخصيص ؛ لأنك إذا قدمت الفعل كنت بالخيار في إيقاعه علي أي مفعول شئت ، بأن تقول : ضربت خالداً ، أو بكراً أو غيرهما وإذا أخرت الفعل لزم الاختصاص للمفعول .

وتقديم خبر المبتدأ عليه مثل : زيد قائم ، وقائم زيد ، فتقديم قائم في " قائم زيد" أثبت له في القيام دون غيره وتأخير قائم لا يمنع غيره من إسناد القيام إليه ، ولا يمنع إثبات القيام لزيد أو نفيه عنه ، فنقول : "زيد قائم وعلي " أي وعلي قائم أيضاً ، ونقول زيد قائم أو غير قائم .

وتقديم الظرف في مثل : إليّ المصير ، والمصير إليّ . فالأول يعني اختصاص أمر المصير إليه ، والثاني له ولغيره . ونظير هذا في القرآن كثير ، مثل : ﴿ وَإِلَيْنَا ٱلْمَصِيرُ ﴾ [ق: 43] ﴿ إِنَّ إِلَيْنَآ إِيَابَهُمْ ﴿٢٥﴾ ثُمَّ إِنَّ عَلَيْنَا حِسَابَهُم ﴿٢٦﴾ ﴾ [الغاشية: 25-26]

وتقديم المفعول علي فعله للاختصاص في مثل قوله تعالى : ﴿ بَلِ ٱللَّهَ فَٱعْبُدْ ﴾ [الزمر: 66] فالله تعالى مختص وحده بالعبادة دون غيره . ونظيرها: ﴿ إِيَّاكَ نَعْبُدُ وَإِيَّاكَ نَسْتَعِينُ ﴿٥﴾ ﴾[الفاتحة: 5][2] .

---

(1) الصاحبي ص 462.

(2) ارجع إلي الإيضاح ص 35 ، 36 والكشاف م18/1، 19 .

فالتقديم يكون لتخصيص المسند بالمسند إليه ، كقوله تعالى: ﴿ لَكُمْ دِينُكُمْ وَلِيَ دِينِ ۝٦ ﴾ [الكافرون: 6] وقولك " قائم هو " لمن يقول " زيد إما قائم أو قاعد " فيرده بين المقام والمقصود من غيره أن يخصصه بأحدهما ، ومنه قولهم : تميمي أنا . وعليه قوله تعالى: ﴿ لَا فِيهَا غَوْلٌ وَلَا هُمْ عَنْهَا يُنزَفُونَ ۝٤٧ ﴾ [الصافات: 47] أي بخلاف خمور الدنيا ، فإنها تغتال العقول ، ولهذا لم يقدم الظرف في قوله تعالى : ﴿ لَا رَيْبَ فِيهِ ﴾ [البقرة: 2] لئلا يفيد ثبوت الريب في سائر كتب الله تعالى .

وقد يكون التقديم للتنبيه علي أنه خبر لا نعت مثل : ﴿ وَلَكُمْ فِي الْأَرْضِ مُسْتَقَرٌّ وَمَتَاعٌ إِلَىٰ حِينٍ ۝٣٦ ﴾ [البقرة: 36] ومثل قول بكر بن النطاح في أبي دلف :

له هممٌ لا منتهي لكبارها ... وهمتُه الصغري أجلُّ من الدّهْرِ

وقد يكون التقديم للتشويق إلي ذكر المسند إليه ، كقول محمد بن وهيب في مدح المعتصم :

ثلاثة تشرق الدنيا ببهجتها ... شمس الضحى وأبو إسحق والقمرُ

والشاهد تقديم المسند "ثلاثة"

وكقول أبي العلاء :(1)

وكالنار الحياةُ ، فمن رمادٍ ... أواخرُها وأوّلها دُخَانُ

ويقع التقديم والتأخير في حالة عدم اللبس ، فإن لم يؤمن اللبس وجب الترتيب المألوف وذلك مثل : "ضرب موسى عيسي" ، هذا التركيب يقتضي أن يترتب علي النحو الآتي : الفعل ، الفاعل ، المفعول . فلا يجوز تقديم المفعول علي الفاعل لعدم وجود قرينة تمنع التباس الفاعل بالمفعول . والقرينة تكون لفظية أو معنوية ، فاللفظية تظهر في علامات الإعراب ، في مثل : "ضرب زيداً أخوك". والمعنوية تظهر في المعني ، مثل : "أكل الكمثري عيسي" ، فالمعني يشير إلي أن الفاعل عيسي.

---

(1) الإيضاح ص 105 ، 106

ولكن في مثل : "كلم يحيى بشري" . فلا نجد إعراباً فاصلاً ، وكذلك نحوه ، فيلزم تقديم الفاعل ، وتأخير المفعول ، وهذا يقوم مقام بيان الإعراب " فإن كنت هناك ضرورة دلالة أخرى من قبل المعني وقع التصريف بالتقديم والتأخير ، نحو : أكل يحيى الكمثري، لك أن تقدم ، وأن تؤخر كيف شئت ، وكذلك ضرب هذا هذه ، كلم هذه هذا ". (1) وعلامات الإعراب في المثني والجمع السالم تدفع اللبس فلا حرج من التقديم والتأخير مثل : ضرب البنتين الولدان.

ويشارك سياق الحال في تحديد أركان الجملة ، ودلالتها ، قال ابن جني: " أومأت إلي رجل وفرس فقلت: كلم هذا هذا فلم يجبه ، لجعلت الفاعل والمفعول أيهما شئت ؛ لأن في الحال بياناً لما تعني ، وكذلك قولك ولدت هذه هذه من حيث كانت حال الأم من البنت معروفة غير منكورة " (2) .

فالسياق الخارجي في الخطاب المنطوق يحدد الفاعل والمفعول ، وإن لم يراع المتكلم رتب التركيب .

وهذا التخالف في رتب التركيب جائز ، ولكنه غير مقبول في المعني ، ويقول ابن جني : " ونحن إنما عقدنا فساد الأمر وصلاحه علي المعني ، وإن كان هناك في الأمر ما يناقض المعني ، فهذا مالا يدعيه مدعٍ ، ولا يرضاه - مذهباً لنفسه -راضٍ " (3) فمراعاة الرتب في ترتيب الجملة تجب عند اللبس ، فإن أمن اللبس ، وتحقيق المعني ، ووجدت ضرورة إليه جاز ذلك .

ورأي عبد القاهر الجرجاني أن ترتيب الكلمات في التركيب يقوم علي أساس من المعني ، وهذا بخلاف ترتيب حروف الكلمة لا ترتب علي أساس المعني ، وفي هذا يقول : " وذلك أن نظم الحروف هو تواليها في النطق ، وليس نظمها بمقتضى عن معني ، ولا الناظم

---

(1) الخصائص 35/1

(2) الخصائص 35/1

(3) الخصائص 344/1

لها بمقتف في ذلك رسماً من العقل اقتضى أن يتحري في نظمه لها ما تحراه . فلو أن واضع اللغة كان قد قال : " ربض "مكان " ضرب " لما كان في ذلك ما يؤدي إلي فساد ، وأما " نظم الكلم " [التراكيب أو الكلام] فليس الأمر فيه كذلك ؛ لأنك تقتضي في نظمها آثار المعاني ، وترتبها علي حسب ترتيب المعني في النفس " (1) .

ولو أن نظمها لا يقوم علي المعني لما كان للتقديم والتأخير قيمة دلالية " ولو فرضنا أن تنخلع من هذه الألفاظ التي هي لغات دلالتها ، لما كان شيء منها أحق بالتقديم من شيء ، ولا تصّور أن يجب فيها ترتيب ونظم " (2) .

فالدلالة تؤثر في شكل التركيب ، فقد يقدم المتأخر إذا اختص بفائدة من المعني أو للعناية به أو أنه توسعة علي الشاعر والكاتب حتى يطرد للشاعر قوافيه ، وللكاتب سجعه.

" ومن أبين شيء في ذلك " الاستفهام بالهمزة " فإن موضع الكلام علي أنك إذا قلت : " أفعلت ؟ " فبدأ بالفعل ، كان الشك في الفعل نفسه ، وكان غرضك من استفهامك أن تعلم وجوده " (3) .

وإذا قلت " أأنت فعلت ؟ " فبدأ بالاسم ، كان الشك في الفاعل من هو ، وكان التردد فيه " (4) .

ويبين ذلك قوله تعالى ، حكاية عن قول نمروذ : ﴿ ءَأَنتَ فَعَلْتَ هَٰذَا بِـَٔالِهَتِنَا يَٰٓإِبْرَٰهِيمُ ﴾ [الأنبياء: 62] هو سؤال عن الفاعل وليس الفعل ، فهو يريد منه أن يقر بأنه الفاعل ؛ لأنه قدم الاسم " أنت " علي الفعل " فعلت " ولهذا جاء جوابه: ﴿ بَلْ فَعَلَهُۥ كَبِيرُهُمْ هَٰذَا ﴾ [الأنبياء: 63].

---

(1) دلائل الإعجاز ص 49 قال ابن سينا : " .. فإن التأليف بينها علي هيئة مخصوصة ليس بتواطؤ بل أمر يوجبه المعني نفسه بعد أن صار المفرد دليلاً عليه " العبارة ص 30.

(2) نفسه ص 50

(3) نفسه ص 111

(4) دلائل الإعجاز ص 111

وهذا السؤال لا يحتمل معني التقرير ؛ لأنه لو كان يقصد منه التقرير بالفعل لكان الجواب : فعلت أو لم أفعل ، ولكن قصد بالاستفهام الفاعل .(1)

وهذا بخلاف ما جاء في قوله تعالى: ﴿ وَإِذْ قَالَ ٱللَّهُ يَٰعِيسَى ٱبْنَ مَرْيَمَ ءَأَنتَ قُلْتَ لِلنَّاسِ ٱتَّخِذُونِى وَأُمِّىَ إِلَٰهَيْنِ مِن دُونِ ٱللَّهِ ۖ قَالَ سُبْحَٰنَكَ مَا يَكُونُ لِىٓ أَنْ أَقُولَ مَا لَيْسَ لِى بِحَقٍّ ۚ إِن كُنتُ قُلْتُهُۥ فَقَدْ عَلِمْتَهُۥ ۚ تَعْلَمُ مَا فِى نَفْسِى وَلَآ أَعْلَمُ مَا فِى نَفْسِكَ ۚ إِنَّكَ أَنتَ عَلَّٰمُ ٱلْغُيُوبِ ﴿١١٦﴾ ﴾ [المائدة: 116] .

غرض الإنشاء هنا الاستنكار ، والسؤال موجه لعيسي عليه السلام أي الفاعل " أنت" ؛ لأن فعل النصارى منسوب إليه " فينكر أن يكون قال ذلك " ، وقد جاء زمن القول بلفظ الماضي ليدل علي الوقوع والثبوت .(2)

وإذا جاء فعل الجملة في المضارع ، فهو يدل علي الحال والاستقبال ، وقد يعطي دلالة التقرير أو الإنكار ، وللتقديم والتأخير فيه فائدة دلالية مثل : "أأنت تفعل كذا ؟" كان المعني علي أنك تريد أن تقرره بأنه الفاعل في الحال ، وإن أردت المستقبل بـ "تفعل" كان المعني إذا بدأت بالفعل علي أنك تعهد بالإنكار إلي الفعل نفسه مثل قول امرئ القيس:

أيقتلنــــــي والمـــــشرفي مـــــضاجعي ومــــسنونة زُرق كأنيـــاب أغـــوال؟

فهذا تكذيب منه لإنسان تهدده بالقتل ،وإنكار أن يقدر علي ذلك ويستطيعه ، والقتل لم يقع بعد .(3)

والمقصود والسياق الحالي يحددان المراد وزمن وقوع الحدث ، كقول القائل الآخر يريد الخروج في وقت الخطر : "أتخرج في هذا الوقت ؟" معناه إنكار الخروج في زمن الحال . أو : "أتنسي قديم إحسان فلان إليك ؟" يريد اللوم والتوبيخ " وجملة الأمر أنك تنحو بالإنكار

---

(1) نفسه ص 113

(2) ارجع إلي : ابن كثير . المكتبة التوفيقية ص 121/2

(3) ارجع إلي : دلائل الإعجاز ص 116 ، 117

نحو الفعل ، فإن بدأت بالاسم ، كان الإنكار إلي نفس المذكور ،وأبيت أن تكون بموضع يجيء منه الفعل وممن يجيء منه ، وأن يكون بتلك المثابة .(1)

ويؤثر التقديم والتأخير في دلالة الجملة الاستفهامية ، ومثال ذلك تقديم النكرة وتأخيرها ، فإذا قلت : " أجاءك رجل ؟ " فأنت تريد أن تسأله هل كان مجيء من واحد من الرجال إليه . فإن قدمت الاسم ، فقلت : " أرجل جاءك ؟ " فأنت تسأله عن جنس من جاءه ، أرجل هو أم امرأة .

ويتعين عليك أنك قد علمت أنه قد أتاه آتٍ ، ولكنك لم تعلم جنس ذلك الآتي ، وهذا يتطلب منك مراعاة سياق الحال .(2)

ويقدم الاسم علي الفعل للدلالة علي التأكيد ودفع الشك أو التردد مثل قوله تعالى : ﴿ إِنَّ وَلِـِّۧىَ ٱللَّهُ ٱلَّذِى نَزَّلَ ٱلْكِتَـٰبَ ۖ وَهُوَ يَتَوَلَّى ٱلصَّـٰلِحِينَ ﴿١٩٦﴾ ﴾ [الأعراف: 196] ، وقوله تعالى : ﴿ وَقَالُوٓا۟ أَسَـٰطِيرُ ٱلْأَوَّلِينَ ٱكْتَتَبَهَا فَهِىَ تُمْلَىٰ عَلَيْهِ بُكْرَةً وَأَصِيلًا ﴿٥﴾ ﴾ [الفرقان: 5] ﴿ وَحُشِرَ لِسُلَيْمَـٰنَ جُنُودُهُۥ مِنَ ٱلْجِنِّ وَٱلْإِنسِ وَٱلطَّيْرِ فَهُمْ يُوزَعُونَ ﴿١٧﴾ ﴾ [النمل: 17] .

فتقدم الضمير (هو ، هي ، هم) أكد المعني ودفع الشك عن الفعل " فإنه لا يخفي علي من له ذوق أنه لو جيء في ذلك بالفعل غير مبني علي الاسم ، فقيل : ﴿ إِنَّ وَلِـِّۧىَ ٱللَّهُ ٱلَّذِى نَزَّلَ ٱلْكِتَـٰبَ ۖ وَهُوَ يَتَوَلَّى ٱلصَّـٰلِحِينَ ﴿١٩٦﴾ ﴾ [الأعراف 196] ﴿ ٱكْتَتَبَهَا فَهِىَ تُمْلَىٰ عَلَيْهِ ﴾ [الفرقان: 5] " ﴿ وَحُشِرَ لِسُلَيْمَـٰنَ جُنُودُهُۥ مِنَ ٱلْجِنِّ وَٱلْإِنسِ وَٱلطَّيْرِ فَهُمْ يُوزَعُونَ ﴿١٧﴾ ﴾ [النمل: 17] لوجد اللفظ قد نبأ عن المعني ، والمعني قد زال عن صورته والحال التي ينبغي أن يكون عليها " (3) .

---

(1) نفسه ص 117

(2) راجع : دلال الإعجاز ص 143-144 .

(3) دلائل الإعجاز ص 137

" واعلم أن هذا الصنيع يقتضي في الفعل المنفي ما اقتضاه في المثبت فإذا قلت : "أنت لا تحسن هذا " كان أشد لنفي إحسان ذلك عنه من أن تقول : " لا تحسن هذا " . ويكون الكلام الأول مع من هو أشد إعجاباً بنفسه ، وأعرض دعوى في أنه يحسن ، حتى أنك لو أتيت بـ " أنت " فيما بعد " تحسن " فقلت " لا تحسن أنت لم يكن له تلك القوة " . (1)

ويختلف المعني باختلاف ترتيب الجملة الإخبارية ،ومثال هذا إذا قلت : "ما فعلت" . كنت نفيت عنك فعلاً لم يقع . وإذا قلت: ما أنا فعلت . فقد نفيت عن نفسك فقط دون نفيه عن غيرك ، ومثل هذا كثير يفسر في ضوء السياق الخارجي كمن نسب إليه قول فأنكره بقوله : "ما أنا قلت هذا" . نفي أن يكون القائل له ولكنه صدر عن غيره .

ومثل قوله تعالى : ﴿ **ءَأَنتَ فَعَلْتَ هَٰذَا بِـَٔالِهَتِنَا يَٰٓإِبْرَٰهِيمُ ﴿٦٢﴾ قَالَ بَلْ فَعَلَهُۥ كَبِيرُهُمْ هَٰذَا فَسْـَٔلُوهُمْ إِن كَانُوا۟ يَنطِقُونَ ﴿٦٣﴾** ﴾ [الأنبياء: 62] .

فالسؤال عن الفاعل ، ولهذا أشار إليه ، ولم يأت ذكر ما فعله إبراهيم – عليه السلام- لفظياً بل إحيل إليه في العالم الخارجي .

وظيفة الإعراب في الدلالة :

الإعراب عند المحققين من النحويين عبارة عن المجعول آخر الكلمة مبيناً للمعني الحادث فيها بالتركيب من حركة أو سكون أو ما يقوم مقامها ، فالإعراب موضوع للإبانة عن وظائف مفردات التركيب أو بيان منزلتها منه ، وهو صوت يصحب آخرالكلمة المعربة في الكلام المنطوق ورمز أضيف إلى الحرف المكتوب..

وقد نقل السيوطي عن الزجاجي قوله في أسبابه دخول الإعراب في الكلام ، فقال " إن الأسماء لما كانت تصورها المعاني ، وتكون فاعلة ومفعولةً ومضافة ومضافاً إليها، ولم يكن في صورها وأبنيتها أدلة علي هذه المعاني بل كانت مشتركة ، جعلت حركات الإعراب فيها تنبئ عن هذه المعاني ، فقالوا : " ضرب زيد عمراً " ، فدلوا برفع " زيد " علي أن الفعل له

---

(1) نفسه

وينصب " عمرو " علي أن الفعل واقع به ،وقالوا : ضرب زيدًا ، فدلوا بتغيير أول الفعل ونصب " زيد " أن الفعل واقع به ، وقالوا : ضُرب زيدٌ ، فدلوا بتغيير أول الفعل ، ورفع زيد علي أن الفعل ما لم يسم فاعله ، وأن المفعول قد ناب عن منابه ،وقالوا : هذا غلام زيد ، فدلوا بخفض زيد علي إضافة الغلام إليه ، وكذلك سائر المعني جعلوا هذه الحركات دلائل عليها ليتسعوا في كلامهم ، ويقدموا الفاعل إذا أراد ذلك أو المفعول عند الحاجة إلي تقديمه ، وتكون الحركات دالة علي المعاني .(1)

وقد أكد ابن فارس علي أهمية وظيفة الإعراب في التفريق بين المعاني فقال : " ... فإن الإعراب هو الفارق بين المعاني ألا تري أن القائل إذا قال : " ما أحسن زيد " لم يفرق بين التعجب والاستفهام والذم والإعراب . وكذلك إذا قال : " ضرب أخوك أخانا " ووجهُك وجهُ حُرٍّ" و " وجُهك وجهُ حَرُ " وما أشبه ذلك من الكلام المشتبه " .(2)

ويقول في موضع آخر : " .. فأما الإعراب فيه تميّز المعاني ويوقف علي أغراض المتكلمين . وذلك أن قائلا لو قال : "ما أحسنُ زيد " أو " ما أحسنَ زيدُ " أبان بالإعراب عن المعني الذي أراده .(3)

ويذهب ابن الأثير إلي أن هذا المذهب فيقول : " ..وكذلك لو قائل قائل : ما أحسن زيد ، ولم يبين الإعراب في ذلك ، لما علمنا غرضه منه ، إذا يحتمل أن يريد به التعجب من حسنه ، أو يريد به الاستفهام عن أي شيء منه أحسن ، ويحتمل أن يريد به الإخبار بنفي الإحسان عنه ، ولو بيّن الإعراب في ذلك ، فقال : "ما أحسنَ زيداً" ، و"ما أحسنُ زيدٍ" ، و"ما أحسنَ زيدٌ" علمنا غرضه ، وفهمنا مغزى كلامه ، ولا نفرد كل قسم من هذه الأقسام الثلاثة بما يعرف به من الإعراب ، فوجب حينئذ بذلك معرفة النحو ، إذا كان ضابطاً لمعاني الكلام ، حافظاً لها من الاختلاف " .(4)

---

(1) الأشباه والنظائر ، المكتبة العصرية جـ 1 / 88

(2) الصاحبي ص 55 .

(3) نفسه ص 309

(4) المثل السائر جـ 1 / 30

ويتبين من حديث القدماء عن وظيفة الإعراب في التركيب أنه يشارك في تحديد معني التركيب ،ومثال هذا قوله تعالى: ﴿ وَقَالَتِ ٱلْيَهُودُ عُزَيْرٌ ٱبْنُ ٱللَّهِ ﴾ [التوبة: 30] ، بتنوين عزيز ، وعلي هذا فـ " ابن الـلـه " خبر المبتدأ "عزير" ، وقد أثبت هذا وجود التنوين في "عزيز" وإثبات همزة الوصل في " ابن " فسقوط التنوين يعني أن ابناً صفة بين علمين ، مثل: "محمد بن عبد الـلـه (صلى الـلـه عليه وسلم) رسول الإسلام" ، ويصبح تقدير الكلام في حالة سقوط التنوين : عزيزُ بن الـلـه معبودنا ، وهذا باطل ؛ لأن مراد ادعاء اليهود أن ينسبوه إلي الـلـه تعالى فالمراد إثبات النبوة مثلما قال النصاري : المسيح ابن الـلـه غلواً فيه (1) .

ومثال هذا أيضاً قول القائل : "هذا قاتلُ أخي" . بتنوين قاتل ، وقوله : "هذا قاتلٌ أخي" . دون تنوين "قاتل" علي أنه مضاف، ومعني الأول أنه لم يقتله ، ومعني الثاني أنه قتله ، وعرف به .

ومثال هذا أيضاً " هُنَّ حواجُّ بيتِ الـلـه " إذا كن قد حججن و" هن حَوَاجٌّ بيتَ الـلـه " إذا أردن الحجَّ .

ومثال : " هذا غلاماً أحسن منه رجلاً " يريدون الحال في شخص واحد . وهذا غلامٌ أحسنُ منه رجلٌ" فهما شخصان .

ومثال : "جاء الشتاءُ والحَطَبَ " بنصب حطب : مفعول معه ، لم يرد أنّ الحطب جاء ، وإنما أراد الحاجة إليه ، فإن أراد مجيئها قال : و " الحطبُ " بالرفع .

ومثال : " كم رجلاً رأيت ؟ " في الاستخبار . و" كم رجلٍ رأيت " في الخبر يراد به التكثير (2) . ونظير هذا كثير في كتب النحاة .

---

(1) ارجع إلي الإيضاح ص 112 لقد وقعت " ابن الـلـه " خبراً ، بدليل إثبات همزة الوصل خطأ ، وهي تحذف بين الابن وأبيه مثل : علي بن أبي طالب رضي الـلـه عنه ، ومحمود بن عكاشة .

(2) الصحابي ص 31

تقدير المعني فـي الإعراب

إن الإعراب فرع من المعني ، يشارك في تحقيقه ، وكذلك المعني يشارك في الإعراب ، فالمتكلم قد يتوصل من المعني إلي حقيقة الإعراب ، ولنا أن نتأمل هذا المثال: " أكل الكمثري عيسى" : لا نستطيع تحديد الفاعل والمفعول من خلال الإعراب ، ولكننا إذا نظرنا إلي المعني تحقق لنا ذلك ، فالكمثري نوع من المأكولات و"عيسي" واحد من الناس ، ولا يعقل من ترتيب الجملة أن تأكل الكمثري عيسي ، ولكن المعني يرشد إلي أن الفاعل هو عيسي . وكذلك يتدخل المعني في تأويل الإعراب المتناقض مثل: مررت بزيدٍ وعمراً ، فالقاعدة تقتضي جر عمرو لوجود العطف (الواو) ، ولأن "مر" لا يتعدى بنفسه بل بحرف الجر . ويأوّل نصب عمرو بفعل محذوف مقدر (مثل رأيت) فنقول : مررت بزيد ورأيت عمراً ، وهذا التقدير يكون في المعني لا في اللفظ . ومثل ذلك رغبت فيك وسعيداً . ونظرت إليك وسعيداً (1) .

ويؤكد ابن جني ارتباط المعني بالإعراب ، فيقول " وذلك أنك تجد في كثير من المنثور ، والمنظوم الإعراب والمعني متجاذبين ، وهذا يدعوك إلي أمر ، وهذا يمنعك منه ، فمتي اعتورا كلاماً أمسكت بعروة المعني ، وارتحت لتصحيح الإعراب " (2) .

وقد تتدخل حركة الإعراب في تقدير المحذوف ، مثل : "كل رجل وصنعتُه" . برفع صنعته ."وأنت وشأنُك" . برفع شأنك . فهذا يوهم أن الثاني خبر الأول ، وليس الأمر كذلك ، فالثاني معطوف علي الأول ، والخبر محذوف للحمل علي المعني ، والتقدير : "كل رجل وصنعتُه مقرونان" . و"أنت وشأنُك مصطحبان" .

ويقدر المحذوف أيضاً في : "عليك زيداً" . إن معناه خذ زيداً ، ولكنه منصوب باسم الفعل "عليك" المتعدي ، وليس منصوباً بـ "خذ " (3) .

---

(1) ارجع إلي : الخصائص 341/1 ، 342

(2) الخصائص 255/3

(3) الخصائص جـ 1 / 246

وقد رأي ابن جني أن تقدير الإعراب يخضع لتفسير المعني ، وليس العكس: " .. فإن أمكنك أن يكون تقدير الإعراب علي سمت تفسير المعني ، فهو ما لا غاية وراءه . وإن كان تقدير الإعراب مخالفاً لتفسير المعني تقبلت تفسير المعني علي ما هو عليه ، وصححت طريق الإعراب ، وحتي لا يشذ شيء منها عليك " .

ويوضح ابن جني بأمثلة مثل : ضربت زيداً سوطاً . معناه ضرب زيداً ضربة بسوط ، ولكن طريقة إعرابه أنه علي حذف المضاف أي : ضربته ضربة سوطٍ ثم حذفت الضربة . وإن قدرت المحذوف باء و"هو ضربتك بسوط" ، فهو منصوب أيضاً علي نزع الخافض مثل : "أمرتك الخيرَ" ، و"أستغفر الله ذنباً" ، و"تمرون الديارَ" . فالأصل : "أمرتك بالخير" . و"أستغفر الله من ذنب" ، و"تمرون بالديار" . فالمعني هو الذي حدد حرف الجر ، فلا يستقيم لو قدرنا المحذوف في " أمرتك الخير" " على" ، فنقول مثلاً : " أمرتك علي الخير" لأنه لا يحقق المعني .

والمعني هو الذي قدر المحذوف في قولنا : " ضربتك سوطاً " فتقدره بـ " ضربتك ضربة سوط " ؛ لأنه يدل علي وقوع الضرب مرة واحدة بالسوط . ولهذا نقول في الجمع : ضربتك ثلاثة سياط . والمعني هو الذي يقدر المحذوف في الابتداء بالنكرة، مثل "سلام عليك" ، ومثل: "شرٌّ أهَرَّ ذا ناب" والتقدير : "قولي سلام عليك" أو "تحيتي سلام عليك" ، وعلل ابن جني سبب الابتداء بالنكرة في المثال الثاني بقوله : " فإنما جاز الابتداء فيه بالنكرة من حيث كان الكلام عائداً إلي معني النفي ، أي ما أهر ذا ناب إلا شرٌّ . وإنما كان المعني هذا ؛ لأن الخبرية عليه أقوي ..[1] ، ويمكن تأويل المحذوف علي نحو آخر : هذا شرَّ أو جاء شر . وهذا يرجع إلي استقامة المعني ، وحسن الدلالة عليه .

وقد نحتاج في العديد من الجمل غير المشكولة إلي فهم المعني لنعرف حركة الإعراب ، فالمعني هو الذي يقيم الإعراب في وقوله: ﴿ أَنَّ ٱللَّهَ بَرِيٓءٌ مِّنَ ٱلۡمُشۡرِكِينَ وَرَسُولُهُۥ ﴾ [التوبة: 3] فظاهر الجملة يوهمك بجر رسوله بالعطف علي المشركين ، ولكن المعني يأبي هذا

(1) الخصائص جـ 1 / 184

الوجه الإعرابي الذي يفسد المعنى . فالله تعالى لا يبرأ من نبيه صلى الله عليه وسلم، والصواب :
والرسول بريء أيضاً من المشركين . فرسوله مبتدأ لخبر محذوف تقديره ورسوله بريء أيضاً من المشركين ،
أو هو معطوف على الضمير في "بريء" وقيل "رسوله" معطوف على موضع الابتداء ، ويقرأ بالنصب عطفًا
على اسم "إن" والحرفيه شاذ ، وهو على القسم ؛ ولا يكون عطفًا على المشركين ؛ لأنه يؤدي إلى الكفر.

****

الدلالة المعجمية

الدلالة المعجمية هي دلالة الكلمة التي استخدمت بها في المجتمع مفردة أو في تركيب سواء أكان المعني حقيقياً في أصل الوضع ، أو مجازياً منقولاً عن معني حقيقي . فالمعجم يبحث معني الكلمة بذكر معناها أو مرادفها أو مضادها أو ما يفسرها ، وقد يقدم معلومات عنها كأصل الوضع وتطورها التاريخي ومشتقاتها ،وقد يذكر بعض السياقات اللغوية التي توضح دلالتها ، وقد يكون موجزاً ، فيكتفي بذكر المعني دون شواهد توضحه ، وقد يفسر المعني بنقيضه ، أو يبين علة تسميته بهذا الاسم .

والدلالة المعجمية لا تعني دلالة كلمة مفردة فقط بل يدخل فيها كل التراكيب التي تشكل وحدة دلالية متماسكة لا تتجزأ ، فالمعجم يبحث معني الكلمة المفردة ، والتركيب الاصطلاحي ، والمثل ، والقوالب اللفظية التي تشكل وحدة معنوية، ويبحث كذلك في المعاني السياقية ، ويذكر شواهد توضح المعني السياقي ، ويبحث كذلك المعني الحقيقي والمعني المجازي ،ويسوق للمعني المجازي شواهد توضحه ، وقد توسع مجال الدراسات المعجمية حديثاً فتشمل كافة فروع المعرفة الإنسانية ، وأدخل فيه تقنيات العصر ، واستعان بالصور والأشكال التي توضح مراد اللفظ وتكشف غموض دلالته ، وتقرب مفهومه للأذهان .

ولقد اخترت اسم المستوي المعجمي دون اسم مستوي المفردات ؛ لأن المعجم يشمل بحث معاني المفردات أو الكلمات ،وتوسعت الدارسة فيه فشملت الأمثال ، والحكم ، والتراكيب الاصطلاحية والسياقية ، والمصطلحات العلمية ، والاسم الثاني " مستوي المفردات " يوحي بأنه يدرس الكلمة المفردة فقط دون التراكب التي تشكل وحدة دلالية ذات معني يتعلق بالعلاقة التي تربط بين أجزاء هذا التركيب ، اللفظ أو التركيب لا يحمل معني مستقلاً عن سياقه اللغوي ، ولا نقبل من يقول إن للكلمة معني مستقلاً ، فالكلمة لا محالة ترتبط بمحيطها اللغوي والثقافي ، والبيئي ، والزمني ، والكلمات التي يتوهم بعض الباحثين أنها مستقلة الدلالة مثل : المدينة المنورة ، مكة ، ليست ذات دلالة مستقلة ، لأنها

قد تفهم عند من لا يحيط بها علماً علي نحو آخر أو لا يفهم مدلولها الخاص الذي يتداعى في أذهان من يستخدمها ، فالمدينة المنورة مثلا قد تفهم من خلال الوصف عند متعلمي العربية من الأجانب أنها مدينة مضاءة ، وكذلك اسم "مكة" وغيره من أسماء الأماكن المقدسة ، فاسم "مكة" اسم مجرد من دلالته الروحية عند غير المسلمين ومن ثم يتعاملون معه مثل غيره ، ولا يقيمون له اعتباراً إلا من خلال المعلومات المقدمة عنه .

ونظير هذا كثير في الثقافات الأخرى التي لا تعلم كثيراً عن مدلول بعض الكلمات المشهورة داخل هذه الثقافات ، فلا تلتفت لأهمية هذه الكلمات السيارة مثل " بعث تولستوي " ، " أشباح إبسن " فقد لا يفهم القارئ شيئاً من مدلوليّ هذين المثالين ، ولكن من أحيط علما بهما يستدعيان في ذهنه المعلومات التي عرفها عنهما ، لكننا نفهم مدلول "المدينة" (المدينة المنورة) ، ومدلول " الكتاب " (كتاب سيبويه) ، ومدلول " الشهادتين" (أشهد ألا إله إلا الـلـه ، وأن محمد رسول الـلـه) ومدلول "الصوم" (صوم رمضان) ، ولكننا نفهم هذا المدلول عندما يرتبط بسياق يحدد المراد منه ، ويتأثر المعني كذلك بسياق الكلمة الخارجي ، مثل المرسل ، والمكان ، والزمان ، فاختلاف المتكلم يؤثر في دلالة اللفظ ، ومثال هذا حديث المتكلم عن الصوم ، وهو غير مسلم غير حديث المسلم عنه ، فمدلول الصوم عند الأول غير مدلوله عند الثاني ، وكذلك يؤثر المكان في دلالة اللفظ مثل كلمة " الشهادتين " في قاعة محكمة فمعناها يختلف عن المعني الذي يتناوله الخطيب في المسجد ، فاختلاف المكان أثر في اختلاف المدلول مثلما أثر اختلاف المتكلم في اختلاف مدلول كلمة "الصوم" . وكذلك اختلاف مجال التخصص فكلمة " الكتاب " عند النحاة تعني "كتاب سيبويه" دون سواه ، وقد عرف بهذا الاسم ، فهو مدلول خاص .

فمدلول كلمة "الكتاب" يختلف باختلاف حقل أهل التخصص ، فهو عند المتعاقدين يعني الشرط أو العقد ، وعند رجال البريد يعني الرسالة ، وعند علماء الدين له دلالات كثيرة ، فهو يعني القرآن الكريم ، والتوراة ، والإنجيل ، ومصطلح "قضية" عند أهل المنطق غير معناه عند أهل القضاء . وغيره ذلك ، إننا في الحقيقة نفهم دلالات الكلمة في سياقات محدودة ، من خلال علاقتها بهذه السياقات ، ولكن توجد في اللغة كلمات سيّارة قد

لا نحتاج إلي تقديم معلومة عنها ؛ لأنها تتمتع بانتشار واسع يكفيها الحاجة إلي غيرها ، ولكن فهمنا لمدلولها يتوقف علي مقدار ما نعرفه عنها من معلومات سابقة ـ ومثال هذا الكلمات المشهورة في ثقافتنا العربية مثل الشهادتين ، الحرمين ، الصوم ، الزكاة ، الحج ، ... فهذه الكلمات تتمتع بشهرة زائعة ، فيتوهم الباحث أنها مستقلة معنوياً ، والأصلح أن نسميها كلمات واضحة الدلالة لكثرة تداولها في مقابل كلمات أخرى مبهمة لا نفهم مدلولها إلا من معاجم العربية لعدم استخدامها في خطابنا اليومي أو لعدم دورانها وشهرتها في المجتمع .

فغموض دلالة بعض الكلمات سببه سقوط هذه الكلمات من معجمنا اليومي ، فغاب مدلولها عن الذهن ، ولم تتلق عنها الأجيال الجديدة معلومات من خلال لغة الخطاب اليومي المقدمة إليها ، فإذا عادت مرة أخرى إلي المسرح اللغوي شكلت غموضاً علي المتلقي الذي يريد أن يتعرف عليها لأول مرة ، ولكن الكلمات التي حققت نجومية في خطابنا اليومي تغني عن التعريف ، فهي تشبه " الشخصيات العامة " التي تعرف من خلال ذكر اسمها أو مشاهدتها . ويستخدم اللفظ في بدء الوضع بدلالة عامة ، فيوظفه المتكلم في كثير من السياقات التي تحتمل معناه فتصبح له دلالات خاصة يحددها اختلاف السياق ، ومثال هذا الكلمات الآتية : الخليفة ، السلطان ، الإمام ، هذه الكلمات لها دلالة اصطلاحية محددة في التراث الإسلامي العربي ، ولكنها في بدء الوضع ذوات دلالة عامة (1) ، فالخليفة في الجاهلية ، المستخلف في كل شيء عمن قبله ، والسلطان كل من له القوة والقهر ، والحجة والبرهان ، والإمام من يأتم به الناس ، والمقدم في كل شيء ، فرأس القوم إمام ، ولكن خصصت معاني هذه الكلمات بالإمام الأعظم أو الرئيس العام للدولة الإسلامية ،

---

(1) لقد أخطأ بعض كتابنا في توجيه بعض معاني المفردات في القرآن الكريم ، فقد وجهوا شرحهم للألفاظ إلي معان خاصة تتعلق بالعصر الحديث وما فيه من صراع فكري ، فأوّلوا دلالة كلمات : الإمام ، الخليفة ، السلطان وغيرها إلي معان تتعلق بما يحدث في الساحة الثقافية ، فعمموا الدلالة الخاصة ، ولم يلتفتوا إلي اختلاف اللفظ في كل سياق ، كما توهموا أن دلالة هذه المفردات وغيرها لم تتطور ، وأنها في القرآن الكريم بمعناها المعاصر ، فأخطأوا الصواب .

وأصبحت من المصطلحات السياسية الإسلامية .[1]

وقد سلك علماء المعجم عدة طرق في تفسير المعني المعجمي :

أولاً - التفسير بالمرادف ، وهو نظير اللفظ في المعني ، ويعد أكثرها انتشاراً في المعاجم ، فصاحب المعجم يذكر اللفظ ومعناه ، الذي يعد نظيراً له أو مرادفاً له في الاستعمال ، وهو موضوع معاجم المترادفات التي تقوم بإحصاء معاني اللفظ في الاستعمال قديماً وحديثاً.

وقد يذكر المعجم مرادفاً واحداً أو أكثر من معني ، فالتفسير بكلمة واحدة مثل : الإيمان : التصديق ، التُّرافة : النعمة ، والتفسير بأكثر من كلمة مثل : الحب:الوله ، الهوي ، الوداد ، فهذه الكلمات مترادفات ولا تستوي في الدلالة ، فكل كلمة تعبر عن مرحلة أو درجة من المعني .

ثانياً - التفسير بالمغايرة أو المخالفة: وهي أن يذكر المعجم ضد المعني ، أو خلافه أو نقيضه ؛ فيقول مثلا الخفة : ضد الثقل ، والمعروف : ضد المنكر ، والغدر : ضد الوفاء ، والضعف : خلاف القوة ، والمعروف : خلاف النُّكر ، السُّهْد ، والسهاد : نقيض الرقاد . والحب : نقيض البغض .

ثالثاً - التفسير بالعبارة أو الجملة أو بالتعريف ، وتصدَّر العبارة غالباً بكلمة مفتاحية تفسيرية (أي ، يعني ، هو ، الذي، إذا ، ما) ، مثل : جزيت فلانا حقه : أي قضيته ، ومثل : النارجيل : هو الجوز الهندي . ومثل : الأعجم الذي لا يفصح ، ولا يبين كلامه ، وإن كان عربيًا ... ، فأما العجميّ ، فالذي من جنس العجم ، أفصح أو لم يفصح . ومثل : توجست الطعام والشراب : إذا تذوقته قليلاً قليلاً . وتوجست الصوت : إذا سمعته وأنت

---

(1) ارجع إلي كتابنا : تاريخ الحكم في الإسلام . مؤسسة المختار ط : 2001م ، 1422 هـ . الفصل الأول ، وقد تناولنا فيه التطور الدلالي لهذه الكلمات وغيرها من المفردات السياسية التي استخدمت في الدولة الإسلامية .

خائف منه ، وجمّلت الجيش تجميلاً ، وجمرته تجميراً : إذا أطلت حبسه.

رابعاً - التفسير بالمجاز : وهو التفسير الذي يذهب إلي المعني المجازي لبعض الكلمات والتراكيب إلي جوار ذكر المعني الحقيقي ، مثل جاء فرسيْ رهان : متساويين ، ومثل : فلان يتدثر بالماء : إذا كان غنياً ، ومثل الغائط : المنخفض من ا لأرض ، وفي المجاز : ذهب إلي الغائط ، وجاء منه : كنايه عن التبرز ، وقال تعالى: ﴿ أَوْ جَآءَ أَحَدٌ مِّنكُم مِّنَ ٱلْغَآئِطِ ﴾ [النساء: 43] والغائط : البراز نفسه مجازاً .

خامساً - تفسير الكلمة بنظيرها في لغة أجنبية إن لم يوجد ما يوضحها أو مقابلها الدقيق في العربية ، أو أن يذكر مقابلها الأجنبي لتحديد دلالتها . وهذا مذهب المحدثين في بحث مفهوم المصطلحات وتعريفها ، وقد كان القدماء يذكرون الكلمة الأعجمية ، إن كانت هي الأصل قبل التعريب ،فاللفظ الدخيل قد يشرح بذكر أصله ومعناه في اللغة التي جاء منها إلي العربية ، ومثال هذا: "والمنجنيق " آلة تُرمَي بها الحجارة ، كالمنجنوق معّربة ، وقد تذكر فارسيتها من :جه نيك أي : أنا ما أجودني " (1) .

ومثل : السجبة : قميص له جيب . قالوا : وهو بالفارسية " شبي " (2) . وهذا النوع يسمي الدخيل ، وقد تناوله العلماء ، وبحثوا أصل لفظه ، وأفرد له بعضهم كتاباً مستقلاً ، وأشهرهم الجو اليقي وكتابه "المعرب والدخيل" .

سادساً - التفسير السياقي : وينقسم إلي سياق لغوي وسياق خارجي ، السياق اللغوي يسرد السياق اللغوي الذي ورد فيه اللفظ ثم يذكر معناه السياقي ، ومصادر الاستشهاد في المعجم العربي هي : القرآن الكريم ، والحديث النبوي الشريف ، والشعر العربي ، وكلام العرب المأثور شعراً ونثراً ، والمعاجم الموسوعية التي تتناول المعني ؛ مفصلاً تعتمد علي هذا النوع من تفسير المعني ، ويعد هذا النوع من أدق مذاهب تفسير المعني لأنه يذكر لكل معني شاهداً أو أكثر يوضحه ، ويدفع اللبس عنه . ومثال هذا لفظ " الحكم " ، جاء بمعني العلم

---

(1) القاموس المحيط مادة : منجنيق

(2) مقاييس اللغة مادة سبج جـ3 / 125

والفقه في سياق قوله تعالى : ﴿ وَءَاتَيْنَٰهُ ٱلْحُكْمَ صَبِيًّا ﴾ [مريم: 12] أي علماً وفقهاً ، وجاء في الحديث : "إن من الشعر لحكماً" وفي رواية " إن من الشعر لحكمة" [1] أي كلاماً نافعاً يمنع من الجهل والسفه وينهي عنهما أرادوا المواعظ والأمثال التي ينتفع بها الناس عندما استجاد معني الشعر . وجاء في الأثر " الصمت حكم وقليل فاعله" [2] .

وجاء الحكم في سياق آخر بمعني المنع قال جرير :

أبنـــي حنيفـــة أحكمـــوا سُـــفَهاءكم إني أخـــاف علـــيكم أن أغـــضبا

أي امنعوهم . [3] وجاء بمعني القضاء في سياق قوله تعالى: ﴿ إِنَّ رَبَّكَ يَقْضِى بَيْنَهُم بِحُكْمِهِۦ ۚ وَهُوَ ٱلْعَزِيزُ ٱلْعَلِيمُ ﴾ [النمل: 78] وقال عبد الله بن عنمة : [4]

لـــك المربـــاع منهـــا والـــصفايا وحُكْمـــك والنـــشيطة والفـــضول

وهذه المعاني معاني سياقية ، ولهذا اختلفت باختلاف السياق ، وتمثل هذه السياقات مراحل تطور دلالة اللفظ .

وقد يشرح المعني في ضوء السياق الخارجي ، فيذكر الشارح ما يتعلق بالمعني من أحداث غير لغوية ، فيمدنا بمعلومات عن محيط اللفظ الخارجي ، أو ظروف إنتاجه وبيئته ، والمجتمع الذي نشأ فيه ، ومثال هذا ما ذكره صاحب اللسان في شرحه معني الغفق : الضرب بالسوط والدرة . وسرد قصة إياس بن سلمة الذي غفقه عمر رضي الله عنه بالدِّرَّة غفقة ، ثم استحلها منه فأعطاه مالاً لما لحق به من ضرر [5] ، وقد اعتاد أهل اللغة سرد قصة " المثل " ، مثل " أشأم من عطر مَنشِم " وهي امرأة عطَّارة كانوا إذا تطيبوا من ريحها اشتدت

---

(1) صحيح البخاري : "باب ما يجوز من الشعر"، وصحيح الترمذي "ما جاء إن من الشعر حكمة" .

(2) تهذيب اللغة مادة حكم ، ولسان العرب . مادة حكم

(3) ديوان جرير ، بشرح محمد بن حبيب ، تحقيق نعمان أمين طه . القاهرة 1969م ص 466

(4) المفضليات بشرح ابن الأنباري ص 344 ، والعنمة اسم نبات .

(5) لسان العرب: مادة غفق 10 / 289 ، 290 وغفق بمعنى : خفق بـ .

الحرب ، فصارت مثلاً في الشر " (1) .

سابعاً - التفسير السببي : وهو التفسير الذي يورد سبب المعنى أو يعلله ، متوسلاً فيه بعلة سببية

مثل : لأن ، أو إنما، أو لم ، واللام ، مثل :لفظ " السيد " علل صاحب المعجم تسميته بهذا الاسم " إنما سمي

سيداً ؛ لأن الناس يلجئون إلى سواده " (2) . ومثل: وإنما سمي الإعراب إعراباً ، لتبيينه وإيضاحه (3) .

ومثل : الساق للإنسان وغيره ، و الجمع سُوق : إنما سميت بذلك، لأن الماشي ينساق عليها (4) .

ثامناً - التفسير بالصورة : وهو من ابتداع المعاجم الحديثة التي ترفق باللفظ صورة توضيحية
توضح معناه ، وهذه الصور تمثل العالم الخارجي للفظ ، وتسد نقصاً في المعنى، وتزيد في وضوح دلالة
الكلمة ، وقد أكثر العلماء من استخدام الصور التوضيحية في المعاجم العلمية المتخصصة مثل المعاجم
الطبية والزراعية والصناعية ، والعسكرية ، والصورة أبلغ في الدلالة عن الأشياء التي لم يعينها في المحيط
الخارجي ، أو في بيئته ، ويكوّن مفهومًا عن الشيء من خلال صورته .

ونتناول فيما يلي بحث معنى اللفظ المفرد ، والتركيب الاصطلاحي ، والتركيب السياقي ، والمثل ،
والحكمة ، والمصطلح العلمي ، والهدف من هذا التقسيم كشف الفروق الشكلية والدلالية بينهم ، وليس
هذا التقسيم بدعاً إنما هو من صنع علماء المعجم .

دلالة الكلمة المفردة

معنى الكلمة المفردة في أصل الوضع يعد اصطلاحاً، فمعاني المفردات اصطلح عليها من
يستخدمونها في تواصلهم ، قال الرازي: " الكلمة هي اللفظة المفردة الدالة بالاصطلاح

(1) نفسه جـ 12 / 577

(2) مقاييس اللغة مادة سود . جـ 3 / 114

(3) لسان العرب : مادة عرب . جـ 1 / 588

(4) مقاييس اللغة : مادة سوق جـ 3 / 117

على معنى "[1] ، وإذا لم يعرف مستخدمها المعنى الذي وضعت له لم تفد شيئاً .

ويشترك أهل كل لغة في المعاني التي اصطلحوا عليها للألفاظ التي اتخذوها رموزاً لهذه المعاني ، فوضع المعنى ليس من صنع فرد واحد ، وإنما هو اصطلاح جماعة .

ومعنى الكلمة الاصطلاحي الأساس الذي يقوم عليه " معنى الكلمة المعجمي " الذي يشمل إلى جانب المعنى الاصطلاحي المعاني السياقية والمجازية ، وتحديد المعنى المعجمي موضع خلاف بين اللغويين ، فبعضهم يرى أن المعنى المعجمي هو معنى الكلمة المفردة ، وهذا الرأي لا يتسق مع ما تم عليه صنع المعجم الحديث الذي تضم دفتاه "التراكيب اللفظية الجاهزة" التي تشكل قوالب لغوية ثابتة ، ويدخل فيه كذلك المصطلحات المفردة والمركبة والتعابير الاصطلاحية والسياقية، ويدخل فيه أيضاً الأمثال والأقوال المأثورة[2] ، وهذا لا يعني أن القدماء أهملوا التراكيب الاصطلاحية والمصطلحات ، والأمثال من معاجمهم ، فقد جاءت في سياق حديثهم عن معنى الكلمات المفردة ، وقد أفردوا كتباً مستقلة تُعْنى بالأمثال والتراكيب الخاصة ، و المصطلحات أو الاصطلاحات ، ويتبين من منهجهم المعجمي أن موضوعهم الأساس فيها هو اللفظ، وليس التركيب ، فالتركيب كان يدخل تحت علم آخر هو علم التفسير أو الشرح ، ومن ثم فمفهوم المعنى المعجمي عندهم ، هو معنى الكلمة المفردة . ومعنى الكلمة هو معناها في أصل الوضع ، ومعناها السياقي الذي يدخل فيه المعنى الحقيقي والمجازي.

والمعنى المعجمي يجمع بين المعنى الذي وضع للفظ في الأصل و المعاني السياقية ، التي قد تقع مترادفات أو أضداداً أو مختلفة لا صلة بينها – وهذا نادر- ، و تعد هذه المعاني

---

(1) الفخر الرازي : مفاتيح الغيب (التفسير الكبير) ، دار الكتب العلمية ، بيروت جـ 29/1 . قال الرازي في موضح آخر : كل منطوق به أفاد شيئاً بالوضع فهو كلمة ، وعلى هذا التقدير يدخل فيه المفرد والمركب ، والكلمة تعني اللفظ المفرد، وتعني المركب .

(2) بحثت بعض المعاجم القديمة المعنى الاصطلاحي إلى جانب بحث أصل المصطلحات اللغوية ، وتناولت المعاجم اللغوية التعابير الاصطلاحية ، والأمثال ، والأقوال المأثورة ، وسيأتي توضيح ذلك .

معجمية ؛ لأنها أصبحت من معاني اللفظ في الخطاب اليومي فشابهت المعنى الأصلي في اصطلاح الناس عليها .

ويعبر العنصر اللغوي (اللفظ) عن معان متعددة أو مفهوم جديد من خلال "الاشتراك اللفظي" أو "تضام الألفاظ" :

أ) المشترك اللفظي : وهو دلالة اللفظ الواحد على أكثر من معنى ، أو هو تعدد دلالة اللفظ في سياقات مختلفة ، ومعاني اللفظ قد تكون مترادفات أو متباينات أو أضداداً ، فالمترادفات الألفاظ المختلفة التي تدل على مسمى واحد ، أو هي الألفاظ التي تشترك في دلالة واحدة ، أو التي تدل على معنى واحد ، مثل الأسد : الضيغم ، والليث ، و درغام وقسورة ، غضنفر ، فهذا الألفاظ تدل على مسمى واحد ، وهو حيوان مفترس من آكلات اللحوم . ومثل : الحديقة ، والبستان ، والجنة ، والحائط ، والحُش ، والروضة . مترادفات لدلالتها على مسمى واحد .

والألفاظ التي تدل على معان متباينة (أي : ليست مترادف أو أضداداً) مثل كثير من معاني ألفاظ المعجم التي لا تربطها علاقة ترادف أو تضاد في المعنى ومن ذلك معنى لفظ : الولي ، وهو على وجوه من المعاني :

- الولي بمعنى الولد ، قال تعالى : ﴿ فَهَبْ لِى مِن لَّدُنكَ وَلِيًّا ۝ ﴾ [مريم: 5]

- الصاحب من غير قرابة ، قال تعالى في وصف ذاته: ﴿ وَلَمْ يَكُن لَّهُۥ شَرِيكٌ فِى ٱلْمُلْكِ وَلَمْ يَكُن لَّهُۥ وَلِىٌّ مِّنَ ٱلذُّلِّ ﴾ [الإسراء: 111] أي لم يكن له صاحب ينتصر به من ذل أصابه .

- الولي : القريب : ﴿ وَمَا لَكُم مِّن دُونِ ٱللَّهِ مِن وَلِىٍّ ﴾ [العنكبوت: 22] يعني : ليس لكم من دون الله قريب من الكفار ينفعكم .

- الولي : الرب ، قال تعالى: ﴿ أَغَيْرَ ٱللَّهِ أَتَّخِذُ وَلِيًّا ﴾ [النعام: 14] يعني رباً . ونظيرها: ﴿ أَمِ ٱتَّخَذُوا۟ مِن دُونِهِۦٓ أَوْلِيَآءَ فَٱللَّهُ هُوَ ٱلْوَلِىُّ ﴾ [الشورى: 9].

165

- الولي : يعني الإلة من دون اللـه : ﴿ وَلَا يُغْنِى عَنْهُم مَّا كَسَبُواْ شَيْـًٔا وَلَا مَا ٱتَّخَذُواْ مِن دُونِ ٱللَّهِ أَوْلِيَآءَ ﴾ [الجاثية: 10] يعني آلهة ، ومثلها : ﴿ وَٱلَّذِينَ ٱتَّخَذُواْ مِن دُونِهِۦٓ أَوْلِيَآءَ ﴾ [الزمر: 3] : الآلهة .

- الولي : العُصْبَة : قال تعالى: ﴿ وَإِنِّى خِفْتُ ٱلْمَوَٰلِىَ مِن وَرَآءِى ﴾ [مريم: 5] يعني العصبة ، فطلب من اللـه الولد يخلفه فيهم ، ويسوسهم بما أمر اللـه به [1] ، نجد أن معاني لفظ الولي : الولد ، الصاحب من غير قرابة ، الرب ، الآلهة ، العصبة [2] .

جميعها معان مختلفة غاير بعضها بعضاً في المعنى ، فليس بينها ترادف أو تضداد في المعنى، وقد تكون معاني اللفظ أضداداً ، والأضداد هي التي تدل على المعنى ونقيضه أو ما يخالفه " وهي الحروف التي توقعها العرب على المعاني المتضادة ، فيكون الحرف منها مؤدياً عن معنيين مختلفين [3] ، ومثال هذا اللفظ "جلل" الذي يعني : العظيم واليسير .

جاء معنى عظيم في قول الشاعر الحارث بن وعلة الذهلي [4]

فلئن عفوت لأعفون جللاً ولئن سطوت لأوهنن عظمي

قومي هم قتلوا أميم أخي فإذا رميت يصيبني سهمي

دل الكلام على أنه أراد : فلئن عفوت لأعفون عفواً عظيماً ؛ لأن الإنسان لا يفخر

---

(1) ارجع إلى تفسير ابن كثير ، م 3 / 122 .

(2) ارجع إلى : الأشباه والنظائر ص 195- 198 . ومعنى الولي في المعجم : كل من ولي أمراً أو قام به . والنصير ، والمحب ، الصديق ذكراً ، والحليف ، والصهر ، والجار ، والعقيد ، والتابع ، و المعتق، والمطيع " المؤمن ولي اللـه " ، والمطر يسقط بعد المطر . و ولي العهد ، وولي المرأة: من يلي عقد نكاحها ، وولي اليتم: الذي يلي أمره .

(3) محمد بن القاسم الأنباري : الأضداد ، تحقيق محمد أبو الفضل إبراهيم ، المكتبة العصرية ، 1411 هـ ، 1991م ص 1 .

(4) ديوان الحماسة لأبي تمام بشرح المرزوقي ص 203 ، والمزهر للسيوطي 398/1 ، واتفاق المباني واختلاف المعاني ص 179 ، والأضداد لابن الأنباري ص 3 .

بصفحه عن ذنب حقير يسير[1] . وجاء بمعنى هين في قول لبيد[2] :

كـــل شيء مـــا خـــلا المـــوت جلـــل والفتـــى يـــسعى يلهيـــه الأمـــل

وقال امرؤ القيس[3] :

لقتـــل بنـــي أســـد ربهـــم ألا كـــل شيء ســـواه جلـــل

يعني هين . وقول المثقب العبدي[4] :

كـــل شيء مـــا أتـــاني جلـــل غـــير مـــا جـــاء بـــه الركـــب ثنـــى

كل شيء هين غير ما جاء به الركب مرة بعد مرة .

ويقول الثعالبي : " الجلل اليسير والجلل العظيم عند ما هو أيسر منه ، والعظيم قد يكون صغيراً عند ما هو أعظم منه"[5] ، ومثال ذلك أيضاً كلمة "الظن" التي تعني الشك، وتعني اليقين : قال تعالى : ﴿ وَظَنَّ أَنَّهُ ٱلْفِرَاقُ ﴿٢٨﴾ ﴾ [القيامة: 28] أي أيقن ، وقال تعالى : ﴿ ٱلَّذِينَ يَظُنُّونَ أَنَّهُم مُّلَٰقُوا۟ رَبِّهِمْ ﴾ [البقرة: 46] أي الذين يتيقنون ذلك ، لأنه جاء في مدح المؤمنين وليس بمعقول أن يمدح الله قوماً يشكّون في لقائه[6] .

وقال تعالى: ﴿ فَأَمَّا مَنْ أُوتِىَ كِتَٰبَهُۥ بِيَمِينِهِۦ فَيَقُولُ هَآؤُمُ ٱقْرَءُوا۟ كِتَٰبِيَهْ ﴿١٩﴾ إِنِّى ظَنَنتُ أَنِّى مُلَٰقٍ حِسَابِيَهْ ﴿٢٠﴾ ﴾ [الحاقة: 20] إني أيقنت ، ولو كان شاكاً لم يكن مؤمناً، وأتى الظن بمعنى التوهم في قوله تعالى : ﴿ وَظَنُّوٓا۟ أَنَّهُم مَّانِعَتُهُمْ حُصُونُهُم ﴾ [الحشر: 2] . ومثال ذلك أيضاً عسعس بمعنى أقبل وبمعنى أدبر ، قال تعالى : ﴿ وَٱلَّيْلِ إِذَا عَسْعَسَ

---

(1) الأضداد ص 3 .

(2) ديوان لبيد ص 199 ، والمزهر 893/1 .

(3) ديوان امرئ القيس ص 261 .

(4) الشعر والشعراء 395 ، وشعر المفضليات ص 303 وارجع إلى اتفاق المباني واختلاف المعاني ص 180 .

(5) الثعالبي : فقه اللغة . دار ابن خلدون . ص 215 .

(6) السجستاني : كتاب الأضداد ص 128 وص 135 . واتفاق المباني واختلاف المعاني ص 212 .

﴿ ﴾ [التكوير: 17] بمعنى أقبل ، ومثال ذلك : " أسر" بمعنى أخفى وبمعنى أظهر ، قال تعالى : ﴿ وَأَسَرُّوا النَّدَامَةَ لَمَّا رَأَوُا الْعَذَابَ ﴾ [يونس: 54]. جاءت في سياق هذه الآية بمعنى أظهروا الندامة . ومثال ذلك قوله تعالى : ﴿ الَّذِينَ يَشْرُونَ الْحَيَاةَ الدُّنْيَا بِالْآخِرَةِ ﴾ [النساء: 74] شرى بمعنى أخذ شيئاً بثمن وبمعنى باع، وهي هنا بمعنى يبيعون ، ومثل : " شم السيف " بمعنى : أغمده أي وضعه في الغمد ، وشم السيف : سله أي أخرجه من الغمد ، طلبت امرأة من عبد الله بن أبي حدرد الأسلمي أن يريها سيف الرجل الذي قتله من قومها، فقالت له " هذا والله - غمد سيفه ، فشمه إن كنت صادقاً " أي سله من غمده لأراه .[1]

ب- التضام : وهو ظهور معان جديدة بضم الألفاظ بعضها إلى بعض ضماً اندماجياً كالنحت أو ضماً وظيفياً كالتعابير الاصطلاحية والسياقية . والتضام عبارة عن تلازم بين كلمتين، فأكثر للدلالة على معنى علاقة المصاحبة بين الألفاظ وتواردها في سياقها .

والنحت يمثل التحاماً تاماً واندماجاً بين لفظين أو أكثر في كلمة واحدة تعامل معاملة الكلمة الواحدة ، مثل برمائي ، رأسمالي ، بيروقراطية ، ديموقراطية (من ديموس بمعنى شعب وكراتوس بمعنى حكم)، ويسمى هذا النوع التركيب المزجي ، ونوع آخر وهو المركب الإضافي مثل : عدم الانحياز ، غير مباشر ، شبه دائم ، ذي قيمة ، تحت الضوء ، فوق العادة.[2] .

والتضام الوظيفي يتمثل في القوالب اللفظية أو المصاحبات اللفظية ، والقوالب اللفظية : وهي تراكيب لغوية عرفية تجري على ألسنة أبناء اللغة ، للتعبير عن فكرة أو معنى

---

(1) الواقدي: المغازي ، تحقيق مارسدن جونس ، مؤسسة الأعلمي : جـ779/2 والصحاح ، الجوهري، مادة شيم ، ومقاييس اللغة لابن فارس ، مادة شيم م 236/3 دار الجيل . وارجع إلى الأضداد في كتابنا الدلالة اللفظية ، مكتبة الأنجلو ص72 .

(2) ارجع إلى الدكتور محمود فهمي حجازي : الأسس اللغوية لعام المصطلح ص 80 - 87 . والاشتقاق لعبد الله أمين ص 391 .

خاص ، دون تغير جوهري في عناصرها وأبنيتها اللغوية ، وهي ما اصطلح عليه بالتعبير الاصطلاحي ، أو القوالب الجاهزة التي تساق في الكلام لتعطيه قيمة بلاغية في التعبير ، وسيأتي تفصيلها في بابها .

والمعنى المعجمي يشتمل على معنى اللفظ الذي وضع له في أصل اللغة ، مثل معنى : رجل ، امرأة ، جبل ، حجر .. ، وغيرها من الألفاظ التي اصطلح عليه أهل العربية في لسانهم ، وقلدهم فيها متكلمو العربية من الأعاجم ومن تعرب منهم، ويشمل المعنى المعجمي أيضاً على المعنى السياقي ، وهو معاني اللفظ المتعددة من اختلاف ، فكل منظومة كلامية تعطي دلالة خاصة من تأليف ألفاظها ، والعلاقة بينها ، وترتيبها في السياق أيضاً ، ومثال هذا كلمة الهدى التي أحصى لها مقاتل بن سليمان سبعة عشر معنى في القرآن الكريم ، جاءت في سياقات مختلفة ، ومن أمثلته التي ذكرها (1) :

الهدى : يعني دين الإسلام : ﴿ إِنَّكَ لَعَلَىٰ هُدًى مُّسْتَقِيمٍ ﴿٦٧﴾ ﴾ [الحج: 67] .

ويعني دين مستقيم ، وهو الإسلام ، ونظيرها : ﴿ قُلْ إِنَّ هُدَى ٱللَّهِ هُوَ ٱلْهُدَىٰ ﴾ [البقرة: 120] .

الهدى : يعني الإيمان ، قال تعالى : ﴿ وَيَزِيدُ ٱللَّهُ ٱلَّذِينَ ٱهْتَدَوْا۟ هُدًى ﴾ [مريم: 76] يعني يزيدهم إيماناً ، كقوله في الكهف : ﴿ وَزِدْنَٰهُمْ هُدًى ﴿١٣﴾ ﴾ [الكهف: 13] يعني إيماناً.

الهدى : يعني البيان ، قال تعالى : ﴿ أُو۟لَٰٓئِكَ عَلَىٰ هُدًى مِّن رَّبِّهِمْ ﴾ [البقرة: 5] .

الهدى أمر محمد صلى الله عليه وسلم ، فذلك قوله: ﴿ إِنَّ ٱلَّذِينَ يَكْتُمُونَ مَآ أَنزَلْنَا مِنَ ٱلْبَيِّنَٰتِ وَٱلْهُدَىٰ ﴾ [البقرة: 159] . أمر محمد أنه نبى رسول .

الهدى : التوراة ، قال تعالى : ﴿ وَلَقَدْ ءَاتَيْنَا مُوسَى ٱلْهُدَىٰ ﴾ [غافر: 52] يعني التوراة ، وبيانه في قوله تعالى: ﴿ وَلَقَدْ ءَاتَيْنَا مُوسَى ٱلْكِتَٰبَ فَلَا تَكُن فِى مِرْيَةٍ مِّن لِّقَآئِهِۦ

---

(1) مقاتل بن سليمان : الأشباه والنظائر في القرآن الكريم ، تحقيق الدكتور عبد الله شحاتة ، الهيئة المصرية العاملة للكتاب 1414هـ ، 1991 . ص 91 وما بعدها .

﴿ وَجَعَلْنَٰهُ هُدًى ﴾ [السجدة: 32] يعني التوراة (لبني إسرائيل) [(1)] .

يلاحظ أن هذه المعاني ليست جميعها اصطلاحية في حقيقة الوضع ، إنما هي معانٍ سياقية تحققت من مجاورة لفظ الهدى غيره من الألفاظ التي اتسقت معه في سياق معين ، فنتج عنه معان متعددة حقيقية ومجازية ، فالنبي صلى الـلـه عليه وسلم ليس هدى في حقيقة الوضع ، إنما يدعوا إليه ، وكذلك التوراة والإنجيل ، يدعوان إلى الهدى ، فالهدى في أصل الوضع : الرشاد ، أو الاهتداء إلى القصد والمراد ، فأطلق على النهار هدى ، لأن الناس يسترشدون به ، وكذلك الطريق هدى ؛ لأنه يوصلهم إلى مرادهم ، وغايتهم ويهتدون به إلى ما ينزلون به، فكل ما يهدي إلى المطلوب هدى ، فاستعمل الهدى في موضع كل ما يهدي إلى شيء ، مثل الطريق ، والنهار ، وقد يكون الهدى في المعنى المجرد لا في الحس مثل : الطاعة ، والإيمان ، والإسلام ، والقرآن ، والإنجيل ، فكلهم يهدون إلى الرشاد ، ومثل هذا لفظ " النور " الذي يعني في أصل الوضع الضوء وسطوعه أو ما يبين الأشياء ، وترى العين به حقيقة الأشياء ، ويوضع هذا اللفظ موضع ألفاظ أخرى ، مثل : القرآن الكريم ، ودين الإسلام ، والإيمان ، والهدى. [(2)]

ويكفينا من ذلك لفظ "النور" بمعنى القرآن الكريم : ﴿ قَدْ جَآءَكُم مِّنَ ٱللَّهِ نُورٌ وَكِتَٰبٌ مُّبِينٌ ﴾ . قال ابن كثير: أخبر تعالى عن القرآن العظيم الذي أنزله على نبيه الكريم ، فقال : ﴿ قَدْ جَآءَكُم مِّنَ ٱللَّهِ نُورٌ وَكِتَٰبٌ مُّبِينٌ ۝ يَهْدِى بِهِ ٱللَّهُ مَنِ ٱتَّبَعَ رِضْوَٰنَهُۥ سُبُلَ ٱلسَّلَٰمِ ﴾ [المائدة: 15-16] [(3)] . وقال تعالى: ﴿ وَٱتَّبَعُوا۟ ٱلنُّورَ ٱلَّذِىٓ أُنزِلَ مَعَهُۥٓ ﴾ [الأعراف: 157] ، يعني النور الذي مع النبي صلى الـلـه عليه وسلم وآله : ما فيه من البيان بمنزلة الضوء في الظلمة [(4)] ،وكذلك لو أطلقنا على النبي صلى الـلـه عليه وسلم لفظ

(1) ارجع إلى : بقية الوجوه التي ذكرها مقاتل في كتابه ص 91 – 95 .

(2) ارجع إلى : الأشباه والنظائر في القرآن الكريم ص 303 وما بعدها ، وقد أحصى له مؤلفه عشرة وجوه من المعنى .

(3) تفسير ابن كثير ، المكتبة التوفيقية 5 م 25/2 .

(4) الأشباه والنظائر في القرآن الكريم ص 305 .

النور فقلنا : النور الهادي إلى الـلـه . فالنبي صلى الـلـه عليه وسلم لا يشع منه ضوء ، فليس جسماً مضيئاً ، إنما هو بمنزلة النور ، فالكفر أو الشرك يسمى مجازاً ظلمات والإيمان يسمى مجازاً نوراً : ﴿ كِتَٰبٌ أَنزَلۡنَٰهُ إِلَيۡكَ لِتُخۡرِجَ ٱلنَّاسَ مِنَ ٱلظُّلُمَٰتِ إِلَى ٱلنُّورِ ﴾ [إبراهيم: 1] " مما هم فيه من الضلال والغى إلى الهدى الرشد"(1)

والمعنى المقامي : معنى يفهم من الموقف الخارجي الذي قيل فيه الخطاب أو من القرائن الخارجية التي تصحب اللفظ من الموقف الاجتماعي الذي قيل فيه النص، فالمقام ، هو العالم الخارجي الذي أنتج فيه النص ، ويدخل في تحديد دلالته والمراد به ، فقد نعجز عن فهم المراد إذا اجتث النص من سياقه الخارجي ، وسوء التفسير من عدم النظر في القرائن الخارجية ، مثل : المكان والزمان ، والأفراد المشاركين في الحدث ، والمناسبة التي قيل فيها ، وقناة التواصل ، وقد أعطى علماء المسلمين سياق المقام (السياق الخارجي) أهمية كبيرة في تفسير النص القرآني وفي استنباط الأحكام الشرعية ، فبحثوا أسباب النزول والظروف الخارجية التي تتعلق بالنص.

واللفظ يعطي أكثر من دلالة ، ويحددها السياق اللغوي والسياق الخارجي ، ومثال هذا: فعل " وقف" قام من جلوس ، وسكن بعد المشي ، أو ثبت مكانه فلم يتحرك ، ووقف على الشيء : عاينه ، ووقف في المسألة : ارتاب فيها ، ووقف على الكلمة : نطق بها ساكنة الآخر عما بعدها ، ووقف الحاج بعرفة : شهد وقتها ، ووقف الدار ونحوها حبسها في سبيل الـلـه ، وقف ريع أرضه في نفقة طلبة العلم : حبسه عليهم. هذه معان حددها السياق اللغوي في النص ، فوقف بعرفة تعطي دلالة غير دلالة وقف المال في سبيل الـلـه ، وقد حدد المراد سياق اللغة .

وهناك سياق خارجي يفسر في ضوئه معنى اللفظ ، ومثال هذا فعل الأمر " قف " من وقف ، فقف يعني طلب القيام من جلوس ، ويعني طلب التوقف عن السير ، ويعني طلب الإقلاع عن فعل شيء ، وتعطي كذلك صيغة الأمر معنى التهديد والتخويف ، ونقيضه ،

---

(1) ابن كثير م 2 / 523 .

وهو بعث الأمان في نفس المرتاب والخائف .

فالباحث في المعنى إذا علم أن صيغة الأمر "قف" ممن هو أعلى لمن هو أدنى حال جلوسه كمدرس لتلميذه ، أو شاهد المدرس يأمر تلميذه الجالس أو يؤمىء إليه بعينه أو بإشارة يده فيعلم المشار إليه أن المراد طلب القيام من جلوس ، ومراعاة هذا الموقف تكفي سرد الحدث اللغوي : "المدرس قال لتلميذه ، وهو جالس على مقعده أمامه آمراً إياه : قف ، فانتصب التلميذ قائماً ، أو نهض من جلوسه ملبياً" . فكل معنى في السياق اللغوي يحتاج إلى قرائن لفظية أخرى تحدده حتى لا يكون مطلقاً ، فتقيده القرائن اللفظية ، فالصفة في "تلميذه الجالس في مقعده " قيدت حال التلميذ فمنعت عنه حال القيام ، وكذلك القرائن السابقة على "ملبٍ" قيدت معنى التلبية عن معنى التلبية التي تستخدم في سياق الحدث عن الحج وهو قول الحاج : لبيك اللهم لبيك . فقولنا: نهض من ملبياً " يعني مستجيباً مطيعاً ، غير معنى قولنا: " دخل الحاج البيت الحرام ملبياً" ، فالقرائن اللفظية حالت دون التباس المعنيين ، وتلك القرائن هي السياق اللغوي .

والسياق اللغوي غير السياق المقامي (أو سياق الحال ، أو السياق الخارجي) الذي يعني القرائن غير اللغوية في الحدث اللغوي ، وشاهدنا فيه ما ذكرناه أن " قف " قد يعطي الأمر فيه معنى التهديد والوعيد ، وقد يعطي دلالة الأضداد ، ومثال هذا قولك : "قف مكانك"! الأمر الذي يصدر من صديق حميم إلى صديقه الذي يمشي ، فيفهم من طلب الأمر أنه يريد أن يريه شيئاً فيسكن إليه ، ويجيبه ، وهذا خلاف صدور الأمر من شخص مجهول يتوجس منه المأمور شراً ، أو يرتاب فيه ، فلا يسكن إليه . وكذلك الأمر في: "استمر في الحديث" ! إذا صدر من صديق حميم يعني الاستئناث بالحديث ، وإذا صدر من محقق إلى متهم سكت عن الحديث أو زيّف القول ، وتباطأ في الحديث ، فتحديد المراد يتوقف على علاقة طرفي الاتصال ببعضهما، وعلاقتهما بالمكان والزمان اللذين ينتج فيهما الحدث اللغوي، ومناسبة الحدث اللغوي ، وهو ما سبق إليه علماء المسلمين في شرح النص القرآني والحديث النبوي ، فقد ربطوا بين تفسير الآيات وأسباب نزولها ، وربطوا كذلك بين الحديث النبوي الشريف وبين الموقف الخارجي الحالي الذي قيل فيه ، وقد تنبه علماء اللغة العربية لدور المقام الحالي وأهميته في دراساتهم اللغوية حديثاً . ومن الطريف في هذا الباب أن فقهاء

المسلمين لم يسلموا بما جاء في شأن الأعرابي الذي بال في المسجد ، فقال صلى الله عليه وسلم: " دعوه، هريقوا على بوله سَجْلاً من ماء أو ذَنُوباً من ماء ، فإنما بعثتم ميسرين ، ولم تبعثوا معسِّرين".[1] فحكم النص أن يصب الماء على النجاسة، ولكن الفقهاء، لم يأخذوا بحكم النص في كل موضع نجس، فقد نظروا في طبيعة الأرض ، فرأوا أنها لو شابهت أرض مسجد رسول الله صلى الله عليه وسلم، هي أرض تشرب الماء أو يغور فيها الماء ، أريق على البول الماء ، فيذهب بنجاسة الموضع الذي به بول ، وإلا وجب اقتطاع الأرض التي أصابتها النجاسة إن كانت طينة، أو غسلها حتى تذهب نجاستها إن كانت صلبة لا تشرب الماء أو صخرية ، فقد يفهم الناظر في النص أن حكمه يعم كل أرض ، ولكن الفقهاء اعتبروا مقام القول من حيث المكان ، وهذا يقع خارج النص ، والله تعالى أعلم .[2] ، ونسوق إلى القارئ الحبيب ما وقع في أثناء خطاب الرئيس جمال عبد الناصر في ميدان المنشية 1954م ، سمع طلق ناري متكرر أثناء الخطاب ، فتوقف الرئيس عبد الناصر عن الكلام بدء إطلاق النار حتى توقف صوت إطلاق النار ، ثم سمع الرئيس جمال عبد الناصر ثائراً يقول بصوت عال : " فليبق كل منكم في مكانه !" ،[3] وكررها فسامع الخطاب يفهم من سياق الأمر غير ما فهمه الذي شهده أو

---

(1) رواه البخاري في كتاب الوضوء ، باب صب الماء على البول في المسجد ، رواه أيضاً في الطهارة والأدب ورواة أحمد جـ 1 / 76، جـ / 239 وابن ماجة في الطهارة والترمذي في الطهارة ، وهو بلفظ أبي هريرة رضي الله عنه ، وارجع إلى شرح الحديث في فتح الباري ، الريان جـ386/1 حديث رقم 220 .

هراق الماء يهريقه (بفتح الهاء) هراقة ، بالكسر صبَّه وأصلة أراق يريق إراقة ، وفيه لغة أخرى أهْرَق الماء يهرقه إهراقاً على أفعل يفعل ، وفيه لغة ثالثة أهرق يهريق إهراقة .

وفي الحديث أهريق دمه . وقلب ا لهمزة المضارعة هاء من بقايا اللجهات الجنوبية باليمن .

(2) ومثله ما جاء في حديث: " من كان يؤمن بالله واليوم الآخر فلا يصلين العصر إلا في بني قريظة". صحيح البخاري كتاب المغازى غزوة بني قريظة .

فتأول بعض الصحابة القول فصلوا العصر في الطريق عندما أدركهم وقت العصر ، ولم يصل الباقون إلا في بني قريظة عملاً بظاهر النص ، وقد فهم الفريق الأول الأمر على أنه طلب الإسراع في السير .

(3) ارجع مجموعة خطب وأحاديث الرئيس عبد الناصر ، الهيئة العامة للاستعلامات الجزء الأول . خطاب المنشية 1954م . وارجع إليه مسجلاً إنتاج شركة صوت القاهرة ، قدم له المذيع جلال معوض رحمه الله!

عاينه ، ونحن نعني المفسر الذي لم تقدم إليه معلومات عما وقع وقت صدور الأمر . فالأمر قد يعني لمن لم يعاينه بعد أن سمع لغطًا أن عبد الناصر يأمر أشخاصاً بالوقوف عن الحركة مهدداً إياهم ، وهم الذين أطلقوا النار عليه ، ولكن من عاين الحدث فهم أن المراد من طلب الأمر هو الهدوء والسكينة، فلم يصب بسوء ، فقد كان عبد الناصر يريد تهدئة الجمهور بقوله : "فليبق كل منكم في مكانه !" ، وكررها ليؤكد لهم أنه لم يقتل حتى سكن الجمهور ، وكف عن الصياح ، فأكمل خطابه على نحو يخالف ما كان عليه في بدء خطابه ، ونص الخطاب المكتوب في هذا الحدث لا يغنى عن ضرورة معرفة ما وقع فيه ليسنى تفسيره تفسيراً صحيحاً .

وإذا حقق الباحث النظر في المعني المعجمي في معجم من معاجم اللغة التي تستقصى معاني الألفاظ ، مثل : الجمهرة ولسان العرب وتاج العروس ، وجد أن معنى اللفظ ما جاء في أصل معناه ، ثم معانيه السياقية والاصطلاحية ، ومن ثم رأي علماء اللغة المحدثون أن مهمة المعجم لم تعد وقفاً على تقديم معنى الكلمة المفردة ، بل أصبحت مهمته استيعاب النص المقروء أو المسموع والتعبير الصحيح بتلك اللغة ، وهذا يتطلب من المعجم قديم جميع العناصر المكونة للمعنى الدلالي [(1)] .

المعنى الوظيفي : أي وظيفة المبني التحليلي على المستوى الصوتي ، والصرفي ، والنحوي ، والمعنى المعجمي أي معنى الكلمة المفردة . وهو خلاف المعنى المقامي القرائن التي نستشفها من الموقف الاجتماعي الذي قيل فيه النص . وقد سبق أن تناولنا ذلك في حديثنا عن وظيفة الأصوات والأبنية الصرفية في اللغة، وتناول كذلك الوظائف التركيبية .

وقد صنف علماء العرب الألفاظ بمعانيها المعجمية من ناحية الاتفاق والافتراق إلى الأجناس الآتية :

* اختلاف اللفظ والمعنى ، وهو الأكثر والأشهر مثل : ذهب جاء ، قعد ، رحل ، فرس، يد ، رجل ، فهذه الألفاظ تختلف لفظاً ومعنى ، ويشكل هذا النوع معظم اللغة ،

---

(1) ارجع إلى : اللغة العربية معناها و مبناها ص 182 .

وعليه تقوم الدراسات المعجمية التي تبحث معاني الكلمات دون بحث علاقتها ببعضها بعضاً .

* اختلاف اللفظ واتفاق المعنى ، مثل : سيف وعضب ، ليث وأسد ، ظن وحسب ، قعد وجلس ، ذهب ومضى ، ذراع وساعد ، أنف ومرسن ، الذئب والسيد ، وهذا ما يدخل تحت اسم الترادف ، الذي ترتبط فيه الألفاظ من ناحية المعنى دون اللفظ .

* اتفاق اللفظ واختلاف المعنى ، مثل : "عين" تطلق على عين الماء ، وعضو البصر ، وعين المال ، وعين الركبة ، وعين الميزان ، والعين بمعنى الجاسوس [(1)] ، ومثل : المنارة يراد بها المنارة التي يؤذن عليها ، والمنارة العلم يجعل للطريق من طين أو تراب أو خشب ، والمنارة المصباح ، وهذه النوع يدخل تحت ما يعرف عند علماء اللغة والأصوليين بالمشترك اللفظي أو الأشباه والنظائر أو الوجوه النظائر ، أو ما اتفق لفظه واختلف معناه .

* اتفاق اللفظين وتضاد المعنى ، مثل : "جلل" للكبير والصغير ، و"الجون" للأبيض والأسود ، و"القوى" : للقوي والضعيف ، و"الناهل" : للعطشان والذي شرب حتى روي. [(2)]

وقد أطلق العلماء على هذا النوع اسم الأضداد ، ويدخل أيضاً ضمن المشترك اللفظي أو الأشباه والنظائر ، التي تقوم على دراسة الألفاظ التي تترادف أو تتباين أو تكون أضداداً.

* تقارب اللفظين والمعنيين مثل : الحزم والحزن ، فالحزم من الأرض أرفع من الحزن ، والخضم والقضم ، فالخضم بالفم كله والقضم بأطراف الأسنان .

* اختلاف اللفظين وتقارب المعنيين ، مثل : مدحه إذا كان حياً وأبّنه إذا كان ميتاً.

* تقارب اللفظين واختلاف المعنيين ، مثل : حرج إذا وقع في الحرج ، وتحرّج إذا تباعد

---

(1) ارجع إلى: كتاب الأضداد، رضي الدين أبي الفضائل الحسن بن محمد بن الحسن الصاغاني م(577هـ - 650هـ) تحقيق الدكتور محمد عبد القادر أحمد . مكتبة النهضة المصرية ص47 .

(2) ارجع إلى: الأضداد للصاغاني ص 47/46

من الحرج ، وكذلك أثم وتأثَّمَ، وفزع إذا أتاه الفزع ، وفزع عن قلبه إذا نحى عنه الفزع .

ولا يعد تعدد هذه الأجناس في اللغة العربية عيباً فيها ، فكلام العرب يصحح بعضه بعضاً ، ويرتبط أوله بآخره ، ويعرف المعنى المقصود باستيفاء المعنى جميع الكلام ، ويجيء ما يدل بعد اللفظة على خصوصية أحد المعينين دون الآخر ، فلا يراد بها في حال التكلم والإخبار إلا معنى واحد .(1)

فكثرة هذه الأجناس من الكلام عند العرب لا تدل على عيب فيها ، وإنما تدل عامة على اتساع اللغة العربية ، وكثرة مفرداتها و غزارة معانيها وتنوعها وثرائها مما يجعلها قادرة على التعبير عن جميع مذاهب الكلام وفروع المعرفة كما تمد المتكلم بمادة الخطاب وتعينه على الدقة في التعبير .

دلالة التعبير الاصطلاحي

التعبير الاصطلاحي هو المعنى الذي يتحقق من عبارات مسكوكة ومتماسكة تعبر عن وحدة لغوية ذات دلالة خاصة أو عبارات ثابتة الصيغة اللفظية ، أو هو قالب لفظي جاهز يعبر عن معنى خاص يرتبط به ، ويدخل معه في علاقة ثابتة ، في إطار اجتماعي وثقافي واحد(2) ، ويصبح وحدة متكاملة في الكلام يتداولها المجتمع وتتوارثها الأجيال .(3)

واللغة العربية غنية بكثير من القوالب اللفظية التي سكها المجتمع خلال تاريخه الطويل، فأصبحت جزءاً منها ، ولا يخلو منها معجم من معاجمها الموسوعية كتهذيب اللغة ولسان العرب ، وتاج العرس.

وقد سجل علماؤنا قديماً وحديثاً هذه الثروة اللفظية ، فأفردوا لها كتباً خاصة أو كانت

---

(1) ارجع إلى الأضداد لابن الأنباري ص 2 . والأضداد للصاغاني ص 47 وارجع إلى محمود عكاشة: الدلالة اللفظية – مكتبة الأنجلو، باب بعنوان البحث الدلالي عن العرب ص43 .

(2) ترتبط العبارات المسكوكة ارتباطاً شديداً بالثقافات التي تنشأ فيها ، وتفسر في ضوئها .

(3) القوالب اللفظية الجاهزة أو العبارات المسكوكة مثلها مثل الألفاظ تستمر ببقاء اللغة حية وتموت بموتها ، وتتعرض لكافة المؤثرات التي تتصدى للغة وتؤثر فيها .

موضوعاً في كتبهم ، ونعني بذلك كتب الأمثال ، والاصطلاحات ، وكتب اللغة ، والأدب[1] .

وقد اعتنى علماؤنا المحدثون بها ، فوصلوا جهودهم بجهود القدماء ، فقاموا بجمع ما تيسر لهم من الأمثال الحديثة وبقايا الأمثال القديمة التي احتفظت بشكلها القديم ، والأمثال التي نالها التحريف فخضعت لتأثير العامية وظروف المجتمع[2] ، فاستمرت مسيرة الجمع والبحث ، وظهرت دراسات حديثة حولها ، وظهرت معاجم حديثة تناولت التعابير الاصطلاحية وغيرها من القوالب الجاهزة[3] .

وقام بعض علماء اللغة والأدب بدراسة التعابير الاصطلاحية ، والأمثال ، والحكم وعالجوها معالجة علمية دقيقة ، وقدمت في هذا المجال رسائل علمية ، وقد حظيت هذه الجهود باهتمام الدارسين والباحثين المتخصصين ، وهذا يؤكد قيمة هذه التراكيب في اللغة

---

(1) ومن هذه المؤلفات : مجمع الأمثال للميداني ، أبو الفضل أحمد بن محمد النيسابوري المعروف بالميداني . طبعة القاهرة 1310 هـ . وقد طبع على هامشه جمهرة الأمثال لأبي هلال العسكري ، وقد طبع كتاب جمهرة الأمثال ، لأبي هلال العسكري ، دار الكتب العلمية ، بيروت، في جزئين، وقد تناولتها بعض الكتب الموسوعية القديمة مثل صبح الأعشى للقلقشندي ، ونهاية الأرب للنويري ، وقد تناولها كتاب المستطرف في كل فن مستظرف لشهاب الدين محمد بن أحمد ، أبو الفتح الأبشيهي في الجزء الأول طبعة القاهرة 1952م . وتناولتها كتب اللغة من ناحية المعنى والإعراب مباشرة وكذلك كتب الأدب . ومن هذه الكتب البيان والتبيين للجاحظ ، والكامل للمبرد ، والأمالي للقالي ، والمزهر للسيوطي ، وغيرها . هذا إلى جانب المعاجم الموسوعية الكبيرة مثل لسّان العرب ، وتاج العروس .

(2) وأشهر الذين تصدوا لجمع الأمثال حديثاً ويعد رائداً في هذا المجال : أحمد تيمور باشاً الذي أعد كتاب " الأمثال العامية [في مصر]وقد طبع مراراً بمصر ، وآخر ما رأيته منها الطبعة الثالثة 1970 م . وكتاب الأمثال الشعبية . محمد صفوت 1978 م القاهرة ، وحدائق الأمثال العامية ، فايقة راغب حسين القاهره 1939 م . ومعجم مكتبة لبنان ، بيروت ، ويحتوي على 882 مثلاً للغة عربية متوسطة .

(3) ومن هذه المعاجم : قاموس العادات والتقاليد والتعابير المصرية ، للأستاذ أحمد أمين ط 1953/1 م ، القاهرة .

ودورها في المجتمع [1] .

والعبارات المسكوكة أو القوالب الجاهزة تطلق على التعابير الاصطلاحية : وهي تعابير تتكون من كلمتين على الأقل فأكثر ، ولها سمات مشتركة ، وهي تماثل بنية واحدة في التراكيب اللفظية التي ترد فيها ، وثبات الصيغة اللفظية وحدة دلالية واحدة لها معنى خاص لا يتحقق من الفصل بين بنية هذه الوحدة المتماسكة دلالياً ، فهذه التعابير ثابتة القالب تشبه إلى حد كبير بنية الكلمة المفردة في دلالتها على المعنى الذي وضعت له . وتداول المجتمع هذه التراكيب.، فتصبح مألوفة في الخطاب اليومي وتخضع لمتطلبات الحدث الكلامي .

وقد قسم علماء العربية التعابير على أنواع مختلفة من ناحية الشكل أشهرها استخداماً وأقربها تناولاً ما يأتي [2] :

* التركيب الفعلي : وهو الذي يبدأ بفعل مثل : "ألقي الضوء على كذا... " : كشف ، أبان، "ترك له الحبل على الغرب": أطلق له حرية التصرف .

* تعبير اسمي مثل : "يد من حديد" ، "أحر من الجمر".

* تعبير ظرفي مثل : "قاب قوسين أو أدنى : قريباً "، وشيكاً (أي قدر قوس) . وقولنا : "أمام الناس" على الملأ أو عياناً .

* تعبير حرفي مثل : "على قدم وساق" . "بشق الأنفس" وهو تركيب قرآني، "على أهبة الاستعداد" ، "في ذمة الـلـه" (مات) ، "في البدء" : أولاً .

ويقسم التعبير الاصطلاحي من ناحية الدلالة إلى تعبير حقيقي وتعبير مجازي:

---

(1) وقد قدم بعض الباحثين بحوثاً قيمة في التعابير الاصطلاحية ، وأوسعوها بحثاً ودراسة وتصنيفاً وتحليلاً، ومن هذه الدراسات ، كتاب صديقنا الدكتور كريم زكي حسام الدين ، التعبير الاصطلاحي ، مكتبة الأنجلو ،وقد طبع أخيراً في مكتبة غريب . وعملت مع أستاذي الراحل الدكتور أحمد مختار عمر في معجم المترادفات ، وقد تناول فيه التراكيب اللغوية والأمثال والمصطلحات، والألفاظ المترادفة .

(2) ارجع إلى كتاب الدكتور كريم زكي حسام الدين : التعبير الاصطلاحي ، دراسة في تأصيل المصطلح ومفهومه ، ومجالاته الدلالية وأنماطه التركيبية ، مكتبة الأنجلو المصرية ط1، 1480هـ ، 1405 هـ .

أ- التعبير الحقيقي: هو الذي يدل على معنى مباشر من صريح لفظه أو يقترب في معناه من دلالته الحقيقية مثل "لارجعة فيه " نهائي. "بادئ ذي بدء " : أولاً، "لا ريب فيه" تركيب قرآني : أكيد ، لا شك فيه، وهذا قليل قياساً إلى ما وقع في اللغة من التعابير المجازية .

ب- التعبير المجازي : هو التعبير الذي يدل على معناه من دلالته البعيدة غير المباشرة ، مثل التعبير التشبيهي والاستعاري والكنائي .

التشبيهي مثل : "كالمستغيث من النار بالرمضاء "، أي بالأسوأ مما هو فيه . ومثل: "كالقابض على الماء "، "كمن يرقم على أي الماء": يطلب المستحيل ، ومثل : كالقابض على الجمر ، للدلالة على شدة الموقف، ومثل : "أسود كحاشية الغراب" : سواد حالك شديد . وقد يبني التشبيه على المبالغة ، مثل : "أجود من حاتم" ، "أحول من ذئب" ، و"أغرب من خيال " و"أمكر من الثعلب" ، و"أسرع من نكاح أم خارجة" ، "أشأم من ناقة البسوس" . وهذا النوع يدخل في الأمثال السائرة التي تدخل في كلام الناس [1] وقد تحذف منه أداة التشبية مثل : "الذئب خالياً أسد" ، هو مثل يضرب للمتوحد برأيه أو أو بسفره، وقد تحذف منه أداة التشبية مثل " الذئب خالياً أسد "، وهو مثل يضرب للمتوحد برأيه أو بسفره .

والتعبير الاستعاري مثل : "طار عقله " : جن ، أو جن جنونه . "ضرب له موعداً" حدد بميقات . "على جناح السرعة": العجلة والإسراع، "أكل نفسة أو بعضه ": اغتاظ، "مد يد العون ": ساعد ، والكنائي مثل : "اصطكت ركبتاه " : كناية عن الاضطراب والهلع والخوف . "نظيف اليد": أمين أو لا يملك شيئاً، [2] "صفر اليدين " في : رجل صفر اليدين . لا شيء معه "خالي الوفاض": لا رادع له ، والوفاض المكان الذي يمسك الماء . "يد من حديد" كناية عن القوة . "رفع عقيرته" : كناية عن رفع الصوت . ويجوز في التعبير

---

(1) ارجع إلى كتاب الأمثال ، للمفضل الضبي (ت178)

(2) وقد يكنى بالألقاب مثل : أم عامر لقب الضبع ، أم الهامة : الدماغ ، أم ليلى : الخمر ، أبو الحباحب : النار ، أبو عمرة : الجوع ، وابن السبيل : الغريب المسافر ، وابن الأيام : الجلد المجرب وبنت الشفة : الكلمة ، بنت الجبل : الصدى . فهذه التراكيب تعابير كنائية .

الكنائي إرادة المعنى القريب إلى جانب المعنى البعيد ، فاليد قد تكون نظيفة حقيقة . والتعبير الكنائي قالب ثابت لا يقبل تفكيكاً أو تغيراً في بنيته ؛ لأن دلالته الكنائية ترتبط بالعلاقة بين مكونات التركيب الثابت .

ويستخدم التركيب الكنائي كوحدة مركبة من وحدات اللغة يكني بها متكاملة ، عن أشياء أو أحدث أو حالات أو ظواهر الواقع ، والسمة المميزة للتعبير المجازي المضمون العام للتعبير الذي يتحقق من خلال قالبه الثابت ، ولا يمكن فهم هذا المضمون من معاني مكوناته الجزئية مستقلة ، دون اندماجها في هذا القالب المسكوك ، فمفهوم التعبير يفهم من خلال العلاقات التي تربط بين ألفاظه .

ويمكن الاستغناء عن التعبير الاصطلاحي بكلمة تؤدي معناه ، كما يمكن التعبير عنه بأكثر من معنى ، وهو في هذا الجانب يعامل معاملة اللفظ ؛ لأنه يشكل وحدة دلالية واحدة .

ويتعرض التعبير الاصطلاحي لكافة الظروف التي يتعرض لها اللفظ في دورانه على الألسنة فقد ترتقي دلالته، فيصبح شائعاً واسع الدلالة مثل : "الوزن بمكيالين" أو "الحكم بمكيالين" ، الذي يعبر عن بخس الحق في المعاملات اليومية ، فانتقل إلى حقل السياسة ليعبر عن التفاوت في المواقف السياسية من بعض القضايا الدولية ، والظلم الذي يقع على الدولة الضعيفة من قبل الدول القوية ، وهو يشير إلى تراجع العدالة الدولية إلى الوراء مراعاة للمصالح، واعتورت وسائل الإعلام هذا التعبير ، وبثته إلى كافة الثقافات ، فأصبح تعبيراً دولياً.

ولا شك أن هذا التعبير نشأ في موطن تجاري تستخدم فيه الموازين ، ثم عم في كثير من المجالات ، و أصبح من التعابير الشائعة في الأمم .

والتعبير هو الآخر يمكن تعربية في نطاق دلالته الأصلية، ليؤدي دلالة تقاربه في العربية ، ومثل هذه التعابير ما وقع في العربية عن طريق الاحتكاك المباشر بالثقافات الأخرى الوافدة عن طريق وسائل الإعلام التي تمثل أداة دعائية لكافة ما يطرح في ساحات الإعلام العالمية وخاصة قطاع الأخبار ، وتقوم وسائل الإعلام بتوطين هذه التعابير محليًا

وطرحها بمفاهيم جديدة ، وتقوم الترجمة هي الأخرى بدور فعال في نشر هذه التعابير ، فالمترجم أمين في نقل النص ، ويتحرى الدقة ما استطاع في الحفاظ على مضمون المتن المترجم عنه .

ومن هذه الأقوال المشهورة التي دخلت العربية عن طريق الترجمة قول الكاتب المفكر مونتسكيو:"astormin atea – cup " زوبعة في فنجان . وقول بومبادور للويس الخامس عشر:" A Fter us the deluge ":من بعدنا الطوفان ، وقول الإمبراطور الروماني فسبيسان لابنه المعترض على فرض ضريبة على دورات المياه العامة:"Money has not smell": النقود ليست لها رائحة . وقول يوليوس قيصر: "Caeser's wife Mast be above suspicion" زوجة قيصر فوق الشبهات .

ويقوم التعبير على دلالة مجازية تؤدي من وحدته التركيبية ، وقد تؤدي من دلالة حقيقية ، ولكنها أقل شيوعاً من المجازية ، ومن هذه التعابير الحقيقية : لم يتمالك نفسه to lose one's Tempe . الساعات الأولى من الصباح small hours ، كان في المقدمة to be in advance .

ونلاحظ أن بعض هذه التعابير تشبه إلى حد كبير المصطلحات العلمية ، وقد نجد بعضها في معجم المصطلحات السياسية أو الموسوعة السياسية أو بعض مصطلحات العلوم الأخرى مثل علم الاجتماع ، فالمصطلح الذي يدل على دلالة خاصة ثابتة يمكن تعميمه في كافة حقول المعرفة ، ويتداوله الخطاب اليومي فيصبح تعبيراً اصطلاحياً .

وقد تكون دلالة هذه التعابير الاصطلاحية مجازية تفهم من دلالتها غير المباشرة، مثل : "ألقي الضوء على .... " مترجم عن التعبير الإنجليزي Throw light (up) on أو shed light on . و"على قدم المساواة": مقتبس من التعبير الفرنسي (1) -sur lememe pied d'egalite :

---

(1) ارجع إلى : الدكتور على القاسمي : التعابير الاصطلاحية والسياقية ، ومعجم عربي لها، بحث بمجلة اللسان العربي . المغرب . م 17 جـ /ص 18 . وقال الدكتور على القاسمي : صحيح أن التعبير الاصطلاحي : " ألقي الضوء على " مترجم عن الإنجليزية ، ولكننا نجد إلى جانبه التعبيرين الاصطلاحيين " ألقي السمع عليه " أي أصغي إليه و " ألقي القول عليه " بمعني أبلغه إياه ، =

181

ومن أمثلة التعابير الكناية المترجمة : جعل الدماء تجمد في عروقه (إنجليزي) في العامية (شف دمه) - to bring (one's) heart into his mouth

" معناه الحقيقي : أخذ الكعكة ، والمجازي : علم كلمته . - "To TaKe the cake

"معناه الحقيقي : يشتم رائحة فأر ، والمجازي يستعر مكروها . - "to smell a rat

جواد غير معروف الهوية ومجازه : شخصية مجهولة ، أو غير معروفة الاتجاه ، أو غامضة. - a dark horse

في السرج ، ومجازه مستعد للعمل ، أو يوجد في السلطة : (1) In the saddle

ويلاحظ أن الترجمة الحرفية لا تعطي دلالة التعبير المجازية ، وتستخدم التشبيهات أيضاً لدلالة على معان أصبحت اصطلاحية ، مثل : يعمل كالنحلة : أي نشيط . لا يكل من العمل . ونظيرة في الإنجليزية as brisk as a bee (كالنحلة)

ومثل : أشبه من الماء بالماء: as like as tow peas

ومثل : عتيق كالجبال : as old as hills

ومثل: مطر كأفواة القرب : To rain cats and dogs

= وهما أسلوبان صحيحان ، وردا في كتب التراث قبل عصر الترجمة من اللغات الأوربية ، وإذا كان التعبير الاصطلاحي " على قدم المساواة " مترجماً عن الفرنسية ، فإن الاصطلاحين " على قدم وساق " بمعني حركة سريعة ، و" أطلق ساقيه " أي فر مسرعاً ، هما تعبيران أصيلان في لساننا العربي . ص 18 . ونحن نري أن ترجمة التراكيب الاصطلاحية ليست حرفية، وإنما تترجم في إطار أقرب مفهوم لها في العربية ؛ لأنها لو ترجمت حرفياً فسد معناها أو لم تفهم ، وشواهد هذا كثير نجدها في اختلاف الألفاظ بين اللغتين وشكل التركيب .

(1) هذان المثلان نقلتهما عن مجموعة أوراق مصورة من كتاب لا أدري ما اسمه ، وقد حاولت أن أعرف اسم المصدر، فلم أتمكن إلا من اسم المؤلفة الأول وهي الدكتورة هانية ، وأعتذر عن هذا إلى صاحبة المصدر.

وتشكل ترجمة هذه المصطلحات صعوبة أمام المترجم لأسباب منها :

* ارتباط التراكيب بالبيئة التى أنتجت فيها .

* اختلاف شكل التراكيب في اللغات او اسلوب بناء الجمل في اللغات ، والتراكيب الاصطلاحية قوالب جاهزة ، والترجمة الحرفية لها لا تعطي دلالتها.

* التعبير الاصطلاحي متعدد الدلالة ويمكن التعبير عن دلالة التركيب الاصطلاحي بأكثر من معني ، فيقع المترجم في مأذق الاختيار من بين تلك المعاني ، ومثال هذا " دون أن يلحظه أحد " يجد المترجم نفسه أمام عدد من البدائل : سراً ، خفية ، خلسة ، مستتراً ، في الخفاء ، في السر ، في طى الكتمان ، دون علم أحد ، من وراء الظهر ، في الظلام .

واختيار البديل يجعل المترجم يختار قالباً جديداً يخالف التعبير الأصلي ، وليس أمامنا خيار في ترجمة هذه التعابير من معناها الأصلي . إلي جانب حرص المترجم على إفهام المتلقي الذي لا يستوعب ثقافة المجتمع الذي وضع هذه التراكيب، التعبير عن معان خاصة ترتبط به.

معني التعبير مجازي وليس حقيقياً ، فليس المراد منه المعني القريب المباشر ، ولكن المراد المعني العميق الذي يفهم من وراء مكوناته، وهو معني بعيد يمثل عقبة أخري.

ويمكن الإتيان بالمعني الحقيقي إلى جانب المعني المجازي في التعبير الكنائي ، فله معنيان أحدهما قريب يفهم من ظاهر لفظه ، والثاني بعيد مجازي يفهم من خلال الصورة الفنية المجازية الكامنة في نسيج التركيب ، والموقف هو الذي يحدد المراد من الدلالتين اللتين يحملهما التركيب .

ويختلف التعبير الاصطلاحي عن غيره من التعابير من ناحية الدلالة ومن ناحية التركيب البنيوى . فالمعني الاصطلاحى هو اجتماع كلمتين أو أكثر بحيث تعملان كوحدة دلالية واحدة . ومثال هذا : "حكم البلاد بيد من حديد": أحكم السيطرة عليها بالقوة . "ومدت الحكومة يد العون للمنكوبين": ساعدتهم .. "وألقي الضوء على أسباب ": بين ، وشرح .

نلاحظ أن هذه السياقات تراكيب اصطلاحية تعمل كوحدة دلالية واحدة، ويمكن الاستعاضة عن كل تعبير اصطلاحي بكلمة تساوية في المعني .

ويمكن تحديد خصائص التعبير الاصطلاحي فيما يأتي [1] :

* التعبير الاصطلاحى وحدة دلالية واحدة ، تؤدي المعني من خلال مجموعها الكلي أو العناصر المكونة لها .

* لا يجوز التعديل أو التبديل أو الحذف منه .

* عناصر التعبير الاصطلاحي من ذوات الرتب المحفوظة أي لا يجوز التقديم أو التأخير فيها .

* تخضع التعابير الفعلية للمطابقة في العلامة الإعرابية ، والعدد ، والنوع ، كأن نقول: وهبنا أنفسنا للوطن ، وهب نفسه للوطن، وهبت نفسها للوطن ، فالتركيب الاصطلاحي يخضع لقواعد اللغة .

* دلالة التعبير الاصطلاحي تقتصر على المعني المجازي البعيد ، ولا تنصرف إلى معناها الحقيقي القريب . مثل: "حكم البلاد بيد من حديد أو بالحديد والنار" ، لا تنصرف إلى الحديد أو النار أو اليد بل إلى الحزم والشدة ، يجوز في التعبير الكنائي الإتيان بالمعني الحقيقي . وإذا التبس المعني الحقيقي بالمعني المجازي جيء بالقرينة المقامية ، أوالمقالية أو اللفظية أو المعنوية للتفريق بين التعبيرين مثل: "ضربنا على أيدي الجناة والمفسدين" أي منعناهم وحاربناهم، وتوجد دلالة أخرى حقيقة، وهي : ضربناهم ضرباً حقيقياً، فنقول حتى لا يلتبس بالأول : ضربنا على أيدي الجناة والمفسدين بالعصا أو بجلدهم بإضافة قرائن لفظية جديدة.

قد يتعرض التعبير الإصطلاحي لظاهرة المشتراك اللفظي التي تحدث للفظ المفرد ؛

---

(1) ارجع إلى الدراسة التي أعدها الدكتور : على القاسمي في التعبير الاصطلاحي . مجلة اللسان العربي عدد 17 .

لأنه وحدة دلالية واحدة مثل: ألقي عليه بياناً . يفهم على معنيين : أملاه وأبلغه .

وقد يقع الترادف بين التعابير الاصطلاحية مثل : "لبي نداء ربه" ، انتقل إلى "جواره" . "في ذمة الـلـه" جميعها مترادفات بمعني مات .

والتعبير الاصطلاحي وحدة دلالية واحدة يمكن الاستعاضة عنها بكلمة ترادفها أو تؤدي دلالتها ، ومن أمثلة هذا : مدت الحكومة لمنكوبي الزلزال يد العون . أي ساعدتهم، وأعانتهم على مواجهة الكارثة . والتعبير : يد العون : المساعدة . جاء الولد على جناح السرعة ملبياً أباه : جناح السرعة : مسرعاً ، في التو . ألقي الرئيس الضوء على حقيقة الموقف : ألقي الضوء : أبان ، كشف ، شرح ، أوضح . وقال تعالى : ﴿ لَمْ تَكُونُوا بَالِغِيهِ إِلَّا بِشِقِّ الْأَنفُسِ ﴾ [النحل: 7] أي : بصعوبة ، ومعاناة .

يمكننا أن نستبدل التعبير بما يرادفه من لفظ فنقول في المثال الأول : ساعدت الحكومة منكوبي الزلزال . وفي الثاني : جاء الولد مسرعاً ملبياً أباه .وفي الثالث : كشف الرئيس حقيقه الموقف .

ونلاحظ أيضاً أن معني هذه الوحدات الاصطلاحية يتعدد ، مثل تعدد معني اللفظ ، ومثال هذا: " ألقي الضوء على كذا ...." تعني : أبان، كشف ، شرح ، أوضح . فهذه الوحدات الدلالية تعامل معاملة الألفاظ المفردات ، وتختلف عنها في أنها ثابتة البنية لا تتصرف إلا في نطاق الأفعال، وما تسند إليه من ضمائر .

والتعبير الاصطلاحي يختلف عن مفهوم التركيب السياقي الذي يرد فيه اللفظ في الخطاب المنطوق ، أو النص المكتوب . وهو التركيب الذي ترد فيه الكلمة بدلالة ترتبط بما جاورها من لفظ ، وقد تختلف دلالتها باختلاف سياقها ، فالتركيب السياقي متعدد ، ويشكل ألفاظ المعجم ومعانيه ، و المعجم يبحث في معني الكلمة في السياقات التي ترد فيها ، وقد بحث علماؤنا معاني ألفاظ القرآن الكريم في جميع الآيات التي وردت فيها ، والآيات تمثل السياقات المختلفة التي ورد فيها اللفظ ، ولهذا تعدد معناه ، وهذا التعدد يشكل معاني المعجم . وقد أفرد هؤلاء كتباً مستقلة في هذا الموضوع عنوانها الأشباه والنظائر

أو الوجوه والنظائر ، أو ما اتفق لفظه واختلف معناها أو المؤتلف والمختلف ، أو غير ذلك من الأسماء التي تدور في رحا هذا المعني .

وقد جمعوا تحت هذا المفهوم الكلمات التي تترادف ، أو يقع في معانيها تضاد، أو تتباين معانيها فتختلف دلالتها .

ويتبين من هذا أن التركيب السياقي عام يشمل كافة التراكيب اللغوية، ويدخل تحته كافة القوالب اللفظية .

وهذا لا يعني بتر العلاقة بين التعبير الاصطلاحي والتركيب السياقي فمعنى التعبير الاصطلاحي هو الآخر معني سياقي ، ولكنه معني سياق لغوي ثابت غير منصرف أو مفكك أو متعدد ، وقد يتعدد معني هذا السياق الثابت ، ويمكننا القول إن التعبير الاصطلاحي جزء من السياق ، وليس العكس ، فالألفاظ قد ترد في تعبير اصطلاحي ، ويعد معني هذا التعبير جزءاً من معاني اللفظ في السياقات المختلفة التي تتحقق معانيه المعجمية ، فقد أصبح من معاني ألقي : كشف ، أبان ، وأوضح ، وهذه معانٍ اصطلاحية من قولنا : ألقي الضوء على الحقيقة . هذا إلى جانب معانيها الأخرى التي جاءت من سياقات مختلفة مثل: ألقي خصمه على الأرض : طرحه أرضاً : ﴿ وَأَلْقَى ٱلْأَلْوَاحَ ﴾ (1) [الأعراف: 150] . طرحها . ألقي بياناً على الشعب : قرأ ، أعلن ، وألقي إليه القول : أبلغه إياه ، وألقي السمع: استمع وأصغي . ألقي القبض عليه : أمسك به . ألقي ما في جعبته : أفرغها . أو قال ما في نفسه (تعبير مجازي) ألقي إليه السلام . حياه به . وألقي الله في قلبه كذا : قذفه فيه ، وألقي الله تعالى القرآن : أنزله على نبيه صلى الله عليه وسلم .

ويشكل فهم التعابير الاصطلاحية إشكالاً في غير ثقافتها ، ويجد المترجم صعوبة في ترجمتها من اللغة أو إليها لشدة ارتباطها بموطنها الأصلي ، ولأنها تعتمد على المجاز، وتحتاج إلي التأويل . فالأجنبي يفضل المعني السياقي المعجمي عن التعبير الاصطلاحي ، فهو يفهم

---

(1) ارجع إلى ابن كثير ، م 249/2 يقول : " ظاهر السياق أنه إنما ألقي الألواح غضباً على قومه " أي موسى عليه السلام عندما وجد قومه عبدوا العجل .

قولنا : حكم البلاد بالقوة أو أحكم السيطرة على البلاد ، ويجد مشقة بالغة في فهم "حكم البلاد بيد من حديد" . أو "حكمها بالحديد والنار" ، وتأتي هذه المشكلة من تفسير دلالة التركيب حرفياً ، فهو يبحث عن معنى كلمات : حديد ، يد ، نار ، وليست هناك علاقة مباشرة بين تلك الكلمات وبين السيطرة أو أحكم ، وهو مازال في طوري التلقين والتعلم ، وليست لدية حاسة لغوية تسعفه بالمراد ، وهو المعنى المجازي الذي يختبئ وراء بناء هذه الألفاظ ، ولا يكتشفه إلا من اطلع عليه وتسور محراب اللغة وسلط عليه الضوء ، وهذا لا يبلغ إلا بشق الأنفس .

دلالة التعبير السياقي :

هو توارد كلمتين أو أكثر في سياق واحد ، أو تلازم كلمتين أو أكثر ومصاحبتهما في اللغة بصورة شائعة للدلالة على معنى يفهم من تلاحم هذا التركيب ونظام بنيته .

ويدخل تحت هذا المفهوم التراكيب التي تدل على مسمى واحد مثل : مكة المكرمة ، والمدينة المنورة ، والقدس الشريف ، وفلسطين المحتلة ، دول الخليج ، الجمهورية العربية المتحدة . الأمة العربية ، فهذه التراكيب تشبه الأعلام المفردة في دلالتها على ما تطلق عليه في الوضع والاصطلاح .

واللغة العربية تحفل قديماً وحديثاً بالتعابير السياقية ، وتزخر بها ، ومعاجم العربية جميعها تشهد بهذا ، فاللفظ الواحد يأتي في سياقات لغوية مختلفة بمعان مختلفات ، وقد يختلف السياق الذي يأتي فيه اللفظ ، وتؤدي هذه السياقات المختلفة معنى واحدًا ، ومثل هذا اللفظ " أطلق " بمعنى حرر ، وقد جاء في عدد من التعابير الاصطلاحية بهذا المعنى ، مثل : أطلق سراحه : أخلي سبيله . أطلق له العنان : جعله يتصرف وفق إرداته . أطلق يده في الأمر : أعطاه حرية التصرف فيه . أطلق ساقيه للريح : فر مسرعاً .

وجاء الفعل "مال" في سياقات مختلفة بمعانٍ مختلفات : مالي إلي : أحب ، مال على : ظلم ، مال عن : حاد عن ، ومثل : لبى ، لبى نداء ربه : مات ، لبى نداء المنادي : أجابه ، لبى في الحج : قال : " لبيك اللـهم لبيك ... " .

187

وتدخل في التعبير السياقي المصاحبات اللفظية Collocations ، وهي عبارة عن مصاحبة بعض ألفاظ اللغة ألفاظاً أخري للتعبير عن معني خاص يتكون من هذا التلازم ، مثل : ذاق الموت ، خر السقف ، قال تعالى ﴿ فَخَرَّ عَلَيْهِمُ ٱلسَّقْفُ مِن فَوْقِهِمْ ﴾ [النحل: 26] ، ﴿ وَخَرُّوا۟ لَهُۥ سُجَّدًا ﴾ [يوسف: 100] و ﴿ يَخِرُّونَ لِلْأَذْقَانِ سُجَّدًا ﴾ [الإسراء: 107] . قاسي الأهوال ، تحمل المصائب : دلالة على المشقة ، والمعاناة .

فهذه الألفاظ تتلازم في الكلام ، وصارت بينها صحبة ، فقد أصبح من لوازم الفعل : خر (بمعني السقوط) أن يصحبه لفظ السقف للدلالة على الهدم والدمار ، وصاحب لفظ السجود الفعل "خر" للدلالة على الطاعة والتذلل والخشية ، فالفعل "خرّ" في هذا السياق يستدعي لفظ السجود .

وقد يكون هذا التلازم بين متضادين مثل : لا يضر ولا ينفع : بمعني عديم القيمة. في سياق قولنا : الأصنام لا تضر ولا تنفع .

والتعبير السياقي لا يعني المعني السياقي ، فالأخير عام وشامل كل معاني اللفظ ، ومنها التعبير السياقي الذي يتحقق معناه من سياق واحد تتلازم فيه بنيته اللفظية كما بينا آنفاً.[1]   والمعني السياقي لا يفترض تضام ألفاظه أو مصاحبة بعضها بعضًا في الكلام ، وإنما تخضع لترتيب المعاني وفق قواعد اللغة .

وتتنوع أشكال التراكيب في علاقات داخل بنية التعبير السياقي ، وأهم هذه العلاقات الشائعة في اللغة ما يأتي[2] :

1 – علاقة الصفة بالموصوف ، مثل : الأمة العربية ، الأرض المحتلة (فلسطين) ، الوطن العربي ، الرأي العام Public opinion ، الحياة اليومية Every day life. السلم الاجتماعي Social Ladder . السلاح الأبيض Cood weapon .

---

(1) الآنف : الماضي القريب ، فعله آنفاً : قريباً ، أو أول وقت . قال تعالى :﴿ مَاذَا قَالَ ءَانِفًا ﴾ [محمد: 16].
(2) أرجع إلى مجلة اللسان العربي (م 17/ج 29،30/1)

2- علاقة الصفة بحرف الجر مثل : ثقيل في ... ، وثقيل عن ... وأثقل من ... وثقيل على... فالأول ثقيل في الوزن مثلاً ، والثاني يدل على عدم الاستواء بين اثنين والثالث في المفاضلة ، والرابع في الثقل أو فيما يتحمله الإنسان .

وهذا التلازم أو التضام يقع في الصفات مثل وقوعه في الأفعال ، ويؤدي دلالات مختلفة.

3- علاقة الفعل بحرف الجر ، وهي العلاقة التي يشكل فيها حرف الجر والفعل معني سياقياً خاصاً مثل : مال على ، مال عن ، مال إلى . التعبير الأول بمعني ظلم . والثاني : زاغ ، انحرف . الثالث : أحب .

وهذا التضامن بين الفعل وحرف الجر أعطي معني يخالف معني غيره من الحروف ، وقد يتحقق عن تضام الفعل بحرف الجر وقوع تضاد في معني التعبيرين . فالأول عكس الثاني في المعني ، وقد أعطي هاتين الدلالتين . حرفا الجر " في " و " عن " من خلال التضام الذي وقع بينهما وبين الفعل في السياقين .

4- علاقة الفعل بالاسم ، فكل فعل يرتبط باسم معين فاعلاً أو مفعولاً يؤدي معني يتعلق بهما معاً ، فقالت نملة ، غير قالت امرأة العزيز ، فالأول مجاز ، والثاني حقيقة عن فاعله ، فالقول للإنسان وليس للحيوان إلا مجازاً . ومثل علاقة الفعل بالمفعول: خرق المعاهدة ، يعني انتهك الاتفاقية، وهو غير خرق الجدار . ومثل أرضعت الأم مولودها أو طفلها . فالرضاعة من الأم وليست من المولود . والرضاعة لا تكون إلا لمولود في سن الرضاعة ، فلازم الفعل أرضع فاعله ومفعوله .

وكذلك نقول : طلق الرجل زوجته ، ولا نقول طلقت المرأة زوجها . لأن الطلاق لا يقع إلا من الرجل ، والمرأة تخلع نفسها، وكذلك يمين الطلاق ، فنقول : حلف عليها يمين الطلاق، وليس العكس صحيحاً . وكذلك نقول في الميراث الذي هو حق ذوي الأرحام دون سواهم ، فهم يرثون ولا يوصي لهم ، فلا وصية لوارث .

وكذلك توجد علاقة بين الفعل والظرف ، فقولنا : وقف أمام الباب . غير قولنا وقف

بعد الباب ، وهي تشبه العلاقة بين المصدر والظرف.

وهناك علاقة أكبر بين الفعل والحدث الذي يدل عليه ، فالأفعال خر ، وسقط ، وهوي . ترتبط بالدلالة على كل ما يهوي من أعلى إلى أسفل فنقول : سقط الجدار ، وخر السقف [1] ، وهوى الحجر في الحفرة .

5- علاقة المصدر بحرف الجر ، مثل : السعي إلى ... والسعي في ... والسعي بـ ..... والسعي بين ... ، فنقول مثلاً : السعي بالنميمة بين الناس حرام ، والسعي بين الصفا والمروة من شعائر الله في الحج .

6- علاقة المضاف بالمضاف إليه ، مثل : عصر القوة ، تذليل العقبات، مناهضة العنصرية ، أم القرى ، أم المصريين .

7 – علاقة المعطوف بالمعطوف عليه ، وهذا النوع يحقق أنواعاً من العلاقات .

أولاً : علاقة الترادف مثل : الأمن والسلام ، العفة والشرف ، التعاون والتآزر .

ثانياً : علاقة التكامل ، وهي أن يكمل أحدهما الآخر ، أو يكون جزءاً منه يتممه مثل : العلم والإيمان ، دين ودنيا .

ثالثاً : علاقة التضاد ، مثل : الحرب والسلام ، الجنة والنار ، الليل والنهار .

8- علاقة الكم : وهي التي تحدد كم الشيء ، أو مقداره ، مثل عدد كبير ... ، نزر يسير ... ، قليل من ... ، ناهز كذا ... ، جاوز كذا ...

9- علاقة تحديد الكيف ، مثل : إلى حد بعيد ، بعيد المدي ، وشيكاً جداً ، بعيد المنال ، صعب للغاية .

10- التعابير المكانية ، مثل : من هنا وهناك ، في كل مكان ، في شتي كذا ، في أرجاء

---

(1) قيل إن أحد القراء أخطأ في قوله تعالى : (فخر عليهم السقف من فوقهم) فقال : من تحتهم ، فسمعه أحد العامة فأنكره ، وقال للمقرئ ، إن لم تكن حافظاً فهندس . وهذا من مزاح العامة .

كذا ... ، قاب قوسين أو أدني (مقدار قوسين أو أقل) .

11- التعابير الزمانية : في الوقت نفسه ، في المستقبل القريب ، في بضع سنين ، في التو .

ويلاحظ أنه من الممكن فهم معنى التعبير السياقي من معاني أجزائه أو ألفاظه ، مثل : خرق المعاهدة ، فخرق تعني انتهك ، والمعاهدة الاتفاقية ، هذا بخلاف فهم معنى التعبير الاصطلاحي الذي يفهم من تراكيبه مجتمعة دون تجزئه أو تفكيك ، فلا يمكن أن نفهم من معنى " يد " و " الحديد " فهم المراد من " يد من حديد " في قولنا : "حكم البلاد بيد من حديد". وكذلك لا نفهم " على قدم وساق " : مسرعاً، من " قدم " أو " ساق " مفردتين، وكذلك قولنا "طار عقله " ، " طار " وحدها لا تعطي دلالة التعبير ، وكذلك كلمة " عقله".

ويختلف التعبير الاصطلاحي عن التركيب السياقي ، فالأول وحدة دلالية ثابتة ، والثاني تراكيب مختلفة لها أكثر من دلالة تتعدد بتعدد سياقها ، ومثال هذا الكلمات المفردات وما ترد فيه من سياقات مختلفة ، بمعان مختلفة ، وتشكل المعنى المعجمي لهذه الكلمة وشاهد هذا كلمة " مال " : مال على الرعية : ظلمها .مال إلى جليسه : أسر إليه بحديث .مال على الأرض : سقط .مال عن الطريق : انحرف .مال عن الحق : ضل .مال إلى أحد الخصمين : ميزه عن خصمه الآخر . مال إلى جارته : أحبها .

ويصبح المعنى المعجمي لكلمة "مال" مجموع هذه المعاني التي تحققت من سياقات مختلفة فمال تعني في المعجم : (ظلم، سقط ، ضل ، انحرف ، أحب) .

ويلاحظ أن هذه المعاني لا تترادف إلا في القليل ، بينما معاني الوحدة الاصطلاحية تترادف جميعها ، وهذا يؤكد أنها وحدة دلالية واحدة متماسكة غير قابلة للتفكيك ، فتعبير " لقي حتفه " يعني مات ، رحل ، انتقل إلى جوار ربه ، في ذمة الله . جميعها معان مترادفة ، والمعاني السياقية لا تترادف جميعاً، فقد يقع بين بعضها ترادف، وقد لا يقع ، وقد سبق أن تناولنا معنى كلمة " الولي " وبينا ذلك فيها .

191

والتعبير السياقي يخضع لقواعد اللغة دون مخالفة ، فهو لا يشبه المثل الذي يقال في كل حالاته بأداء واحد دون اختلاف الإعراب أو تغير في الشكل البنيوي .

ويمكن فهم بعض التعابير السياقية مفككة أو من خلال بعض أجزائها مثل : المدينة (أي المدينة المنورة)، والقدس : أي القدس الشريف بفلسطين – فك الله أسره – وقد لا نستطيع معرفة التعبير من أجزائه مفردة مثل : بيت المقدس . فبيت لا يعطي دلالة التعبير ، وكذلك " المقدس " .

وهنالك من يرى أنه لا يمكن الاستعاضة عن التعبير السياقي كاملاً بكلمة واحدة ، واستشهد بـ " انهمر المطر بغزارة " لا يمكن الاستعاضة عنه بكلمة مفردة واحدة تؤدي معناه كاملاً ، في حين أن ذلك جائز في التعبير الاصطلاحي. (1)

ونحن نرى أن هذا ليس مطرداً في كل التعابير ، فالتعابير الاسمية يمكن فيها هذا مثل : القدس الشريف ، و بيت المقدس ، وبيت الله الحرام ، ومكة ، و الكعبة .

ويمكننا أن نستبدل التعبير السياقي بمرادفات أخرى تعطي دلالته، ومثال هذا : قلة من الأولين ، جماعة من السابقين ، فئة من السلف ، وهذا لا يمكن في التعبير الاصطلاحي ؛ لأن اختلاف لفظه يخرجه عن اصطلاحه ووحدته الدلالية ، فلا نسمي مترادفاته تعابير اصطلاحية بل معاني معجمية .

وتمتاز التعابير السياقية بقدرتها على التنوع ، فمن الممكن تبديل الكلمات المكونة للتعبير السياقي بكلمات مماثلة لها في دلالتها دون الإخلال بالمعنى الكلي ، ومثال ذلك التعبير السياقي . جماعة من الجنود ، مجموعة من العسكر ، فرقة من الجيش . في حين لايمكن ذلك في التعبير الاصطلاحي ؛ لأنه يغير المعنى . لأن التعبير بمكوناته يعد وحدة واحدة يؤلف المعنى .

ويمكن حذف المتعلقات من التعبير السياقي إن اشتمل على فعل وفاعل ، ولا يغير

---

(1) اللسان العربي (م 17 جـ / 30)

ذلك في المعني . مثل : روي قصة للجمهور ، شرح خطة الهجوم على العدو . يمكن الاستغناء عن الجار والمجرور " للجمهور " "على العدو " فنقول: روي قصة ، شرح خطة الهجوم .

ويدخل تحت التعبير السياقي التراكيب التي تعبر عن دلالة خاصة مثل الأسماء المركبة التي تشكل وحدة دلالية واحدة نطلق عليها الاسم المركب كالمركب الإضافي "عبد الناصر" ، والمركب العددي: ثلاثة عشر ، والمركب المزجي : بورسعيد ، نيويورك ، والمركب الإسنادي : فتح الباب ، تأبط شراً .

والفرق بين الاسم المركب والتعبير الاصطلاحي أو السياقي نجده في الآتي :

أ - تتألف بنية التركيب عادة من أسماء فقط في حين تتنوع بنية التعابير الاصطلاحية والسياقية التي تتألف من اسم وفعل وحرف .

وهناك شواذ لهذه القاعدة إذ قد يتألف التركيب الإسنادي من تركيب فعلي مثل: "تَأَبَّطَ شراً " (اسم وقيل لقب شاعر جاهلي من الصعاليك) (1) .

ب- يتكون الاسم المركب غالباً من كلمتين ماعدا التركيب العددي ، أما التعبير الاصطلاحي ، فيتكون من أكثر من كلمتين .

جـ- يمكن فهم معني التركيب من مجموع معني الكلمتين مثل : (عبد الناصر) ، ولا يفهم معني التعبير الاصطلاحي إلا من مجموع معاني الكلمات المكونة له مثل: "على أهبة الاستعداد" . "على قدم وساق" . وذلك بعد أن يتلقي مستخدمه بعض المعلومات عنه ، فكثير من التعابير الاصطلاحية لا تفهم دلالتها من تراكيبها ما لم نعلم شيئاً عنها . ولكن الاسم المركب مثل (عبد الناصر) يمكن فهمه من خلال تركيبه .

---

(1) تأبط شرًا جملة جعلت علمًا عليه، ولم يعرف له اسم غيره، وقيل بل هو لقب له، مثل: الصديق، والفاروق...، وتأبط شرًا: لفظ محلي، وسمي به، لقبته به أمه، لأنه تأبط سيفًا وخرج، وقيل لتأبطه بحية، وقيل غير ذلك . درة الغواص ص 61 الحاشية .

دلالة المثل

الأمثال تراكيب لغوية ذات دلالة خاصة تفهم من مجموع الألفاظ التي وضعت في تركيب خاص بها يتداوله الناس من دون تصرف فيه ، إلا قليلاً ، ويعد قالباً لفظياً ثابتاً يشبه الكلمات المركبة أو المنحوتة ودلالة كل المثل تفهم في إطار الثقافة التي نشأ في ظلها ، فالأمثال شديدة الارتباط بالأمم التي أنتجتها ، وتفهم في سياق الموقف الذي تقال فيه وهي تراث شعبي يرتبط بالخطاب المنطوق، ومن ثم لها بنية خاصة موجزة القول غزيرة المعنى.

والأمثال من الأقوال المحفوظة ترتبط بالخطاب الشفاهي ، ومن ثم فهي مرتبطة بالأميين أكثر من ارتباطها بالمثقفين ، فهي قوالب جاهزة تعين المتكلم على إبلاغ مراده بكناية غير تصريح . وقد نقل السيوطي بعض أقوال العلماء في الأمثال :

" قال أبو عبيد : الأمثال حكمة العرب في الجاهلية والإسلام ، وبها كانت تعارض كلامها فتبلغ بها ما حاولت من حاجاتها في المنطق بكناية غير تصريح ، فيجتمع لها بذلك ثلاث خلال : إيجاز اللفظ ، وإصابة المعني ، وحسن التشبيه ، وقد ضربها النبي صلى الله عليه وسلم ، وتمثل بها هو ومن بعده من السلف ". (1)

وقال المرزوقي : " المثل جملة من القول مقتضبة من أصلها ، أو مرسلة بذاتها ، فتتسم بالقبول ، وتشتهر بالتداول ، فتنقل عما وردت فيه إلى كل ما يصح قصده بها من غير تغيير يلحقها في لفظها ، وعما يوجبه الظاهر إلى أشباهه من المعاني ، فلذلك تضرب ، وإن جهلت أسبابها التي خرجت عليها ، واستجيز من الحذف ومضارع ضرورات من الشعر فيها ما لا

---

(1)عبد الرحمن جلال الدين السيوطي : المزهر في علوم اللغة وأنواعها تحقيق ثلاثة من العلماء ، منشورات المكتبة العصرية . بيروت ط 1408 ، 1987 جـ1 / 486 . وأبو عبيد هو أبو عبيد القاسم بن سلام .

وقال : "أبو هلال : أصل المثل التماثل بين الشيئين في الكلام ، كقولهم كما تدين تدان ، وهو من قولك: هذا مثل الشيء ومثله ، كما تقول : شبهه ، ثم جُعل كل كلمة سائرة ، مثلاً ، وقد يأتي القائل بما لا يحسن أن يتمثل به ، إلا أن لا يتفق أن يسير ، فلا يكون مثلاً . جمهرة الأمثال . دار الكتب العلمية جـ 11/1 .

يستجاز في سائر الكلام "[1] .

وقد حرص علماء العرب على جمع الأمثال وتبويبها في أبواب كل في موضوعه الذي يدل عليه ، وبحثوا عن الموقف الذي قيل فيه ـ فأشاروا إليه ، وفسروا معاني الأمثال في ضوء ظروف إنتاجها أو في سياق الموقف ، وذكروا اسم صاحب المثل إن تمكنوا من معرفة صاحبة ، فالأمثال غالباً مجهولة المصدر ، لأنها جزء من الخطاب اليومي الشفهي يتناقله الناس عن بعضهم ، ويتداولونه فيما بينهم ، ويستثني من هذا بعض الأقوال المأثورة التي تمثل بها الناس في خطابهم ، فصارت مثلاً يعرف صاحبه ، وأمثال هذا كثير شعراً ونثراً . وهذه الأقوال المأثورة لا تصبح مثلاً إلا بعد أن يتمثل بها الناس في حياتهم اليومية ، ويرتجلونها في خطابهم اليومي ، ويعد المثل ثمرة نضج العقل البشرى وخلاصة تجاربه وعمق وعيه .

والفرق بين المثل وغيره من كلام الناس أنهم يتمثلون به ، وإلا فلا يكون مثلاً.[2]

قال أبو هلال : " أصل المثل التماثل بين الشيئين في الكلام ، لقولهم : " كما تدين تدان " وهو قولك : هذا مثل الشيء ومثله ، كما تقول : شبهه وشبه ، ثم جعل كل حكمة سائرة مثلاً ، وقد يأتي القائل بما يحسن أن يتمثل به ، إلا أنه لا يتفق أن يسير فلا يكون مثلاً .[3] فالمثل مأخوذ من المثال ، وهو قول سائر تشبه به حال الثاني بالأول ، والأصل فيه التشبيه .

ويتميز المثل بإيجاز اللفظ ، وإصابة المعني ، وحسن التشبيه ، وجودة الكناية ، وقد عد المبرد هذه السمات نهاية البلاغة .[4] فالمثل قول سيَّار له قالب بسيط ومقتضب، ويعبر عن فكرة عميقة في الوعي البشري .

---

(1) المزهر جـ1 / 486 ، 487 .

(2) جمهرة الأمثال جـ 11/1 .

(3) نفسه .

(4) ارجع إلى مقدمة معجم الأمثال العربية ، إعداد : الدكتور محمد إسماعيل ، ومصطفي عبد العزيز ، وأحمد سليمان ، مكتبة لبنان بيروت ، وقد جمع المؤلفون في معجمهم ثماني مائة واثنين وثمانين مثلاً .

وقد تناول أهل اللغة بعض الأمثال السيّارة بالشرح والإعراب في ضوء المواقف التي ترتبط بها . وقد أكد أهل اللغة أن الأمثال قوالب لفظية جاهزة أو تراكيب ثابتة لا تغير مثلها في ذلك مثل : الشعر ، ولكنها ليست موزونة إلا ما جاء منها شعراً ، ولكن قد تأتي مسجوعة وبها حسن تقسيم لتكون أبلغ في السمع وأمكن في الحفظ .

قال السيوطي : " الأمثال لا تُغيَّر ، بل تجري كما جاءت ... فالعرب تجري الأمثال على ما جاءت ، ولا تستعمل فيها الإعراب " (1) . لأنها قد تخرج عن قواعد العربية : " والأمثال قد تخرج عن القياس ، فتحكي كما سُمِعت ، ولا يطرد فيها القياس" (2) .

وقال المرزوقي : من شرط المثل ألا يغيَّر عما يقع في الأصل عليه ، ألا تري أن قولهم : "أعط القوس باريْها" ، تسكن ياؤه ، وإن كان التحريك الأصل ، لوقوع المثل في الأصل على ذلك ، وكذلك قولهم : "الصيفَ ضيعتِ اللبن . لّما وقع في الأصل للمؤنث لم يُغيَّر من بعد ، وإن ضُرب للمذكر " (3).

وقال التبريزي: تقول : " الصيف ضيعت اللبنَ "، مكسورة التاء ، إذا خوطب بها المذكر والمؤنث والاثنان والجمع ، لأن أصل المثل خوطبت به امرأة ، وكذلك قولهم : أطري فإنك ناعِلَة ، يضرب للمذكر والمؤنث والاثنين والجمع على لفظ التأنيث" (4) .

---

(1) المزهر جـ 487/1 .

(2) نفسه 1/ 488 .

(3) نفسه . نقلا عن المرزوقي في شرح الفصيح ، وقال أبو هلال : الأمثال تمكن ، يعنون أنها تضرب على ما جاءت عن العرب ، ولا تغيّر صيغتها ، فنقول للرجل « الصيف ضيعت اللبن » فتكسر التاء ، لأنها حكاية . جمهرة الأمثال جـ 11/1 .

(4) المزهر 488/1 والإطرار أن تركب طرر الطريق وهي نواحيه ، وقال : أبو هلال العسكري : " ولما عرفت العرب أن الأمثال تتصرف في أكثر وجوه الكلام ، وتدخل في جُلِّ أساليب القول أخرجوها في أقواها من الألفاظ ، ليتخف استعمالها ، ويسهل تداولها ، فهي من أجل الكلام وأنبله ، وأشرفه وأفضله، لقلة ألفاظها ، وكثرة معانيها ، ويسير مؤنتها على المتكلم ، مع كبير كنايتها ، وجسيم عائدتها ". جمهرة الأمثال جـ 10/1 .

وقد يتعدد معني المثل مثل تعدد معني اللفظ ، ومثال هذا "أطري فإنك ناعِلَة" : أركب الأمر الشديد فإنك قوي عليه ، وقيل معناها : أدلي ، فإن عليك نعلين ، وقيل : هذا المثل يقال في جلادة الرجل .

وقد ذكر العلماء أن قائل هذا المثل : رجل قال لراعية له ، وكانت ترعي في السهولة وتترك الحزونة ، فقال لها : أطرى ، أي خذي في أطرار الإبل أي نواحيها ، يقول : حوطيها من أقاصيها واحفظيها ، وناعلة تعني أنها ذات نعل غليظ ، وهو جلد القدم ، والرجل يخاطب امرأة ، ولهذا جاء الفعل مسنداً إلى ياء المخاطبة المؤنثة .

وقد أكد أبو هلال العسكري أن الباحث لا يستطيع أن يعرف معني المثل حتى يلم بظروف إنتاجه والظروف المحيطة به ، وما يتعلق به من سياق داخلي وسياق خارجي ، والبيئة التي نشأ فيها ، "والأمثال أيضاً نوع من العلم منفرد بنفسه لا يقدر على التصرف فيه إلا من اجتهد في طلبه حتى أحكمه ، وبلغ في التماسه حتى أتقنه ، وليس من حفظ صَدْراً من الغريب ، فقام بتفسير قصيدة ، وكشف أغراض رسالة أو خطبة قادراً على أن يقوم بشرح الأمثال والإبانة عن معانيها ، والإخبار عن المقاصد فيها ، وإنما يحتاج الرّجلُ في معرفتها مع العلم بالغريب إلى الوقوف على أصولها ، والإحاطة بأحاديثها ، ويكمل لذلك من اجتهد في الرواية ، وتقدم في الدراية ، فأما من قصر ، وعذرَ ، فقد قصر وتأخر ، وأني يسَّوغ الأديب لنفسه ذلك ، وقد علم أن كل من لم يُعن بها من الأدباء عناية تبلّغه أقصي غاياتها ، وأبعد نهاياتها ، كان منقوص الأدب ، غير تام الآلة فيه ، ولامو فور الحظ منه !" (1) وقد سلك هذا المنهج في تفسير النصوص بعض المدارس الحديثة .

وقد استخدم أبو هلال منهجه هذا " ولما رأيت الحاجة إليها هذه الحاجة عزمت على تقريب شملها وتلخيص مشاكلها ، وذكر أصولها وأخبارها ، ليفهمها الغبي فضلاً عن

---

(1) أبو هلال الحسن بن عبد الله بن سهل العسكري : جمهرة الأمثال ، دار الكتب العلمية ، بيروت ط 1408/1 هـ ، 1988م جـ 10/1 .

اللقين الذكيّ " [1] .

" وروي القالي عن الأصمعي من أمثال العرب : "اسقِ رقاشَ إنها سَقاية " يضرب مثلاً للمحسن ، يقول : أحسنوا إليه لإحسانه . قال : ومن أمثالهم : "خَرْقاء عَيّابة" يضرب مثلاً للأحمق ، أي أنه أحمق وهو مع ذلك يعيب غيره ، قال : ومن أمثالهم : "كل مُجْر بالخلاء يُسَرُّ " وأصله أن الرجل يجري فرسه بالمكان الخالي لامسابق له فيه ، فهو مسرور بما يري من فرسه ، ولا يري ما عند غيره ، يضرب المثل للرجل تكون فيه الخلة يحمدها من نفسه ، ولا يشعر بما في الناس من الفضائل " . [2] ومثله "الذئب خالياً أسد ، لمن لا يري إلا نفسه" ، وذكر ثعلب في أماليه : " ضَرب أخماساً لأسداس" يضرب مثلاً في المكر . قال الشاعر :

إذا أراد امـــرؤ مكـــراً جنـــي علـــلاً وظـــل يـــضرب أخماســـاً لأســـداس

وأصله أن قواماً كانوا في إبل لأبيهم غراباً ، فكانوا يقولون للّربع من الإبل : الخِمس ، وللخِمس السِّدْس ، فقال : أبوهم: إنما تقولون هذا لترجعوا إلى أهليكم ، فصارت مثلاً في كل مكر " . [3]

ومثل : "مجير أم عامر" وأم عامر : الضبع ، حكي ابن دريد : خرج فتيان من العرب للصيد فأثاروا ضبعاً فانفلتت من بين أيديهم ، ودخلت خباء بعض العرب ، فخرج إليهم ، فقال والـلـه ، لا تصلون إليها ، فقد استجارت بي ، فخلوا بينه وبينها ، فلما انصرفوا عمد إلى خبز ولبن وسمن ، فثرده وقربه إليها ، فأكلت حتى شبعت ، وتمددت في جانب الخباء ، وغلب الأعرابي النوم ، فلما استثقل ، وثبت عليه فقرضت حلقه ، وبقرت بطنه ، وأكلت

---

(1) نفسه .

(2) أبو علي إسماعيل بن القاسم القالي البغدادي (288هـ - 356هـ) : الأمالي ، دار الكتب العلمية ، بيروت ، (د.ت) جـ 2 / 89 .

(3) المزهر 1 / 493 . وقد ذكر صاحب اللسان : أن شيخاً كان في إبله ومعه أولاده رجالاً يرعونها قد طالت غربتهم عن أهلهم فقال لهم : ذات يوم : ارعوا إبلكم ربعاً ، فرعوا ربعاً نحو طريق أهلهم ، فقالوا : لو رعيناها سدساً ، ففطن الشيخ لما يريدون ، فقال : ما أنتم إلا ضرب أخماس لأسداس ، أي ما همتكم رعيها ، وأنشأ يقول :

وذلك ضرب أخماس أراه لأسداس عسي ألا تكون

حشوته [ما في البطن] ، وخرجت تسعي، وجاء أخ للأعرابي ، فلما نظر إليه أنشأ يقول:[1]

ومن يصنع المعروف في غير أهله ... يلاق الذي لاقي مجير أمّ عامرِ
أعدّ لها لما استجارت ببيته ... قراها من ألبان اللقاح البهازِرِ
فأشبعها حتى إذا ما تمطّرَت ... فرته بأنياب لها وأظافرِ
فقل لذي المعروف : هذا جزاء من ... يجود بمعروف إلى غير شاكرِ

وقد تناول أبو العباس المبرد (210 هـ - 285 هـ) بعضاً من أمثال العرب بالشرح ، ومنها "لم يذهب من مالك ما وعظك " قال في شرحه : إذا ذهب من مالك شيء فحذرك أن يحل بك مثله ، فتأديبه إياك عوَض من ذهابه .

ومن أمثالهم : "رُبَّ عجلة تهبُ ريثاً" . وتأويله أن الرجل يعمل العمل ، فلا يحكمه للاستعجال به ، فيحتاج إلى أن يعود فينقضه ثم يستأنف ، والرَّيْث الإبطاء ، وراث عليه أمره إذا تأخر .

وقريب منه قولهم: "أن ترد الماء بماء أكيس" وتأويله أن يمر الرجل بالماء فلا يحمل منه تكالاً على ماء آخر يصير إليه ، فيقال له : "أن تحمل معك ماء أحزم لك ، فإن أصبت ماء آخر لم يضرك ، فإن لم تحمل فخفقت من الماء عَطِبت .[2]

ويدخل تحت المثل : الأقوال المأثورة السائرة ، ومثال هذا : " إن من البيان لسحراً " حديث شريف ، استخدمه الناس في معارض كلامهم يتمثلون به فيما يعجبهم من قول.

وقد ساق أبو هلال العسكري الحديث الذي قيل فيه إن رسول الله صلى الله عليه وسلم قال لعمرو بن الأهتم : أخبرنا عن الزّبرقان ، فقال : إنه مطاع في أدْنيه ، شديد العارضة ، مانع لما وراء ظهره . فقال الزبرقان : يا رسول الله ، إنه ليعلم مني أكثر من ذلك، لكن حسدني ، فقال : عمرو والله - يارسول الله ! إنه لَزمِرُ المروءة ، ضيِّق العطن ، حديث الغني ، أحمق الوالد ،

---

(1) المزهر جـ 1 / 494 .

(2) أبو العباس محمد بن يزيد المُبَرد : الكامل في اللغة والأدب ، تحقيق محمد أبو الفضل إبراهيم ، المكتبة العصرية ط 1 / 1420 هـ ، 1999 ، جـ 1 / 158 .

لئيم الخال، وما كذبت في الأولي ، ولقد صدقت في الأخري ، رضيت فقلت بأحسن ما علمت ، وسخطت ، فقلت بأسوأ ما عملت . فقال النبي صلى اللـه عليه وسلم "إن من البيان لسحْراً" (1) .

والبيان له معنيان : أحدهما : ما تقع به الإبانة عن المراد بأي وجه كان . والآخر ما دخلته الصنعة بحيث يروق للسامعين ، ويستميل قلوبهم ، وهو الذي يشبه السحر ، إذا خلب القلب وغلب على النفس حتى يحول الشيء عن حقيقته ويصرفه عن جهته ، فيلوح للناظر في معرض غيره ....

وقد حمل بعضهم [العلماء] الحديث على المدح والحث على تحسين الكلام ، وتحبير الألفاظ ، وهذا واضح إن صح أن الحديث ورد في قصة عمرو بن الأهتم ، وقد حمل بعضهم الحديث على الذم لمن تصنع في الكلام ، وتكلف لتحسينه ، وصرف الشيء عن ظاهره ، فشبه بالسحر الذي هو تخييل لغير حقيقة ، وإلى هذا أشار مالك حيث أدخل هذا الحديث في "الموطأ " في باب " ما يكره من الكلام بغير ذكر اللـه " ، وقد ذكره البخاري في كتاب النكاح باب الخطبة وهو ما يؤيد ذلك ، وهو أن المراد به الرجل يكون عليه الحق ، وهو ألحن بالحجة من صاحب الحق ، فيسحر الناس ببيانه ، فيذهب بالحق (2) .

وقد وقع الاختلاف في المراد بالحديث المدح أم الذم في ظل تحديد الحدث الذي قيل فيه أو السياق الخارجي ، فنص الحديث يفيد المدح للبيان لما به من إيجاز ، والإتيان بالمعاني

---

(1) جمهرة الأمثال جـ18/1 ، ومجمع الأمثال للميداني ، والمستقصي للزمخشري ، لسان العرب مادة سحر . وزمر المروءة : قليلها ، والعطن ، مناخ الإبل حول الماء ، وهو كناية عن البخل .

والحديث رواه البخاري في كتاب النكاح والطب ، ومسلم في كتاب الجمعة ، وأبو داود في الأدب ، والترمذي في البر . والدارمي في الصلاة ، ومالك في الكلام . ورواه أحمد في مسنده جـ269/1 ، 303، 309 . ورواه الطبراني في الأوسط ، والهيثمي في مجمع الزائد 8 / 116 ، 117 . وقد رواه البخاري بسنده عن عبد اللـه بن عمر رضي اللـه عنهما : أنه قدم رجلان من الشرق فخطبا ، فعجب الناس لبيانهما ، فقال رسول اللـه ﷺ : " إن من البيان لسحراً ، أو " إن بعض البيان سحر " كتاب الطب ، باب إن من البيان سحراً . وفتح الباري جـ 10 / 247 "الريان " رقم 5767 .

(2) ارجع إلى فتح الباري (طبعة الريان) جـ 248/10 .

الكثيرة بالألفاظ اليسيرة . ولكن إذا أريد به خلاف الحقيقة كمدح مذموم أو ذم كريم أو قلب الحق باطلاً فهو مستهجن والسياق هو الذي يحدد المراد أعني السياق الخارجي (1) .

وهناك فرق بين التعابير الاصطلاحية والأمثال ، فالمثل هو عبارة عن حكمة ترد في جملة من القول مقتطعة من كلام ، أو مرسلة بذاتها تنقل ممن وردت منه أو مما وردت فيه إلى مشابهة دون تغيير . أي أن ألفاظ الأمثال لا تتغير تذكيراً وتأنيثاً وإفراداً أو تثنية وجمعاً بل ينظر دائماً إلى أصل المثل ، مثل: "فاقد الشيء لا يعطيه" .

إن المثل والتعبير الاصطلاحي يتألفان من كلمات قليلة ، ولكن المثل يشتمل على حكمة تعبر عن حقيقة عامة أو أزلية في حين يخلو التعبير الاصطلاحي من الحكمة أو الحقيقة العامة .

لا تتغير في المثل القرائن النحوية مثل الإعراب أو الرتبة أو الصيغة أو المطابقة أو الربط أو التضام أو الأداة ، فالأمثال تستخدم في المواقف اللغوية والمقامية والمقالية دون تغير . في حين تتغير تلك القرائن النحوية فى التعبير الاصطلاحي .

إن المثل جملة كاملة أما التعبير الاصطلاحي فقلما يكون جملة مستقلة بذاته ، بل غالباً ما يشكل جزءاً من جملة .

يتطلب فهم المثل أحياناً الرجوع إلى المناسبة التي قيل فيها ، ولكنه في الغالب يفهم من خلال مفرداته المكونة له ، ولهذا يمكن أن يترجم إلى لغات أخر ، ولكن التعبير الاصطلاحي لا يفهم من خلال مجموع معاني المفردات المكونة له ، ولهذا يصعب ترجمته .

---

(1) ذكر ابن حجر في شرح كتاب النكاح ، باب الخطبة عن ابن التين : "والبيان نوعان : الأول : ما يبين به المراد ، والثاني تحسين اللفظ حتى يستميل قلوب السامعين ، والثاني هو الذي يشبه بالسحر ، والمذموم منه ما يقصد به الباطل ، وشبهه بالسحر ، لأن السحر صرف الشيء عن حقيقته { قلت أي ابن حجر } فمن هنا تؤخذ المناسبة ، ويعرف أن ذكره في موضعه". فتح الباري جـ109/9 . فابن حجر يحيل إلى المناسبة التي قيل فيها لتحديد مراده . وقد أفصحت روايات أخري عن اسم الرجلين ، وهما : الزبرقان بن بدر وعمرو بن الأهتم .

لا يمكن الاستعاضة عن المثل بكلمة مفرده ، في حين يمكن التعبير عن التعبير الاصطلاحي بكلمة واحدة [(1)] .

دلالة المصطلح

المصطلح عبارة عن كلمة أو تركيب تلازمت بنيته للدلالة على معني خاص أو مفهوم اتفقت عليه مجموعة في مجال من مجالات المعرفة ، لتحديد الشيء الذي وضع له، وهو في أوضح معانيه : اتفاق طائفة على مفهوم مخصوص بلفظ أو تركيب ، فهو ما تعارفوا عليه واتفقوا من مفاهيم اصطلاحية .

ويطلق عليه أيضاً الكلمة الاصطلاحية أو العبارة الاصطلاحية ، وهي مفهوم مفرد أو عبارة مركبة تلازمت بنيتها واستخدمت بمفهوم واحد وحدد في وضوح ، واصطلحت عليه جماعة من المتخصصين في حقل من حقول العلم ، ويعد هذا المصطلح مفهوم خاص ضيق في دلالته المتخصصة وواضح إلى أقصي درجة ممكنة ، ويوضع له ما يقابله في اللغات الآخرى لتحديد مراده ، ويرد في سياق المصطلحات الخاصة بمجال الحقل الذي ينتمي إليه من حقول المعرفة ، فلا يلتبس بغيره ومن ثم فالمصطلح أكثر تحديداً ووضوحاً من غيره ، فقد وقع الاصطلاح عليه بين مستخدميه ويرد في نسق متكامل ومنظم ، ويمكن تعريفه بالمفهوم الذي تواطأ عليه واضعوه دون غموض في الدلالة أو اختلاف في المعني [(2)] .

والمصطلح بمنأى عن مشكلات المعني التي تواجه دلالة الألفاظ مثل : غموض الدلالة ، وتعدد المعني ، لأن مفردات اللغة لم تحظ في وضعها بما حظي به المصطلح من تحديد في الدلالة ، والبحث عما يقابله في اللغات الأخرى ، ووضع تعريف واضح ومحدد له ، وأهم ذلك كله اصطلاح واضعيه عليه [(3)] .

---

(1) ارجع إلى بحث الدكتور على القاسمي ، وارجع إلى المزهر جـ 486/1 وما بعدها .

(2) ارجع إلى : الدكتور محمود فهمي حجازي : الأسس اللغوية لعلم المصطلح ، مكتبة غريب (د.ت) ص11 ، 12 وقال الجرجاني في التعريفات : الاصطلاح : عبارة عن اتفاق قوم على تسمية الشيء باسم ما ينقل عن موضعه الأول . ص 38.

(3) ومن أشهر كتب المصطلحات في تراثنا : كشاف اصطلاحات الفنون للتهانوي ، والتعريفات للجرجاني ، والكليات للكفوي ، ومفتاح السعادة لطاش كبرى .

و " الكلمة الاصطلاحية أو العبارة الاصطلاحية مفهوم مفرد أو عبارة مركبة تلازمت بينها واستخدمت بمفهوم واحد وحدد في وضوح " ، وهو تعبير ضيق في دلالته المتخصصة ، وواضح إلى أقصى درجة ممكنة ، وله ما يقابله في اللغات الأخرى ، ويرد دائماً في سياق النظام الخاص بمصطلحات فرع محدد ، فيتحقق بذلك وضوحه الضروري [1] أو هواسم قابل للتعريف في نظام متجانس ، يكون تسميته حصرية (تسمية لشيء) ويكون منظماً (أي في نسق متكامل) ، ويطابق دون غموض فكرة أو مفهوماً[2] ".

ومن هذا يتبين أن المصطلح قد يتألف من أكثر من كلمة ، ولهذا تنشأ صعوبة في التفريق بينه وبين التعبير الاصطلاحي أو بينه وبين التعبير السياقي ، فالمصطلح المستخدم " الدورة البرلمانية " قد يختلط مع التعبير " الجلسة البرلمانية " . ولكن هناك بعض الفروق ، منها :

أ- أنه تستعمل المصطلحات عادة في نصوص الموضوعات المتخصصة في حين تستعمل التعابير الاصطلاحية ، والسياقية في اللغة العامة .

ب- أنه يستعمل المصطلح كوحدة دلالية واحدة ، ولكنه على خلاف التعبير الاصطلاحي ، وذلك لأنه يمكن إدراك معناه من مجموع معاني الكلمات المكونة له .

جـ- أنه تقتصر بنية المصطلح المتكون من أكثر كلمة في حين تتنوع بنيات التعابير الاصطلاحية و السياقية .

د – أنه لا يمكن الاستعاضة عن أحد عناصر المصطلح بمرادف دون الإخلال بالمصطلح في حين يمكن ذلك في التعبير السياقي ، ففي التعبير السياقي " الشهر الجاري " يمكن أن نقول " الشهر الحالي " . ويمكن القول " المباحثات الجارية " أو " المحادثات الجارية "

وقد يأتي المصطلح في صورة كلمة واحدة مفردة مثل : الحرية ، السلام ، الجراحة ،

---

(1) محمود فهمي حجازي ، دكتور : الأسس اللغوية لعلم المصطلح ، مكتبة غريب ص 11 .

(2) نفسه ص 12 .

التشريح ، أو كلمة منحوتة من أصل عربي مثل برمائي ، رأسمالي . أو من أصل أجنبي مثل : بيروقراطية ، وديمقراطية ، والفرنكفونية ، والأسيوأفريقية ، والتعابير الاصطلاحية والأمثال لا تقع كلمة مفردة بل تركيباً فيه أكثر من كلمة .

وتحمل المصطلحات التخصصية سمات التعابير الاصطلاحية من ناحية ثبات القالب اللفظي ، وثبات العلاقة المتبادلة بين هذا القالب ، وبين المضمون العام ، فالمصطلحات العلمية المركبة ثابتة القالب ، مثل تفاحة آدم ، أو الحرقدة ، عقدة الحنجرة Adam's apple تضخم الطحال Ague cake: (الطحال المتضخم) .

ويختلف المصطلح ⁽¹⁾ عن غيره من التراكيب والتعابير الاصطلاحية ، فهو يتكون من كلمة فأكثر ، المصطلح يستخدم في حقول معينة ، ولا يتمثل به في كل مجالات المعرفة ، وإنما يخضع لحقول التخصص في العلوم المختلفة ، فهو سائر في حقل العلم الذي وضع فيه ، وقد يخرج إلى غيره من العلوم التي تربطها صلة بهذا العلم ، وقد يقتبس أهل حقل مصطلحاتهم من حقل آخر ، مثل مصطلح " الشرعية " ، وهو مصطلح ديني فقهي ، انتقل إلى حقل القانون ، ومنه إلى حقل السياسة ، فأصبحت هنالك الشرعية الدولية مقابلة للشرعية الإلهية التي تستند إلى نصوص الدين وأحكامه .

وهناك مصطلحات مشتركة بين حقل السياسة والقانون لتقارب مجالات البحث ، وممارسة العمل ، ولأن الأول يعمل في إطار محكوم من الثاني ، فالقانون هو الذي ينظم المجالات السياسية ، ويضع لها أساساً وأنماطاً ، وكذلك شتي العلوم التي تنتفع بغيرها .

وتختلف كذلك بنية المصطلح عن بنية التعبير الاصطلاحي ، فقد يكون اسماً أو تركيباً اسمياً مزجياً إسنادياً مثل السياسة والرأسمالية منحوت من رأس ومال ⁽²⁾ .

---

(1) عرف الأستاذ علي القاسمي المصطلح فقال : هو اسم يطلق على شيء أو مفهوم معين في حقل معين من حقول العلم والمعرفة ، وقد يتألف المصطلح من أكثر من كلمة . اللسان العربي م 17/ج32/1 .

(2) النحت هو عبارة عن صياغة كلمة جديدة من بعض حروف أو مجموع حروف كلمتين أو أكثر للدلالة على معني الكلمتين أو ما نحتت منه، أو هو الكلمة المركبة التي تشكل وحدة لفظية ودلالية واحدة .

ومثل : الشرعية الدولية ، منظمة حقوق الإنسان ، ومحكمة العدل الدولية ، والمحكمة الدستورية العليا .

والمصطلح يشبه التعبير الاصطلاحي في أنه وحدة دلالية واحدة لا تفكك ، مثل: حامض الكبريت .

ولا نستطيع تحصيل دلالته إلا من مجموع ألفاظه إن كان مركباً ، ولا يمكن استخدام مترادفات للمصطلح إلا في نطاق ضيق جداً ، لأن المصطلح وضع للدلالة على علم جديد أو اكتشاف أو شيء تم جلبه من الخارج ، ولا نستطيع وضع مترادفات له إلا بشق الأنفس ، إلا إن وجد في اللغة ما يقابله ، فأعوزتنا الضرورة إلى استخدامه بدلالة جديدة ، ويشذ عن هذا المصطلحات القديمة ، وهذا ما يعوق تعريب العلوم، فمعظم المصطلحات الحديثة أجنبية ، لأن أهل اللغة لم يحرصوا على وضع ما يقابلها في العربية قبل أن تقع في أيد الناس بمسمياتها الأجنبية ، ويأتي سعيهم في ذلك متأخراً بعد أن قطع الأجنبي عليهم الطريق إلى ألسنة الناس .

وقد رأيت من الإنصاف أن أشير إلى أن علماء المسلمين سبقوا إلى وضع المصطلحات ، وأسهموا في ذلك إسهامات عظيمة في شتي العلوم التي بحثوها ، فقد وضع أهل كل اختصاص ما يلزمهم من مصطلحات ، ودأبوا أن يتناولوا شرح مصطلحاتهم قبل شروعهم في مؤلفهم ، فتراهم يصدرون كتبهم بتعريف مصطلحات العلم الذي يدخل فيه موضوع الكتاب ، ويشرحون المصطلحات التي ترد في الكتاب ، وهذا منهج تمسك به علماؤنا حديثاً وصار عليه علماء الغرب ، وتوهم بعض علمائنا أن هذا المنهج من وضع علماء الغرب .

وقد سبق إلى هذا علماء الفقه ، فوضعوا مصطلحات علم الفقه ووضع علماء الحديث مصطلح علم الحديث ، ولحق بهم أرباب العلوم الأخرى ، فظهرت مصطلحات الفلاسفة ، والصوفية ، وعلماء اللغة والأدب وغيرهم .

وقد اتخذت أمثلة من هذه المصطلحات لتبيين ومفهوم المصطلح في تراثنا ، وقد رأيت أن أتناول بعض الأمثلة من الكتب التي أفردت إفراداً خاصاً للمصطلحات ، فاتخذتها

موضوعاً أساساً فيها ، ثم أتناول بعض المصطلحات التي جاء في حوايا كتب غير متخصصة في المصطلح، فتناولت المصطلح في كل موضوع استدعاه ، ونجد بعض العلماء يتناول المصطلح موجزاً وبعضهم ينقل عن غيره ، ويبسط القول فيه ، ويرجح أحد الأقول ، ويستدل عليه بشواهد أحياناً والأمثلة التي اتخذتها دليلاً في صميم موضوع كتابنا ، لتكون أكثر نفعاً ، وأقرب فهماً .

ألف الجرجاني (1) كتاب التعريفات (2) في المصطلحات ، وقد سلك فيه منهجاً دقيقاً توخي فيه التعريف الدقيق الموجز ، ويتضمن هذا الكتاب جملة مختارة من مصطلحات الفلسفة والمنطق واللغة والبلاغة والفقه والتصوف ، قال في مقدمته :

" ...... فهذه تعريفات جمعتها واصطلاحات أخذتها من كتب القوم ورتبتها على حروف الهجاء من الألف والياء إلى الياء تسهيلاً تناولها للطالبين ، وتيسيراً تعاطيها للراغبين ..... " (3) .

وقد اخترت مجموعة من المصطلحات اللغوية من بين مجموعة المصطلحات المتنوعة التي عالجها الجرجاني في كتابه: (4)

مصطلح الاسم : ما دل على معني في نفسه غير مقترن بأحد الأزمنة الثلاثة ، وهو ينقسم إلى اسم معين ، وهو الدال على معني يقوم بذاته ، كزيد ، وإلى اسم معني ، وهو : ما

---

(1) هو الفاضل العلامة على بن محمد الشريف الجرجاني ، ولد في جرجان سنة 740هـ ، 1340م وتوفي في شيراز سنة 816هـ 1413م . درس العلوم الفعلية على قطب الدين الرازي (816 هـ 1365م)، وأفاد من مباحث العلامة الحلي (ت 732 هـ 1325 م)، وقد ألم أيضاً بعلوم اللغة والحديث والفقه ، وهو متكلم بارز ومتصوف مشهور ، وكان ضالعاً في المنطق ، وقد بدأ حياته متكلماً يدافع عن الدين الحنيف بأسلوب أهل النظر ، وانتهي به الأمر إلى التصوف .

(2) كتاب التعريفات ، مكتبة لبنان ، بيروت ، 1990 .

(3) التعريفات ص 4 .

(4) وكتاب التعريفات يختلف عن كتاب الحدود لابن سينا (ت 428 هـ ، 1036م) في أنه يعالج إلى جانب المصطلحات الفلسفية مصطلحات علوم العربية النقلية والعقلية .

لا يقوم بذاته سواء كان معناه وجودياً كالعلم أو عدمياً كالجهل .

اسم الجنس : وهو ما وضع ؛ لأن يقع على شيء وعلى ما أشبهه كالرجل ، فإنه موضوع لكل فرد خارجي على سبيل البدل من غير اعتبار تعّينه.

الأسماء المقصورة : هي أسماء في أواخرها ألف مفردة نحو : حبلي ، وعصا ، ورحي .

الأسماء المنقوصة : وهي أسماء في أواخرها ياء ساكنة قبلها كسرة كالقاضي .

أسماء الأفعال : ما كان بمعني الأمر أو الماضي مثل : رويد زيداً أي : أمهله، وهيهات الأمر : أي بَعُد [1] .

اسم العدد : ما وضعت لكمية آحاد الأشياء أي المعدودات .

اسم الفاعل : ما اشتقت من يفعل لمن قام به الفعل بمعني الحدوث ، وبالقيد الأخير خرج عنه الصفة المشبهة واسم التفضيل لكونهما بمعني الثبوت لا بمعني الحدوث.[2]

اسم المفعول : ما اشتق من يفعل لمن وقع عليه الفعل .

اسم التفضيل : ما اشتق من فعل لموصوف بزيادة على غيره .

اسم الزمان والمكان : مشتق من يفعل لزمان أو مكان وقع فيه الفعل .

اسم الآلة : هو ما يعالج به الفعل المفعول لوصول الأثر إليه .

اسم الإشارة : ما وضع المشار إليه ولم يلزم التعريف دورياً أو بما هو أخص منه أو بما هو مثله ؛ لأنه عرف اسم الإشارة الاصطلاحية [3] بالمشار إليه اللغوي المعلوم .

الاسم المنسوب : وهو الاسم الملحق بآخره ياء مشددة مكسورة ما قبلها علامة للنسبة

---

(1) التعريفات ص 30 .

(2) نفسه ص 31 .

(3) نفسه .

إليه كما ألحقت التاء علامة للتأنيث نحو: بصري وهاشمي . ⁽¹⁾

ويقول في معني (إشارة النص) : إشارة النص هو العمل بما ثبت بنظم الكلام لغة لكنه غير مقصود ولا سبق له النص كقوله تعالى: ﴿ وَعَلَى ٱلْمَوْلُودِ لَهُۥ رِزْقُهُنَّ ﴾ [البقرة: 233] سيق لإثبات النفقة وفيه إشارة إلى أن النسب إلى الآباء .

الإشمام : تهيئة الشفتين بالتلغظ بالضم ، ولكن لا يتلفظ به نسبياً على ضم ما قبلها أو على ضمه الحروف الموقوف عليها ، ولا يشعر به الأعمى . ⁽²⁾

وقال في مصطلح الاشتقاق : الاشتقاق : نزع لفظ من آخر بشرط مناسبتهما معني وتركيباً ومغايرتهما في الصيغة .

الاشتقاق الصغير : وهو أن يكون بين اللفظين تناسب في الحروف والتركيب نحو: ضرب من الضرب .

الاشتقاق الكبير : وهو أن يكون بين اللفظين تناسب في اللفظ والمعني دون ترتيب نحو: جذب من الجذب .

الاشتقاق الأكبر : وهو أن يكون بين اللفظين تناسب في المخرج نحو: نعق من النهي . ⁽³⁾

وقد ألف أبو البقاء الكفوى ⁽⁴⁾ . كتاب الكليات ⁽⁵⁾ ، وهو معجم في المصطلحات

---

(1) نفسه ص 37 . والإشارة : هو الثابت بنفس الصيغة من غير أن سبق له الكلام .

(2) نفسه .

(3) نفسه ص 37 ، 38 .

(4) أبو البقاء أيوب بن موسي الحسيني الكفوي (ت 1094 هـ - 1683م) ولد في كفا بالقرم بفلسطين ، سنة 1028هـ ، وتوفي بالقدس سنة 1094 هـ - 1684م . وهو فقيه حنفي عمل قاضياً ، وهو عالم في اللغة وعلومها والحكمة والطب .

(5) الكليات معجم في المصطلحات والفروق اللغوية ، تحقيق عدنان درويش ومحمد المصري ، مؤسسة الرسالة . ط2/ 1419 هـ ، 1998م .

والفروق اللغوية ، وهو يتناول معني المصطلح اللغوي أولاً بقدر ما يفيد معني المصطلح ، فيبين أصله الاشتقاقي ، ثم يذكر معناها اللغوي ، ثم معناه عند أهل كل علم وما اصطلحوا عليه فيه .

وهو يتناول معني المصطلح اللغوي أولاً بقدر ما يفيد معني المصطلح ، فيبين أصله الاشتقاقي ، ثم يذكر معناها اللغوي، ثم معناه عند أهل كل علم وما اصطلحوا عليه فيه.

وقد بلغت دقته وأمانته مبلغاً عظيماً عند معالجته الألفاظ التي ترتبط بقضايا الفقه والتوحيد والفلسفة . فهو يشير إلى المصادر التي ينقل عنها أو يعزو نقوله إليها ، وينسب ما ينقله إلى من قاله ، كما يتناول بعض القضايا اللغوية أو يعاكسه ، مثل: الفرق بين الإقدام ، والإحجام ، وبين الإيتاء والإعطاء ، وبين البكر والثيب . ويتناول جميع مشتقات اللفظ أحياناً ويبسط القول فيها .

وقد أولي الشواهد عناية كبيرة ، وأكثر من الاستشهاد بالقرآن الكريم ، والاستشهاد بالحديث والشعر .

وقد اخترت " الكلمة " لتكون شافيه كافيه لما قلناه :

" الكلمة : من تقع على واحد من الأنواع الثلاثة أعني الاسم والفعل والحرف ، وتقع على الألفاظ المنظمة . والمعاني المجموعة ، ولهذا استعملت في القضية والحكم والحجة وبجمعها ورد التنزل: ﴿ وَكَلِمَةُ ٱللَّهِ هِىَ ٱلْعُلْيَا ﴾ [التوبة: 40] أي : كلامه .. والكلمة : لفظ بالقوة ، أو بالفعل مستقل دال بجملته على معنى بالوضع ...

والكلام في اللغة : يطلق على قسم الدوال الأربع ، وعلى ما يفهم من جال الشيء مجازاً ، وعلى التكلم والتكليم ، وعلى الخطاب وعلى جنس ما يتكلم به من كلمة ، وعلى كل حرف جنس ما يتكلم وعلى جنس ما يتكلم به من كلمة ، وعلى كل حرف واحد كواو العطف و أكثر من كلمة محلاً كان أولا وعلى ما في النفس من المعاني التي يعبر عنها ، وعلى اللفظ المركب أفاد أو لم يفد [1] .

(1) الكليات ص 755 ، 756 .

ويتناول الكفوى معنى الكلام عند أصحاب الفرق والمذاهب فيقول : ومن المعاني اللغوية للكلام ما يكون مكتفياً به في أداء المرام ، وهو حقيقة في اللسان عند المعتزلة .

وقال الأشعري : مرة حقيقة في النفساني ، ومرة مشترك بينه وبين اللفظي ، والتحقيق في هذا الباب أن الكلام عبارة عن نقل مخصوص بفعل الحي القادر لأجل أن يعرف غيره ما في ضميره من الاعتقادات والإرادات .

وأما الكلام الذي هو صفة قائمة بالنفس ، فهي صفة حقيقية كالعلم والقدرة والإرادة .

والكلام في الأصل على الصحيح : هو اللفظ ، وهو شامل لحرف من حروف المباني أو المعاني والأكثر منهما .

وفي عرف الفقهاء : هو المركب من حرفين فصاعداً ، فالحرف الواحد ليس بكلام ، فلا يفسد الصلاة ، والحرفان يفسدان ، وإن كان أحدهما زائداً نحو (أخ) و(أف) و (تف) ، وقال أبو يوسف : إنه غير مفسد ؛ لأنه واحد باعتبار الأصل ، والكلام أحد من الكلم ، فإن الكلم يدرك تأثيره بحاسة البصر ، والكلام يدرك تأثيره بحاسة السمع .

والكلام : اسم للمصدر وليس بمصدر حقيقة ؛ لأن المصادر جارية على أفعالها ، فمصدر (تكلمت) التكلم ، ومصدر كلمت : التكليم ، ومصدر كالمته : المكالمة و الكلام ليس واحداً منها ، فثبت أنه ليس بمصدر ، بل هو اسم للمصدر يعمل عمله ، ولهذا يقال : كلامك زياداً أحسن ، كما يقال : تكليمك زيداً أحسن " ويقول في معنى التكلم : والتكلم استخرج اللفظ من العدم إلى الوجود ، ويعدي بالباء ونفسه ، ويشترط القصد في الكلام عند سيبويه والجمهور ، فلا يسمى ما نطلق به النائم والساهي وما تحكيه الحيوانات المعلمة كلاماً ، ولم يشترطه بعضهم ، وسمى ذلك كلاماً واختاره أبو حيان ، اختيار محققي أهل السنة : هو أن الكلام في الحقيقة مفهوم ينافي الخرس والسكوت (وهو نفسية ، وأما الحسية ، فإن ما سمى كلاماً مجازاً تسميه للدالّ باسم المدلول :

إن الكــــلام لفــــي الفـــــؤاد وإنمـــــا   جعــل اللـــسان عــلى الفــؤاد دلـــيلا

ألا يرى أن واحداً منا يملأ الألواح ، والصحف من أحاديث نفسه من غير تلفظ بكلمة وبه يمتاز عن الحيوانات العجم والكلام النفسي لا بد أن يكون مع قصد الخطاب إما مع النفس أو مع الغير والعلم لا يكون فيه قصد الخطاب لو كان لصار كلاماً وذهب كثير من أهل السنة إلى أن من تكلم بكلام فمعناه قائم بنفسه وموجود فيها وجوداً أصلياً وسموه كلاماً نفسياً ، وحكموا بمغايرته للعلم خلافاً للمعتزلة .

والكلام في العرف : هو صوت مقتطع مفهوم يخرج من الفم لا تدخل فيه القراءة والنسيج في الصلاة أو خارجها ؛ لأنه يسمى قارئاً ولا يسمى متكلماً ، وكذا قراءة الكتب ظاهراً وباطناً ، ومن نظر في الكتاب وفهمه، ولم يحرك به لسانه فمحمد (بن الحسن) يعده قراءة ، وأبو يوسف (تلميذ أو حنيفة) لا يعد الفهم قراءة .

وللكلمة حقيقة ومجاز ، فحقيقتها اللفظة الدالة على معنى مفرد بالوضع ، ومجازها الكلام .

بقي أن بعضاً من الأصوات المركبة والحروف المؤلفة التي تدل على مدلولاتها بالطبع لا بالوضع مثل (أخ) عند الوجع ، و (أح ، أح) عند السعال ، فهل أمثال هذه الأصوات تسمى كلمة ؟ فيه اختلاف ، وكل كلمة تسمى لفظة ، وكل لفظة لا تسمى كلمة.

والكلام ما تضمن من الكلم إسناداً مفيداً مقصوداً لذاته ، فقوله ما تضمن كالجنس ومن الكلم فصل خرج به الدوال الأربع وإسنادات كـ (برق نحره) ، والمعلوم عند السامع كـ (السماء فوقنا) والمتوقف على غيره كـ (إن قام زيد) ومقصوداً لذاته خرج به ما كان مقصوداً لغيره كصلة الموصول نحو : (قام أبوه) ، فإنها مفيدة بانضمامها إلى الموصول مقصودة بغيرها وهو إيضاح الوصول .

والكلام : يطلق على المفيد وعلى غير المفيد ، والجملة الشرطية بمجموع الشرط والجزاء كلام واحد من حيث الإفادة كما في كلمة (الإخلاص) ، والكلام المعقب بالاستثناء . الكلم : يطلق على المفيد وغيره . والكلام : الجملة المفيدة .

والكلمة : هي اللفظة المفردة ، هذا عند أكثر النحويين ، ولا فرق بينهما عند أكثر

الأصوليين ، فكل واحد منهما يتناول المفرد والمركب .

ولو قلنا : اسم الكلام لا يتناول إلا الجملة فهذا قول أبي حنيفة وصاحبيه (محمد بن الحسن ، وأبي يوسف) ، ولو قلنا إنه يتناول الكلمة الواحدة ، فهذا القول قول زفر . [1]

ويسترسل الكفوي في كل ما يتعلق بالكلمة ومشتقاتها ، ويناقش بعض القضايا التي تستدعيها هذه المشتقات في إطار العلم الذي ترتبط به ومفهومها عند أهله.

ويلاحظ أن كتاب الكليات أشبه بموسوعة تخص المعومات التي يحتاجها الباحث في كل مصطلح ، ولكن الكفوي لا يسلك هذا المنهج في جميع الألفاظ التي يتناولها ، ومثال هذا مصطلحات : [2]

الكياسة : هي تمكين النفوس من استنباط ما هو أنفع .

الكآبة : هي سوء الحال والانكسار من الحزن .

الضجر : القلق والاضطراب من الغم .

الكمد : هو الحزن المكتوم .

وهو هنا يسلك نهجاً آخر فيه إيجاز شديد .

وقد ألف التهانوي [3] كتاب اصطلاحات الفنون [4] وهو أشبه بالموسوعة ، فقد تناول فيه كل ما استطاع تحصيله من علم في المصطلح ، وسجل آراء العلماء فيه ، كما عالج معناه في فنون المعرفة المختلفة إن وجد بها ، ولم يختص بفن منها ، فهو يعالج معنى الأدب في حقل اللغة وآدابها وفي حقل الأخلاق والفلسفة والتربية وفي حقل الدين ، والفقه ، ويستعين في

---

(1) الكليات ص 757 .

(2) ارجع إلى الكليات ص 733 .

(3) هو محمد علي الفروقي التهانوي المتوفي في القرن الثاني عشر الهجري ولد بتهانه في الهند .

(4) كشاف اصطلاحات الفنون ، تحقيق الدكتور لطفي عبد البديع ، ترجمة الدكتور عبد المنعم حسنين ، المؤسسة المصرية العامة للتأليف والترجمة والنشر 1382 هـ 1963 .

كل مجال بأقوال العلماء فيه ، ولولا استفاضة بحثه في شرح كل مصطلح لذكرنا بعضاً منها ، ونكتفي ببعض الأمثلة مما قاله موجزاً في مجال اللغة موضوع بحثنا :

قال في " المؤنث" المؤنث : هو عند النحاة اسم فيه علامة التأنيث لفظاً ، أو تقديراً ، أي ملفوظة كانت تلك العلامة حقيقية ، كامرأة ، وناقة ، وغرفة ، وعلامة ، أو حكماً : كعقرب ، لاسيما إذا سمى به مذكر إذا الحرف الرابع في المؤنث ، ولهذا لا تظهر التاء في التصغير الرباعي من المؤنثات السماعية ، ونحو: حائض ، وطالق ، من الصفات المختصة بالمؤنث الثابتة له ، ونحو: كلاب و أكلب مما جمع مكسراً ، أو مقدرة غير ظاهرة في اللفظ : كدار ، ونار ، نعلٍ ، وقدم ، وغيرها من المؤنثات السماعية .

وعلامة التأنيث التاء المبدلة في الوقف هاء ، والألف مقصورة كانت كسلمى ، أو ممدودة كصحراء والياء على رأي بعضهم في قولهم : ذِي ، وتي ، وليس له حجة ، لجواز أن يكون صيغة موضوعة للتأنيث ، مثل : هي أنت ، ولذلك سميت بالمؤنثات الصيغية ، لكنه حينئذ تخرج هذه المؤنثات من التعريف ، فلا يبقى التعريف جامعاً ، فتاء بنت وأخت ، ليست للتأنيث ، لكونها بدلاً عن الواو ، ولذا لا تصير في حالة الوقف هاء .

ويقابل المؤنث المذكر ، وهو اسم ليس فيه علامة التأنيث لا لفظاً ولا تقديراً".(1)

وقسم المؤنث على ضربين : حقيقي وغير حقيقي : فالحقيقي ، وهو ما له فرج من الحيوان ليشتمل الأنثى في مقابل المؤنث الحقيقي ذكر غير الحقيقي ، ويسمى لفظاً لعدم التأنيث حقيقة في معناه ، بل تأنيثه منسوب إلى اللفظ لوجود علامة التأنيث في لفظه كظملة ، أو تقديراً كعين ، بدليل تصغيرها على عُيَيْنَة أو حكماً كعقرب ، ومنه الجمع بغير الواو والنون.

وقسم المؤنث اللفظي على ثلاثة أضرب : الجمع بغير الواو ، والنون . وما فيه علامة التأنيث لفظاً كالظلمة ، والبشرى، والصحراء ، أو تقديراً كالأرض والنعل بدليل تصغيره

---

(1) كشاف اصطلاحات الفنون جـ م 81/1 .

أريضة ، ونعيلة ، والعقرب والعناق (الأنثى من أولاد المعز كسحاب) . لتنزل الحرف الرابع منزلة تاء التأنيث ، وهذا ، أي ما لا يكون فيه علامة التأنيث ملفوظاً ، بل مقدرة ، يسمى مؤنثاً سماعياً؛ لأنه يحفظ عن العرب ولا يقاس عليه ، وإنما اعتبروا الجمع بغير الواو والنون ، أي غير جمع المذكر السالم مؤنثاً غير حقيقي لتأويله بالجماعة ، ولم يؤول بها جمع المذكر السالم كراهية اعتبار التأنيث مع بقاء صيغة المذكر .

تنبيه : المؤنث اللفظي أعم من أن يكون معناه مذكراً حقيقياً ، كطلحة ، وحمزة ، أولا يكون مذكراً حقيقياً ولا مؤنثاً حقيقياً، كطلحة وعين ، فالواجب فيه ألا يكون معناه مؤنثاً حقيقياً ، هذا! وقد يذكر اللفظي بمعنى ما تكون علامة التأنيث فيه ملفوظة سواء كان مؤنثاً حقيقياً ، أو لم يكن ، ويقابله المعنوي .

وهو ما لايكون كذلك ، وهذا المعنى اللفظي يستعمل في باب منع الصرف فسلمى ، وسلمة علمين للمؤنث من المؤنثات اللفظية ، وهذا المعنى دون المعنى الأول.[1]

ويعرف التأكيد فيقول : التأكيد وكذا التوكيد في اللغة في معنى الشد .. وفي اصطلاح أهل العربية يطلق على معنيين أحدهما التقرير أي جعل الشيء مكرراً ثابتاً في ذهن المخاطب . وثانيهما اللفظ : اللفظ الدال على التقرير ، أي اللفظ المؤكد الذي يكرر به ، فالتأكيد لفظ يفيد تقوية ما يفيده لفظ آخر .

ويفصل القول في التأكيد الذي يتحقق من المفعول المطلق مثل : ضربت ضرباً للتأكيد ونحو ذلك ، ونقل آراء العلماء في جميع أنواع التأكيد وأشكاله ومنها :

أن يعيد الأول بلفظة نحو: جاءني زيد زيد .

أن يقويه بموازنة مع اتفاقهما في اللفظ الأخير نحو : هنيئاً مريئاً .

أو يقويه بما ليس له معنى لتزيين الكلام لفظاً ، وتقويته معنى نحو : حسن بسن، وشيطان ليطان ، فبسن وليطان ليس لهما معنى في حال الإفراد .

(1) كشاف اصطلاحات الفنون 1 ص 81 وشرح الكافية 42/1- 45 .

وقد يكون له معنى متكلف غير ظاهر نحو خبيث نبيث ، من نبث الشرَّ أي استخرجه[1] .

والمشهور بين أهل اللغة : تكرير اللفظ الأول ، وسمي تأكيداً صريحاً ، وهو التأكيد اللفظي نحو: ﴿ هَيْهَاتَ هَيْهَاتَ لِمَا تُوعَدُونَ ۝٣٦ ﴾ [المؤمنون: 36]. و ﴿ فَإِنَّ مَعَ ٱلْعُسْرِ يُسْرًا ۝٥ إِنَّ مَعَ ٱلْعُسْرِ يُسْرًا ۝٦ ﴾ [الشرح: 5-6] ، وقد يكون بمرادفه نحو: ﴿ ضَيِّقًا حَرَجًا ﴾ [الأنعام: 125] .

وهنالك توكيد آخر معنوي ، وهو المؤكد بالنفس والعين وكل وجميع ، وقد فصل العلماء فيه القول ، ولسنا بصدد الإفاضة فيما اختلف فيه أهل اللغة ، ونكتفي للمراد بما ذكرناه ، ونحيل القارئ إلى كتب النحو لمعرفة المزيد .

وألف طاش كبرى[2] كتاب "مفتاح السعادة "[3] ، وتناول فيه مصطلحات كل علم في باب منفرد ، وكتابه يحتوي على مصطلحات العلوم التي عرفها المسلمون ، كعلم التفسير ، والفقه والحديث ، واللغة وفروعها ، والمنطق ، وغيرها من مصطلحات العلوم الأخرى .

وقد اخترنا بعض مصطلحات علم المنطق التي ترتبط بفن الإقناع في المحاورات الكلامية .

وقد ظهر فن الإقناع في كشف علم المنطق الذي يعد من العلوم الباحثة عن أحوال الأذهان ، وهي العلوم الآلية المعنوية، وأجلها " علم المنطق "[4] .

وعلم المنطق ، وسمي علم الميزان أيضاً " هو علم يتعرف منه كيفية اكتساب المجهولات التصورية أو التصديقية من معلوماتها "[5] .

---

(1) كشاف اصطلاحات الفنون جـ 92/1 .

(2) هو أحمد بن مصطفى الشهير بطاش كبرى زادة .

(3) مفتاح السعادة ، ومصباح السيادة في موضوعات العلوم ، تحقيق كامل بكرى ، وعبد الوهاب أبو النور ، دار الكتب الحديثة .

(4) مفتاح السعادة ، دار الكتب الحديثة جـ 287/1 .

(5) مفتاح السعادة جـ 1/ 295 .

ومن المصطلحات التي ترتبط بفن الإقناع " المحاورة " ، ويطلق على المحاورة أسماء أخرى تؤدي دلالتها أو تختلف قليلاً عن مفهومها وهي : المناظرة ، والجدل ، والمناقشة ، والمحاجة ، وقد عرف العرب في الجاهلية المنافرة .

وقد تناول طاش كبرى هذا المفهوم تحت اسم " علم الجدل "، وقال " وهو علم باحث عن الطريق التي يقتدر بها على إبرام أي وضع أريد ، وعلى هدم أي وضع كان. وهذا من فروع علم النظر . ومبني العلم الخلاف ، وهذا مأخوذ لكنه خص بالعلوم الدينية"(1).

وقال عن مبادئه : " بعضها مبنية في علم النظر وبعضها خطابية ، وبعضها أمور عادية ، وله استمداد من علم المناظرة . وموضوعة تلك الطرق . والغرض منه تحصيل ملكة الهدم والإبرام . وفائدته كثيرة في الأحكام العلمية ، والعملية من جهة الإلزام على المخالفين ودفع شكوكهم(2) .

ويدافع عن هذا العلم فيقول " والإنصاف أن الجدل لإظهار الصواب على مقتضى قوله تعالى: ﴿ وَجَٰدِلْهُم بِٱلَّتِى هِىَ أَحْسَنُ ﴾ [النحل: 125] لا بأس به ، وربما ينتفع به في تشحيذ الأذهان وتصقيل الخواطر ، والذي منع عنه العلماء الجدل الذي يضيع الأوقات ، ويحصل منه طائل وكثيراً ما لا يخلوا عن التحاسد والتنافس المذمومين في الشرع(3) .

وقد جاء في كتابه ما يفيد أن الخلاف والجدل والمناظرة بينهم فروق في الدلالة(4) .

وهناك علم آخر هو علم الخلاف . هو علم باحث عن وجوه الاستبطات المختلفة من

---

(1) مفتاح السعادة جـ 304/1 .

(2) نفسه 305/1 .

(3) مفتاح السعادة 306/1 .

(4) ذكر ذلك ، وهو بصدد الحديث عن ضياع الكتب التي تناولت علم الخلاف، " لكن قد ضاعت كتبه وانطمست آثاره . وبطلب معالمه في زماننا هذا ، حتى أن طلبة زماننا لا يتفطنون الفرق بين الخلاف والجدل والمناظرة .. وإلى المشتكي في زمان صار الكلام فيه كلاماً بلا أثر والخلاف خلافاً بلا ثمر " جـ 307/1 .

الأدلة الإجمالية والتفصيلية ، الذاهب إلى كل منها طائفة من العلماء [1] ، ثم البحث عنها بحسب الإبرام والنقض لأي وضع أريد في تلك الوجوه ، ومباديه مستنبطة من علم الجدل ، فالجدل بمنزلة المادة ، والخلاف بمنزلة الصورة ، وله استمداد من العلوم العربية والشرعية .

وغرضه تحصيل ملكة الإبرام والنقض . وفائدته دفع الشكوك عن المذهب وإيقاعها في المذهب المخالف [2] .

ولم تترك المناظرة على ما هى عليه بلا بحث وتمحيص ، فهنالك طرف ثالث بين المتناظرين يقيم أدلة الطرفين وآراءهم ويمحصها ويفندها ، وهذا النوع من البحث يطلق عليه اسم " علم النظر " .

وهو علم يبحث فيه عن كيفية إيراد الكلام بين المناظرين . وموضوعه : الأدلة من حيث إنها يثبت بها المدعي على الغير . ومباديه أمور بينة بنفسها والغرض منه تحصيل ملكة طرف المناظرة ، أو لا يقع الخبط في البحث فيتضح الصواب " [3] .

وقد نشأ فن المحاورة عند اليونان ، عندما ظهر صراع بين المدارس الفكرية ، فاعتمد فريق كل مدرسة على الأدلة المنطقية عن طريق تقديم البراهين أو الأدلة على صحة الأقوال ، ويقوم الطرف الآخر بالرد عليه ، ويفندها ويسعى جاهداً لإفساد حجيتها أمام الجمهور الذي يشاهد المناظرة ، وكان طرفا المناظرة يلجأن إلى الأساليب البلاغية والأدلة المنطقية للتأثير في الجمهور .

وهنالك مصطلحات تناولها أهل التخصص في بحثهم بعض الموضوعات المتخصصة

---

(1) مفتاح السعادة جـ 306/1 وذكر طاش كبرى أسماء بعض العلماء الذين أسسوا هذا العلم واتخذوه في بحثهم ومن أصحابه : أبو يوسف ومحمد ، وزفر . والإمام الشافعي ، والإمام مالك ، والإمام أحمد بن حنبل رحمة اللـه عليهم .

(2) مفتاح السعادة ج307/1 .

(3) مفتاح السعادة جـ 303/1 .

كموضوع في فرع من فروع علوم اللغة مثل علم النحو الذي نختار من مصطلحاته مصطلح " الإعراب " الإعراب في اللغة : هو الإبانة ، يقال : أعراب الرجل عما في نفسه ، إذا أبان فأما الإعراب في صناعة النحو : فهو : تغيير آخر الكلمة ، لاختلاف العوامل الداخلة عليها "[(1)] .

وقد صّدر به الحريري " باب الإعراب " في كتابه " شرح ملحة الإعراب " ، ثم بسط القول فيه دون خوض في اختلاف العلماء فيه ، فهذا التعريف من وضع الحريري فلم ينسبه لغيره . وهنالك اتجاه آخر يذكر آراء العلماء في المصطلح ، ثم يرجح رأياً يميل إليه ، ويستدل على قوته بأدلة ، ومن أصحاب هذا المنهج الإمام السيوطي[(2)] فقد ذكر تعريفات العلماء مصطلح الإعراب . وبسط القول فيه ، فقد ذهب قوم إلى أن الإعراب معنى ، وهو عبارة عن الاختلاف ، واستدلوا على ذلك بإضافة الحركات إلى الإعراب، والشيء لا يضاف إلى نفسه ، والحركات قد تكون في المبنى فلا تكون إعراباً.

وذهب قوم آخرون إلى أن الإعراب عبارة عن الحركات ، وقد رجح السيوطي هذا الرأي فقال : " وهو الحق لوجهين أحدهما : أن الاختلاف أمر لا يعقل إلا بعد التعدد، فلو جعل الاختلاف إعراباً ، لكانت الكلمة في أول أحوالها مبنية لعدم الاختلاف. الثاني : أنه يقال أنواع الإعراب رفع ونصب وجر وجزم ، نوع الجنس مستلزم الجنس وعن الوجه الثاني أنه لايدل وجود الحركات في المبنى على أنها حركات الإعراب ؛ لأن الحركة إن حدثت بعامل ، فهي للإعراب وإلا فهي للبناء خصصها البصريون بألقاب غير ألقاب

---

(1) ارجع إلى الحريري : أبي محمد القاسم بن على بن محمد (446 هـ - 156 هـ ، 1054 م – 1122م):شرح ملحمة الإعراب ، المكتبة العصرية ، لبنان ط 3 / 1421 هـ 2000 م ص 93 وقد تناول الحريري مصطلحات النحويين في شرحه ، ويصدر تعريف المصطلح كل باب يشرحه من أبواب كتابه ، وقد جاء مصطلح الإعراب في صدر حديثه في " باب الإعراب " . وله كتاب الأشباه والنظائر في النحو .

(2) السيوطي : أبو الفضل عبد الرحمن بن الكمال بن أبي بكر محمد بن سابق الدين . المعروف بالإمام جلال الدين السيوطي ، وهو عالم من علماء الفقة ، والحديث ، والتاريخ , والتفسير ، واللغة ، والنحو .

الإعراب" [1] .

وخاض السيوطي في تفاصيل ما قاله العلماء في معنى الإعراب ، وخلاصة ما رآه أن الإعراب هو الحركات التي تبين مواقع الكلمات في الجمل [2] .

ولم تقف اللغة العربية بنا عند مصطلحات القدماء بل اتسعت لتشمل مصطلحات العلوم الحديثة ، فقربت البعيد ، وأفصحت عن الغريب ، ولم تعجز عن تلبية حاجات الحضارة الحديثة إلى مفردات ذات دلالة جديده بما تملكه من ثروة لغوية غنية غزيرة الدلالات ومتعددة الأبنية ، ومن هذه المصطلحات العربية الجديدة: [3]

الإنتاجية : مصطلح جديد اقتصادي يعني به الاقتصاديون قابلية الإنتاج productvite وقد بني هذا المصطلح من المصدر الصناعي .

الانتهازية : مصطلح يشيع في كتابات المعاصرين للتعبير عن نمط من الأخلاق غير مقبول ، والانتهازى هو النهاز للفرص بغية الحصول على منفعة ، وهو ترجمة Opportunisms ، وهي كلمة مستعملة في كتابات السياسيين ، والانتهازي في حقل السياسة من يحسن الإفادة من الظروف خدمة لمصالحه ، وأصلها العربي : نهاز وزن المبالغة من : ناهز أو نهزة على وزن فعلة .

الانهزامية : مصطلح يستخدم في حقل السياسة كثيراً ، وهو ترجمة Defaitisme . والانهزامي هو الذي لا يتحمل مواجهة الأمور الصعبة والظروف الدقيقة أو يفضل الابتعاد عنها .

التقدمية : يفيد طريقة في التفكير وأسلوباً في العمل ، وفلسفة تجنح إلى التقدم

---

(1) الأشباه والنظائر في النحو ، تحقيق محمد عبد القادر ، المكتبة العصرية ، ط 1420/1 هـ ، 1999 م جـ 83/1 .

(2) نفسه من : ص 83 إلى 86 .

(3) مجلة اللسان العربي ، المغرب طـ 1973م 10، جـ1/7-12 بحث أعد الدكتور السامرائى .

والعزوف عن الجمود ، ويستخدم في كتابات السياسيين وعلماء الاجتماع ، وهو شائع عند الاشتراكيين وأنصار المذاهب السياسية ، والتقدمي القائل بالتقدمية والسالك في نهجها والآخذ بفلسفتها ، وترجمته Progressisme والتقدمي progressiste .

الثورية : مصطلح جديد يفيد النزعة إلى الثورة والاندفاع إليها ترجمته Revolulionnaire وهو يستخدم في الحركات السياسية الحديثة ، ويعبر عن بعض المذاهب الجديدة التي تجنح نحو التغيير ، وتعلن تمردها على ما هو قائم وقديم .

الجمهورية : نظام معروف في الحكم له أشكال متعددة ، وهو خلاف الملكية والبابوية وأنظمة الحكم الوراثية .

الفوضوية : سيطرة الدهماء والغوغاء ، وشيوع الهرج والمرج Anarchisme ، وفوضى جمع على وزن فعلى والأصل فيها : فضَّى جمع فضيض مثل شتى جمع شتيت ثم وقع فيها إبدال ، وكلمة فوضى تعني في الأصل المتفرقين ، قال الشاعر صلاءة (1) :

لا يصلح الناس فوضى لاسراة لهم   ولا سراة إذا جهالهم سادوا

فقد استخدمها القدماء بمعنى الهرج والمرج وعدم النظام .

المحسوبية : تقدم الخدمات والمساعدات لمن لا يستحق عن طريق الرشاوي والنفوذ والعلاقات الخاصة والقرابة ، وتستخدم عادة في لغة الهيئات والدواوين ، ويراد منها أن يكون لبعضهم حظوة لدى جماعة الحكام والرؤساء ، فهؤلاء يقدمونه ، ويخصونه بالمنافع ، ويؤثرونه على غيره مراعاة له على نحو يبتعد عن العدالة والنصفة دون حساب لمصلحة الآخرين وترجمته Fovoritisme .

---

(1) هو صلاءة بن عمرو بن مالك من بني أود ، شاعر يمني جاهلي لقب بالأفوه الأودي ، لأنه كان غليظ الشفتين ظاهر الأسنان ، وهو من الحكماء والشعراء في عصره توفى سنة 50 . ق.هـ الأعلام للزركلي . بيروت ط1984/6 جـ 206/3 والبيت بديوانه ضمن مجموعة الطرائف الأدبية ، تحقيق عبد العزيز الميمني ، دار الكتب العلمية . بيروت ص . 1 .

المسئولية : تعني الاضطلاع بالأمر ، وتحمل العواقب والتهيؤ للعمل الجاد ، والمسئول هو من يقوم بما عليه من أعباء نحو رعيته ، وكل من يتولى أمر آخر مسئول ، كما جاء في الحديث الشريف " كلهم راع

وكلهم مسئول عن رعيته ... "
(1)
وترجمته Responsabilite و Responsible .

النضالية : مصدر صناعي يعني : تحمل المشاق والمتاعب ، وتستخدم في السياسة ، وتعني الجهاد الوطني والكفاح من أجل التحرير أو مبدأ اجتماعي أو ديني ، والنضال ضد المستعمر . وترجمته

Militantisme .

وقد يكون المصطلح من أصل أعجمي ، وخضع لتصريف أهل اللغة العربية ، فدخل في مفردات لغتهم بدلالة قد توافق أصله الأجنبي ، وقد تنحرف عنه قليلاً ، وقد تنحرف عنه جمعيه ، فتتغير دلالته ليواكب ثقافة الأمة التي دخلها وحضارتها وعقيدتها ، وقد يقع الاختلاف عن قصد أو غير قصد ، وهو الجهل بأصل المعنى الذي وضع له في لغته الأصلية ، أو قد تغيب دلالته الأصلية عن الأذهان ، فيتغير مفهومه ومن هذه المصطلحات :

الإمبريالية : لفظة أعجمية الأصل عربت على هيئة المصدر الصناعي ، والمصدر الصناعي مادة مهمة في العربية أفيد منها كثيراً في التوصل إلى كثير من المصطلحات العلمية.

وهي تعريب imperialisme وتعني الاتجاه السياسي المتصف بالسيطرة والتوسع ، فهي تعني بهذا المفهوم درجة عالية من درجت الاستعمار .

والوصف منه : إمبريالي : وهو مقابل : imperial وأصل الكلمة لاتيني يرجع إلى العصور المتأخرة imperialis . وهذه الأخيرة تعني Empire ، وهو من imperium ، وهذه الأخيرة تعني Empire ، وقد عربت هذه بـ" الإمبراطورية " أو الانبراطورية " .

وقد استخدم " إمبرايالي " في حقبة تاريخية سنة 1546م بمعني المتعصب والمنحاز للإمبراطورية الألمانية ، واستخدم في القرن التاسع عشر بمعني من يتعصب للأسرة

_____

(1) رواه البخاري في كتاب الأحكام ، ورواه مسلم في كتاب الإمارة .

النابوليونية . ثم الذي يتعصب ، ويميل للإمبراطورية والبريطانية ، ثم أصبح عموم دلالته الآن : المستبد ، التوسعي ، والمتعصب .

البرجوازي : يعبر عن طبقة اجتماعية في فترة الصراع بين الاسم والمذاهب التي ظهرت في نهاية القرن التاسع عشر والقرن العشرين ، وترتبط بالماركسية والاشتراكية ، وكان رائد هذا الفكر ماركس .

وتعبر البرجوازية عن الطبقة الوسطي من المجتمع ، وهو مصطلح سياسي ، ويدخل ضمن مصطلحات علم الاجتماع .

والبرجوازية تحمل مفاهيم هذه الطبقة وأنماط تفكيرها وترجمتها Bourgeoisie .

وأصل الكلمة Bourg وتعني المدينة ، فالبرجوازي في الأصل ساكن المدينة Bourgeois ، ثم تطورت معنى البرجوازي ، فأصبح يعني الرجل المرفة المسرف ، وهي عند العمال تعني صاحب العمل , والسيد المطاع . كما تعني كلمة البرجوازي في بداية عصر التحويل الصناعي عند العمال : إنسان غير محبوب مستهجناً أو سُبّة بين طبقة العمال .

الديموقراطية : وهو مصطلح أعجمي Democracy أو Democratie ، وتعود كلمة الديمقراطية في أصلها اللغوي إلى كلمتين يونانيتين هما : كلمة ديموس : وتعني الشعب وكلمة كراتوس وتعني حكم ، فمعنى الديمقراطية الحرفي هو حكم الشعب .

وقد خضع مفهوم الديمقراطية لتأثير أشكال الحكم المختلفة ، وقد فسرها السياسيون في إطار يخدم مصالحهم ويوافق مذاهبهم ، فتعدد مفهومه .

وبنية المصطلح قد يكون جذر ما عربي الأصل ، وقد يكون أجنبي دخيل تعرّب ، اعتنى العلماء ببحث أصول المصطلحات التي اعتورها العلماء فيما بينهم ، وقد رأيت أن أبحث مصطلح " السياسة " [1] كمثال توضيحي لمفهوم المصطلح ، فقد توهم بعض

---

(1) مصطلح السياسة politics يعني حكم الدولة وإدارتها ، وقد استخدمه الفارابي معرباً بولوتيكا في مؤلفاته ، كما يقال بولوتيكا حديثاً ، وهي مشتقة من الكلمات اليونانية القديمة politeia ، polis ، =

الباحثين أن مصطلح السياسة ليس عربي الأصل بل انتقل إلى العربية مع غزو التتار للشرق الإسلامي العربي ، ونسبوا إلى جنكيز خان قانون الياسق أو الياسا ، وهو عبارة عن قانون وضعي مخالف لروح الشريعة فاعتقدوا أن " الياسق" أو " الياسا " هو السياسة . وليست هناك صلة نسب لغوية بين اللفظ الذي ينسب إلى جنكيز خان " الياسق، الياسا " ولفظ السياسة ، فالجذر اللغوي لمصطلح السياسة عربي أصيل [1] ودليلنا شواهد من تراثنا العربي موثقة ترجع إلى الجاهلية وصدر الإسلام ، وهي فترة لم يقع فيها احتكاك مباشر بين العرب وغيرهم .

وأصح ما جاء فيه ما رواه أبو حازم ، قال : قاعدت أبا هريرة خمس سنين سمعته يحدث عن النبي صلى الله عليه وسلم قال : " كانت بنو إسرائيل تسوسهم الأنبياء كلما هلك نبي خلفه نبي ، وإنه لا نبي بعدي ، وسيكون خلفاء فيكثرون . قالوا فما تأمرنا ؟ قال فوا ببيعة الأول ، فالأول أعطوهم حقهم ، فإن الله سائلهم عما استرعاهم " [2] ، وقد جاء هذا اللفظ في شهر صدر الإسلام قالت الخنساء [3] :

---

politica = وتعني المدينة ، البلدة ، الإقليم ، علم السياسة ، مارسيل بريلو ، دار النهضة مصر 1965 ص5 .

(1) قال ابن كثير " .. وكما يحكم به التتار من السياسات الملكية المأخوذة عن ملكهم جنكيز خان الذي وضع لهم " الياسق" وهو عبارة عن أحكام جمعها من اليهودية والنصرانية والملة الإسلامية وغيرها . تفسير ابن كثير م 68/2 تفسير الآية 5 من سورة المائدة . وقد ذكر بعض العلماء مثل هذا، وهم لم يعنوا أن اللفظ غير عربي ، ولكنهم أشاروا إلى أن هذه السياسة التي وضعها هذا الملك ليست شرعية ، فالإشارة إلى نوع الأحكام ، وليست إلى أصل اللفظ ، ومن العجيب المضحك أن بعض الباحثين العرب يقعون في هذا الخطأ توهماً ، ودخل لفظ السياسة العربي لغات الأمم التي دخت الإسلام مثل الأردية والفارسية والتركية .

(2) الحديث بلفظ البخاري ، صحيح البخاري ، كتاب بدء الخلق ، باب " ما ذكر عن بني إسرائيل "، وصحيح مسلم كتاب الإمارة 1471/3 . الحديث رقم 1842 والمسند للإمام أحمد طبعة دار المعارف 109/15 رقم 7947 وجاء في روايتهم لفظ " السياسة " .

(3) ديوان الخنساء . دار صادر ، بيروت ص 37 . والخنساء من المخضرمات شهدت الجاهلية والإسلام .

وَمَعاصـــــــــم للهـــــــــالكين   وساســـــــة قـــــدماً محَاشِـــــدْ

وقال الحطيئة في أمه:(1)

لقـــد سوســـت أمـــر بنيـــك حتـــى   تـــركتهم أدق مـــن الطَّحـــين

وقد روى أهل اللغة شعراً جاء فيه لفظ السياسة ، وهم يبحثون مادة سوس ، وهم يتفقون فيما بينهم أن السياسة من مادة سوس ، والسياسة الرياسة ، يقال : ساسوهم سوساً إذا رأسوه قيل : سوسوه ، وأساسوه ، وساس الأمر ساسة : قام به [2] وقد بحث هذا المصطلح في كتابي "تاريخ الحكم في الإسلام " دراسة في مفهوم المصطلح وتطوره " وبنيت مراحل تطورة [3] ، ونجملها فيما يأتي :

الساسة ، والسوس ، الرياسة ... وساس الأمر : قام به ، وسوس القوم فلاناً ، جعلوه يسوسهم ، وسُوِّسَ فلانٌ أمرَ بني فلان : كُلفَ سياستَهم ، وملك أمرهم .َ

والرجل المُجَرِّب صاحب التَّجْرِبة : قد ساسَ وسِيسَ عليه أَمِرَ ، وأُمِرَ عَليه .

والسياسة القيام على الشيء بما يصلحه في كل شئون الحياة ، ولهذا يقال السائس هو يسوس الدواب ، إذا قام عليها وراضها والسياسة : فعل السائس .

وهذا يعني أن السياسة لم تكن حكراً في حقل السياسة فقط ، بل كانت لفظاً عاماً يستخدم بدلالته هذه في كل موضوع يحتاجها ، ويتبين من هذا أن السياسة في الأصل تعني التربية والترويض والتهذيب ، ولهذا استخدمها العرب في ترويض الدواب ، وتربية أولادهم تنشئتهم، ثم انتقل من حقل ترويض الدواب إلى حقل ترويض الخلق وإدارة

---

(1) البيت بديوان الحطيئة برواية وشرح ابن السكيت .

(2) ارجع إلى : لسان العرب : مادة سوس ، وقد حققت القول في مصطلح السياسة في كتابي تاريخ الحكم في الإسلام ، مؤسس المختار ط 1422/1 هـ ، 2002 م ص 46 : 49 وقد فصلت أمره تفصيلاً ، ثم تناولته في كتابي الحكم القبلي في العصر الجاهلي ، طبعة الأنجلو المصرية ط 2002م .

(3) الدكتور محمود عكاشة: تاريخ الحكم في الإسلام " دراسة في مفهوم الحكم وتطوره " ، مؤسسة المختار ، ط 1422 هـ ، 2002 هـ ص 47 وما بعدها .

شئونهم وإصلاح انعواجهم ، ولذا يقال : ساس الأمر سياسة : قام به والوالي يسوس رعيته وساس الرجل أموره ومشاكل الناس : عالجها بالحكمة والحنكة، وجاء لفظ السياسة بمعنى الأدب والتربية ، يقال: فلان مجرب قد ساس سيس عليه : أدب وأدب ، وتأديب الناس ، يشبه ترويض الدواب ، فيما يتكلفه السائس من المشقة وفيما يسلكه في تهذيبها من حكمة وروية لإصلاح شأنها وتهذيبها ، وقد استخدمه ابن المقفع في مدخل كتابة كليلة ودمنة بمعنى التربية والترويض قال دبشليم لبيدبا الحكم : أحببت أن تضع لي كتاباً بليغاً تستفرغ فيه عقلك يكون ظاهره سياسة العامة وتأديبها ، ولأخلاق الملوك وسياستها للرعية على طاعة الملك وخدمته " .

وقد اتسعت دلالة هذا اللفظ في الإسلام ، فارتقى سلم العالمية ، فخرج من ضيق إلى سعة ، فقد كان حبيس حقل تربية الدواب ، ثم أطلق سراحه فدخل حقولاً كثيرة منها علم الفقه ، فقد جاء فيه مصطلح السياسة الشرعية ، وهو ما لم يرد فيه نص ، ولم يخالف أصول الشرع وفيه منفعة للناس (1) .

وأكثر هذه الحقول اتساعاً هول حقل السلطة الذي تربع عليه مصطلح السياسة فأصبح من أهم رموزها فإن ذكرت السلطة استدعت إلى الأذهان السياسة ، وإن ذكرت السياسة استدعت مفاهيم أخرى عديدة في الذهن ترتبط جميعها بالسلطة أو السلطان الحاكم الحكومة مثل: الدولة ، الرئيس ، السلطة ، الإدارة ، الحكومة ، الأحزاب ، الظلم ، العدل وغير ذلك من الألفاظ التي تدخل في حقل واحد يطلق عليه : السياسة . ويعد مفهوم السياسة من أكثر المصطلحات إشكالاً بين العلماء ، فهو من المصطلحات النادرة التي لم يتفق على تعريفها المتخصصون ، فقد اتفقوا على لفظه ، ولم يتفقوا على معناه ، فقد تعددت تعريفاته حديثاً ، فناهزت مائتي تعريف ، وأكثرها انتشاراً وتداولاً : السياسة فن الحكم ، أو فن إدارة الدولة ، ولأن السياسة صارت فناً ، فقد خضعت لأهواء أصحابها ، فتعددت أشكال الممارسة السياسية ، و تعارضت حتى صارت السياسة لعنة عزف عنها راغبو

---

(1) ارجع إلى تعريفة في كتاب السياسة الشرعية لابن تيمية ، وكتاب الطرق الحكمية لابن قيم الجوزية .

الآخرة ، فلعنوا السياسة ولعنوا مشتقاتها : ساس ، ويسوس ، ومسوس ، وسائس و سوس ⁽¹⁾ .

إننا نؤكد في نهاية المطاف إن لفظ السياسة أصل في العربية ، وانتقل منها إلى لغات الأمم المجاورة التي دخلت الإسلام، وقد وضع علماء المسلمين كتباً في هذا العلم تحمل عنوان السياسة أو تناوله موضوعاً فيها .

انتهى بعون اللـه كتاب التحليل اللغوي في ضوء علم الدلالة .

والحمد لله رب العالمين

الدكتورمحمود أبو المعاطي عكاشة

القاهرة

1422 هـ – 2001 م

⁽¹⁾ جاء هذا عن الإمام محمد عبده رحمه اللـه . ارجع إلى مجموعة الأعمال الكاملة للإمام محمد عبده ، تحقيق ودراسة الدكتور محمد عمارة .

المراجع

* إبراهيم أنيس : الأصوات اللغوية ، مكتبة الأنجلو المصرية 1990 .

* ابن الأثير (ضياء الدين) المثل السائر في أدب الكاتب ، تحقيق محمد محيي الدين عبد الحميد ، المكتبة العصرية لبنان 1990م / 1416 .

* أحمد مختار عمر - علم الدلالة . عالم الكتب 1991م . دراسة الصوت اللغوي . عالم الكتب 1411هـ ، 1991 م .

* ابن الأنباري (محمد بن القاسم) : الأضداد ، تحقيق محمد أبو الفضل إبراهيم . المكتبة العصرية 1411 هـ 1991 م .

* ابن بنين الدقيقي (سليمان) : اتفاق المعاني واختلاف المباني . تحقيق الدكتور يحي عبد الرؤوف جبر ، ذرعمار . عمان ط1 / 1405 هـ .

* تمام حسان : مناهج البحث في اللغة ، مكتبة الأنجلو ، 1955 م . اللغة العربية مبناها ومعناها . الهيئة المصرية العامة للكتاب 1973م .

* الثعالبي (أبو منصور) : فقه اللغة . مكتبة دار ابن خلدون

* الجرجاني (علي بن محمد) : التعريفات ، مكتبة لبنان ، 1990 م .

* ابن جني (أبو الفتح عثمان) الخصائص ، تحقيق محمد علي النجار ، الهيئة المصرية العامة للكتاب 1406 هـ / 1986 م . المحتسب ط المجلس الأعلى للشئون الإسلامية ، التصرف الملوكي ، تحقيق محمد بن سعيد النعسان ، مطبعة التمدن مصر 1913 هـ .

* الحريري : شرح ملحمة الإعراب ، المكتبة العصرية ط 3 / 1421 – 2000 م .

* الحملاوي (أحمد) شذا العرف ، طبعة المكتبة العلمية .

* أبو حيان الأندلسي : الملحمة البدرية في علم العربية، تحقيق صلاح رواي، ط 1 مطبعة التمدن .

227

* الرازي (فخر الدين) : التفسير الكبير ، المطبعة البهية .ونهاية الإيجاز في دراية الإعجاز : مطبعة الآداب والمؤيد . مصر 1317هـ . ونهاية الإيجاز في دراية الإعجاز، تحقيق نصر الله حاجي . دار صادر ط1424/1هـ 2004م .

* رمضان عبد التواب : لحن العامة والتطور اللغوي ، دار المعارف ط 1 / 1967 م .

* الزجاجي ، أبو القاسم عبد الرحمن بن إسحق الزجاجي : الجمل في النحو ، تحقيق الدكتور علي توفيق الحمار ، مؤسسة الرسالة ط1 / 1402 هـ 1984 م .

* الزمخشري، جاد الله محمود بن عمر، الكشاف عن حقائق التنزيل وعيون الأقاويل في وجوه التأويل، تحقيق يوسف الحمادي، ط مكتبة مصر .

* السكاكي (أبو يعقوب يوسف بن أبي بمكر محمد بن علي) : مفتاح العلوم ، ومعه كتاب إتمام الدراية لقراء النقاية للسيوطي . مطبعة التقدم ، القاهرة 1348 هـ . وطبعة المكتبة العصرية، لبنان، ط 1416هـ 1995م .

* سيبويه (أبو عمر قنبر) : الكتاب ، الهيئة المصرية العامة للكتاب ، 1979 م .

* طاش كبري زادة (أحمد بن مصطفي) : مفتاح السعادة ومصباح السيادة في موضوعات العلوم . تحقيق كامل بكري . عبد الوهاب أبو النور . دار الكتب الحديثة .

* عبد القاهر الجرجاني : أسرار البلاغة . تحقيق محمود شاكر . مطبعة المدني 1991م . ودلائل الإعجاز ، تحقيق شاكر ، مكتبة الأسرة 2002 م .

* عبد الكريم مجاهد : الدلالة اللغوية : الدلالة اللغوية عند العرب . دار الضياء .

* عبده الراجحي : فقه اللغة في الكتب العربية . ط 1979م .

* أبو عبيده معمر بن المثني ، مجاز القرآن ، تحقيق فؤاد سركين ، مكتبة المثني ومكتبة الخانجي .

* ابن فارس (أبو الحسن أحمد) : الصاحبي في فقه اللغة وسنن العرب في كلامها .

* ابن القبيصي : أبو عبد الله محمد بن أبي الوفاء الموصلي : التتمة في التصريف ، مطبوعات نادي مكة الأدبي ، ط 1414هـ 1993م

* الفراء : الأيام والليالي والشهور : تحقيق الإبياري ، دار الكتب الإسلامية ط2 / 1400هـ ، 1980 م .

* ابن قتيبة (عبد الله بن مسلم): تأويل مشكل القرآن، ط البابي الحلبي 1954م .

* كريم زكي حسام الدين : الدلالة الصوتية ، دراسة لغوية لدلالة الصوت ودوره في التواصل، مكتبة الأنجلو المصرية ، ط 1 / 1412 هـ . 1992 م . التعبير الاصطلاحي . دراسة في تأصيل المصطلح ومفهومه ومجالاته الدلالية وأنماطه التركيبية . مكتبة الأنجلو المصرية . ط1 / 1405هـ 1985م.

* الكفوي (أبو البقاء أيوب بن موسى) :الكليات ، معجم المصطلحات والفروق اللغوية . تحقيق عدنان درويش ومحمد المصري.مؤسسة الرسالة ط2 / 1419هـ 1992م

* كمال بدوي : علم اللغة المبرمج ، الأصوات والنظام الصوتي مطبقاً على اللغة العربية ، جامعة الملك سعود ، عمادة شئون المكتبات .

* كمال محمد بشر : دراسات في علم اللغة . القسم الثاني . دار المعارف ط2 / 1971 م .

* ماريو باي : أسس علم اللغة ، ترجمة الدكتور أحمد مختار عمر ، عالم الكتب 1419هـ ، 1998 م .

* المالقي : أحمد بن عبد النور / وصف المباني في شرح اللغة

* ابن مالك : تسهيل الفوائد وتكميل المقاصد، تحقيق محمد كامل بركات، دار الكاتب العربي، مصر، 1387 هـ 1967م .

* محمد حماسة عبد اللطيف : بناء الجملة العربية . دار الشروق ط1 / 1416هـ 1996م .

* محمد العبد   : المفارقة القرآنية ، دار الفكر العربي، ط1415/1هـ 1994م .

* محمود السعران : علم اللغة مقدمة للقارئ العربي . دار المعارف 1962م .

* محمود عكاشة   : الدلالة اللفظية ، مكتبة الأنجلو ، ط 2002/1م ، 1422 هـ الخطاب السياسي في
  مصر ، دراسة لغوية في ضوء نظرية الاتصال . ط2002/1 م ، 1422هـ . مكتبة النهضة المصرية .

* تاريخ الحكم في الإسلام ، مؤسسة المختار ط1 / 1422هـ 2002 م

* محمود حجازي : الأسس اللغوية لعلم المصطلح . مكتبة غريب (د.ت) .

* ابن مضاء القرطبي : الرد علي النحاه ، تحقيق شوقي ضيف ، دار المعارف ط2 / 1982م .

* ابن هشام (جمال الدين عبد الله بن يوسف) : معني البيب بحاشية محمد الأمير ط عيسي
  الحلبي . القاهرة .

* هنري فليش : العربية الفصحي ، تعريب وتحقيق عبد الصبور شاهين ، ط1966/1م . المطبعة
  الكاثوليكية ، بيوت .

* * * *

الفهرس

232

هذا الكتاب

مهم في البحث اللغوي ، فقد تناول المؤلف فيه مفهوم علم الدلالة عند علماء العرب والغرب ، وتناول فيه الاتجاهات الحديثة في التحليل اللغوي الذي يهدف إلى معرفة أسرار اللغة وفهمها وتوظيفها في التواصل الاجتماعي وناقش فيه آراء العلماء في الدلالة ومذاهبهم ؟؟؟؟، وقد اختار المؤلف مذهبًا وسطًا في التحليل اللغوي ، فاهتم بالجانب الدلالي في اللغة ، فبحث دلالة العناصر الصوتية المؤثرة في الدلالة ، وبحث دلالة أبنية اللغة العربية ، والفروق المعنوية بين الأبنية المختلفة ، وبحث المؤلف دلالة الجملة في اللغة العربية ، وبحث العلاقة التي تربط بين أجزاء التركيب ودلالة التركيب الأسمى والتركيب الفعلي ودلالة التقدم والتأخير والحذف ، ودلالة السياق وحركة الإعراب .

وبحث المؤلف الدلالة المعجمية ، فعالج دلالة الكلمة المفردة في المعجم وتعدد معناها ، وبحث دلالة التركيب الاصطلاحي ، والتعبير السياقي ودلالة المثل ، ودلالة المصطلح .

ونرجو أن يقع هذا الكتاب موقعه في المؤلفات اللغوية الحديثة ، وأن يجد القارئ فيه ضالته

الناشر

Printed in the United States
By Bookmasters